全球变局下的中国机遇与发展

CHINA'S OPPORTUNITIES FOR DEVELOPMENT IN AN ERA OF GREAT GLOBAL CHANGE

方 力 ◎ 主编

李军凯 ◎ 执行主编

人 民 出 版 社

序

当今世界正处于百年未有之大变局。大国博弈与国际秩序重塑风云激荡，世界经济、科技、文化、安全、政治等格局都在发生深刻调整。与此同时，全球气候变化、能源资源短缺、粮食和食品安全、网络信息安全、生态环境污染、重大自然灾害、新冠疫情蔓延等重大风险挑战的威胁依然严峻。

中国作为新兴发展中大国和影响力日益上升的社会主义国家，对外顺应历史潮流，肩负大国责任，努力适应全球化新形势和世界政治经济新变局，积极引领全球化进程和全球治理体系的调整，坚定做世界和平的建设者、全球发展的贡献者、国际秩序的维护者，成为大变局中的稳定力量；对内深入实施创新驱动发展战略，以科技创新为引领，加快推进经济高质量发展，积极探索符合中国国情的绿色低碳、协调高效、普惠共享的发展新路子。

应对一系列的重大风险和挑战，构建"以国内大循环为主体，国内国际双循环相互促进的新发展格局"，不仅需要国内外各行各业、科技工作者相向而行、共同努力，通过科技创新共同应对时代挑战，共同促进人类和平与发展；也需要不断加强科技开放合作和思想文化交流互鉴，推动国内国际智库加强交流、团结合作，共同贡献智慧和力量，共同探索解决重要全球性问题的途径和方法。

在此背景下，中关村全球高端智库联盟精心组织策划了《全球变局下的中国发展与机遇》一书。本书紧扣国家现实需要和发展需求，邀请了20位国内知名专家学者，从经济发展、科技创新、高科技产业、生态环境以及媒体传播五个方面，全方位解读在百年未有之大变局下中国面临的发展机遇。全书集专业性、理论性、实用性和可借鉴性于一体，为国内外的学者和研究人员提供有价值的学术信息与案例分析，为政府部门、社会组织、企事业单位的决策者以及关心中国各领域发展的读者提供参考和借鉴。

中关村全球高端智库联盟作为依托"中关村论坛"这一面向全球科技创新交流合作国家级平台孵化成立的民间多边交流平台，是我国积极融入国际科技创新网络、全面深化推动与世界各国的科技交流合作的时代缩影与实践举措。作为国际合作的积极倡导者和忠实践行者，智库联盟以全球智慧推动构建人类命运共同体为愿景，以构建国际交流平台、推动人文交流为己任，自 2020 年成立以来，通过组织系列多边科技人文交流活动，不断推动国内外智库交流合作与协同创新。智库联盟现已吸纳了来自 11 个国家、59 家高端智库，涵盖综合智库、科技智库、经济智库、企业智库、行业智库和出版传媒智库六种类型，目前还在不断发展壮大之中。

"汇聚全球智识，服务创新发展"。在本书付梓之际，衷心希望中关村全球高端智库联盟能够不忘初心，继续推动多边科技交流合作，为人类社会破解世界难题、在发展中共赢、携手共创美好未来，为构建人类命运共同体贡献新力量。也希望通过此书将专家们的研究成果转化为国际影响力，为联盟与国际专家之间搭建一座学术交流的桥梁，为钻研、学习相关领域的学者提供更多的思想启迪和智慧支撑！

中国科学院院士、中国科学院原院长

2022 年 7 月

目　录

经济篇

高水平开放的中国与世界

迟福林 *

*　中国（海南）改革发展研究院院长，兼任中国服务贸易协会专家委员会理事长、中国经济体制改革研究会副会长。

党的十九届六中全会决议指出："开放带来进步，封闭必然落后；我国发展要赢得优势、赢得主动、赢得未来，必须顺应经济全球化，依托我国超大规模市场优势，实行更加积极主动的开放战略。"面对世界政治经济格局的深刻复杂变化，面对百年不遇的全球疫情大流行与多种全球性危机叠加的严重挑战，我国着力构建新发展格局，打造高水平、制度型对外开放格局，既是扩大内需、保持经济持续增长、推动全球经济稳定与复苏的重要举措，也是深度融入世界经济、推进经济全球化进程的战略抉择。

一、新发展阶段的高水平开放

改革开放 40 多年来，我国坚持打开国门搞建设，坚持以开放促改革促发展，既释放了巨大的发展潜能，促进了经济快速增长，也重塑了自身在全球经济格局中的地位。总的来看，我国已经站在高水平开放的历史起点上。

（一）开放的大门越开越大

自 1978 年开启改革开放以来，我国始终把对外开放作为基本国策，实现了从封闭半封闭到全方位开放的历史性转变。1978 年，我国国内生产总值仅为 3679 亿元人民币，2018 年突破 90 万亿元人民币。2020 年我国经济逆势增长，国内生产总值突破 100 万亿元。按照年平均汇率折算，国内生产总值达到 14.7 万亿美元左右，稳居世界第二位，占世界经济的比重达到 17% 左右。目前，我国已经成为世界第二大经济体、第一大工业国、第一大货物贸易国、第一大外汇储备国。无论从综合国力看，还是从国际影响力看，都达到了新中国成立以来经济发展的历史新高度。

（二）成为世界大市场

1. 从"世界工厂"到"世界市场"

2019 年，我国社会消费品零售总额达到 5.96 万亿美元，同期美国为 6.22 万亿美元；我国已成为仅次于美国的第二大进口国，进口规模占全球比重已由 2001 年的 3.8% 上升至 2019 年的 10.8%，略低于美国占全球的比重（12.3%）。

2. 成为全球自由贸易进程的重要推动者

2001—2017 年，我国货物进口平均增速达 13.5%，是世界平均增速的两倍；同期我国服务进口平均增速 16.7%，是世界平均增速的 2.7 倍。世界银行数据显示，2019 年我国货物和服务出口占全球的比重为 10.58%，货物和服务进口占全球的比重为 10.21%。我国在全球外国直接投资中的影响力不断扩大。《2019 年度中国对外直接投资统计公报》显示，2019 年我国对外直接投资 1369.1 亿美元，流量规模仅次于日本（2266.5 亿美元），占全球比重连续 4 年超过一成，2019 年达到 10.4%；2019 年年末，我国对外直接投资存量达 2.2 万亿美元，次于美国（7.7 万亿美元）和荷兰（2.6 万亿美元），保持全球第三，存量占全球比重达到 6.4%。

3. 成为增加全球就业的重要贡献者

目前，我国与"一带一路"沿线国家共同建设境外经贸合作区达 80 多个，我国企业在"一带一路"沿线国家建设的境外经贸合作区已累计投资 340 亿美元，为当地创造就业岗位 33 万个。安永会计师事务所指出，2005—2016 年中国在非洲创造的就业岗位超过 13 万个，是美国的 3 倍多。此外，据国际劳工组织发布的《中国与拉美和加勒比地区经贸关系报告》，1990—2016 年，中国为拉美和加勒比地区创造了 180 万个就业岗位。

4. 成为全球经济增长的重要贡献者

1961—1978 年，我国对世界经济增长的年均贡献率仅为 1.1%；1979—2012 年，我国对世界经济增长的年均贡献率达到 15.9%，仅次于美国，位居世界第二位；2013—2018 年，我国对世界经济增长的年均贡献率达到 28.1%，居世界第一位。

（三）从"一次开放"到"二次开放"

如果说我国自改革开放初期开启的对外开放是"一次开放"，自党的十八大以来开启的新一轮对外开放则是我国现代化进程中的"二次开放"。由于开放内外环境、发展阶段、约束条件发生了深刻变化，新阶段的"二次开放"与"一次开放"相比，起点、重点、路径、特点等都发生了重大变化。

表 1-1 从"一次开放"到"二次开放"

	"一次开放"	"二次开放"
起点	低收入水平 工业化初期（国内） 麻疹制造业全球化（国际）	中等偏上收入水平 工业化中后期（国内） 服务业全球化（国际）
外部环境	全球化的制度安排比较稳定	全球化的制度安排不稳定，面临变数
内部禀赋	劳动力无限供给，资本短缺	劳动力供给下降，资本剩余
开放重点	货物贸易 制造业市场开放 出口导向	服务贸易 服务业市场开放 适度扩大进口
开放途径	融入既有的国际市场	通过"一带一路"主动开辟新市场
资本流向	"引进来"为主，净流入	"引进来"和"走出去"并重，净流出
开放路径	加入 WTO	全面实施自由贸易战略
开放体制	构建外向型经济体制：围绕出口导向战略形成一系列鼓励和扶持出口型工业发展的体制机制	构建开放型经济新体制：以自由贸易为导向构建对外开放的体制机制
突出特点	商品和要素流动型开放	规则、规制、管理、标准等制度型开放
国际角色	国际规则的接受者、参与者、跟随者	国际规则的推动者、促进者、引领者

（四）走向高水平开放

1."二次开放"是高水平开放

总的来看，我国的"二次开放"是新发展阶段实施更大范围、更宽领域、更深层次的对外开放，它伴随着开放观念、开放格局、开放模式等的转型升级。例如，从以制造业为主到以服务贸易为重点的开放转型；从一般性商品要素开放向规则、规制等制度型开放深化；从经济全球化的参与者到经济全球化重要推动者的重大变化。

2. 高水平开放有着突出特征

我国的高水平开放，既反映了国内高质量发展的要求，又体现了构建开放型世界经济的大国责任和大国担当，有着鲜明的时代要求和时代特征：以构建国内国际双循环新发展格局为基本要求；以推动自由贸易进程为战略目标；以服务贸易发展为重大任务；以打造高水平对外开放新高地为重要突破；以制度型开放为突出特点；以构建高水平社会主义市场经济体制为重要保障。

3. 做好高水平开放这篇"大文章"

第一，我国需要通过高水平开放应对全球化新变局，为国内改革发展创造良好的外部环境。第二，我国进入高质量发展阶段，高质量发展尤其是开放创新对高水平开放的依赖性全面增强。第三，作为新型开放大国和全球第二大经济体，我国推进高水平开放，有利于世界经济稳定和增长。

二、以高水平开放推动构建新发展格局

进入新发展阶段，构建以国内大循环为主体、国内国际双循环相互促进的新发展格局，是我国应对百年未有之大变局、立足自身长远发展而实行的战略转型。"十四五"时期，要以推进高水平制度型开放推动构建新发展格局。

（一）以扩大内需为基本导向推进高水平开放

1. 我国仍处于经济转型升级的关键时期，短期面临较大压力，但中长期蕴藏着巨大潜力

以消费为例，2021 年 8 月，我国社会消费品零售总额同比增长 2.5%；尽管 10 月增速回升至 4.9%，仍明显低于 2019 年 10 月 7.2% 的增速。不得不说，短期内消费市场恢复增长面临着较大挑战。从中长期看，消费市场蕴藏着的潜力巨大。2020 年，我国社会消费品零售总额为 5.68 万亿美元，是美国同期的 97.6%。更重要的是，伴随着经济社会转型升级，我国居民服务型消费增长空间巨大。到 2035 年，居民服务型消费占比有条件从 2020 年的 42.6% 提升到 60% 左右，由此带来数万亿美元的消费增量。就是说，看到我国消费市场短期偏弱的同时，更要分析中长期趋势，尤其要关注消费结构与主体变化催生的新消费需求。

2. 内需潜力释放将支撑未来 10—15 年的中速增长

2020 年，我国社会消费品零售总额（39.2 万亿元）和全国固定资产投资（不含农户）（51.9 万亿元）合计已达到 91.1 万亿元，这个巨大的市场是我国经济中速增长的重要动力。未来几年，我国服务业增加值年均增长速度如果保持在 6% 左右，每年将带动经济增长 2—3 个百分点；加上人口城镇化、消费结构升级带来的增长叠加效应，经济增长速度在未来 10—15 年将有条件保持在 5% 左右。

3. 14 亿人内需大市场是世界的市场、共享的市场、大家的市场

超大规模内需市场潜力的释放，将为我国实现高质量发展提供更大空间,也将为经济全球化注入更多正能量。初步测算,百万亿元级别的内需市场规模将为未来 5—15 年中国实现 4%—5% 的经济增长奠定重要基础。2006 年以来,中国对世界经济增长的贡献率连续 15 年全球排名第一。2020 年,在疫情严重冲击下,我国是全球主要经济体中唯一实现正增长的国家,对全球经济增长的贡献率仍然高达 30%。受疫情干扰与世界经济下行等因素叠加的影响,我国经济增速有所下降;但仍是全球经济增长的重要稳定器与动力源。

4. 立足扩大内需推进高水平开放进程

进入新发展阶段,扩大内需在引领高水平开放中的基本导向作用全面凸显。以扩大内需为基本导向的高水平开放,就是要实现内外市场联通、要素资源共享,就是要构建更加开放的国内国际双循环。我国提出的"双循环"是基于内需大市场作出的战略选择。一方面,消费结构升级对世界多样化高品质的产品、服务产生更多需求。到 2030 年,我国累计商品进口额有望超过 22 万亿美元。另一方面,随着我国经济全面深度融入世界,释放 14 亿人的内需潜力,需要以更高水平开放融入国际经济循环。例如,目前我国 95% 的高端专用芯片、70% 以上智能终端处理器以及绝大多数存储芯片依赖进口。

(二)以高水平开放推动服务贸易创新发展

1. 服务贸易是国内国际双循环有机联结的关键点

从国内大循环看,进入新发展阶段,我国释放 14 亿人消费潜力的重点是服务型消费,关键是扩大服务业市场开放和加快服务贸易发展。从国际大循环看,服务贸易已经成为全球自由贸易的焦点。

2010—2019年，全球服务贸易额由7.8万亿美元增长至11.9万亿美元，增幅53%；服务贸易额占贸易总额的比重由20.3%提高至23.8%，提升了2.5个百分点。

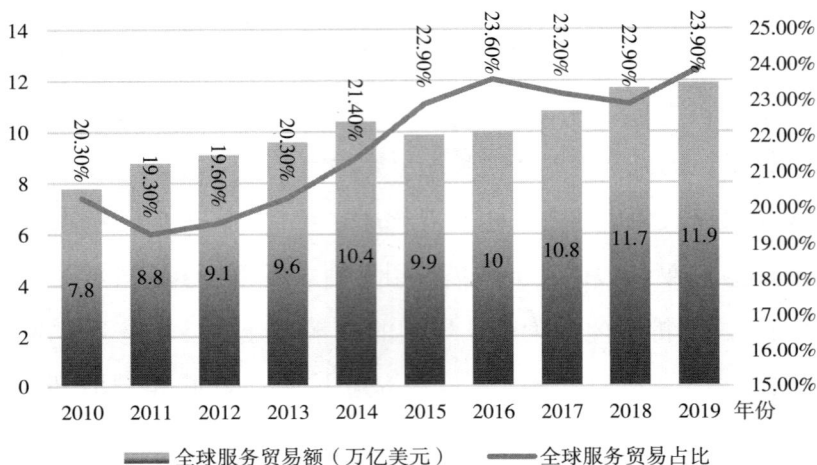

图1-1　2010—2019年全球服务贸易额及占比

2.我国服务贸易发展的潜力巨大

当前，服务贸易开始成为我国经济转型升级的重点。2019年，我国服务贸易占贸易总额的比重仅为14.6%，远低于全球24.5%的平均水平。2014—2019年，我国服务贸易额年均增长7.8%，是货物贸易的2.2倍，是外贸整体增速的1.9倍。2020年，受新冠肺炎疫情影响，我国服务进出口总额为45642.7亿元，比上年下降15.7%，占外贸总额的比重为12.4%。适应经济全球化大趋势与国内经济转型升级的需求，协同推进强大国内市场和贸易强国建设，关键是加快补齐服务贸易发展的突出短板。

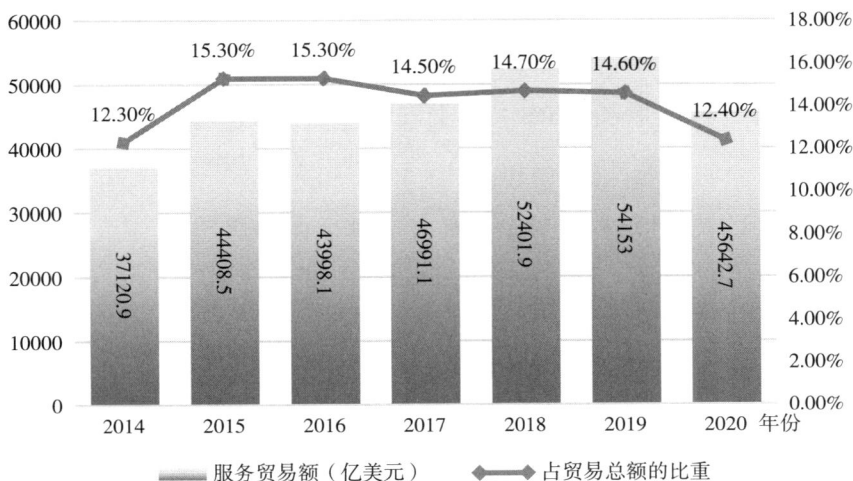

图 1-2 2014—2020 年我国服务贸易额及占比

3. 服务贸易创新发展是高水平开放的重大任务

伴随着经济服务化进程的加快及城乡居民服务型消费潜力的不断释放，我国服务贸易仍有较大发展潜力。我国有条件成为全球最大的服务贸易国，这不仅对国内经济结构转型产生重要推动作用，也将对世界经济贸易格局与全球化进程产生重大利好。"十四五"时期要同步推进生活性服务业和生产性服务业领域的对外开放进程，争取到2025 年服务贸易额占外贸总额的比重由目前的 14.6% 提高至 20% 以上，成为世界第一大服务进口国。

（三）以高水平开放构建开放创新体系

1. 产业变革与全球新一轮科技革命交汇融合

伴随着第四次工业革命的到来，全球范围内产生一系列重大颠覆性技术创新，信息技术、智能制造、生物技术等渗透到产业链的各个领域。2019 年，全球 47 个经济体数字经济规模达到 31.8 万亿美元，同比名义增长 5.4%，高于同期全球 GDP 名义增速 3.1 个百分点。

2. 产业转型升级对开放创新的依赖性全面增强

目前，我国芯片进口额已经连续多年超过石油，2019 年超过 3000 亿美元；操作系统、高端光刻机仍被国外公司垄断，90% 以上传感器来自国外；高档数控机床、高档仪器装备、关键基础材料、高端医疗仪器设备、高端医用试剂等严重依赖进口。国家工信部对全国 30 多家大型企业 130 多种关键基础材料调研结果显示，52% 的关键材料依赖进口，95% 的高端专用芯片、70% 以上智能终端处理器以及绝大多数存储芯片依赖进口。

3. 以高水平开放构建面向全球的开放创新网络

"十四五"时期推进高水平开放，需要服务于建设科技强国的大目标，形成各类开放创新平台，加快形成"聚全球人才而用之"的制度安排，集聚全球创新资源推动产业变革。

三、以高水平开放建设高水平市场经济体系

在国际环境日趋复杂、不稳定性不确定性明显增加的特定背景下，作为 14 亿人口的大国保持战略定力，办好自己的事，关键在于把握高水平开放与深层次市场化改革互促共进的时代特征，以构建新

发展格局为基本要求，走出一条以高水平开放促进深层次市场化改革的新路子。

（一）以制度型开放促进高水平深层次市场化改革

1. 高水平开放与高水平市场经济直接融合

从国际经验看，高水平开放依赖于高水平的市场经济，高水平市场经济的重要特征是开放竞争程度高。从高水平开放的实践看，无论是达成中欧投资协定，还是加入全面与进步跨太平洋伙伴关系协定，都对建设高水平市场经济体系提出新的要求。

2. 制度型开放的特点突出

实现高水平开放新突破重在加强制度性、结构性安排。所谓"制度性"，其重点是开放市场、公平竞争，建立与国际基本经贸规则相衔接的开放型经济体系。所谓"结构性"，重点是扩大对外开放的领域和范围，即从一般制造业领域的开放扩大到以金融等为重点的服务业领域开放。这就需要加快推动以货物贸易为主向以服务贸易为重点的开放转型进程，需要加快推动由商品和要素流动型开放向规则等制度型开放转型进程。

3. 以制度型开放促进制度性变革

加快构建高水平市场经济体系是新发展阶段我国经济体制改革的目标取向，是推进高水平开放的根本保障。从现实情况看，构建高水平市场经济体系，既需要充分发挥市场在资源配置中的决定性作用，充分激发国内市场活力，又要在适应国际经贸规则重构中建设高标准市场体系。

（二）完善公平竞争制度

1. 公开市场、公平竞争是高水平开放的重要前提

从全球经贸规则演进的趋势看，高标准的双边多边自由贸易协定都要求市场的透明度，都要求建立在公平竞争的基础之上。以加入全面与进步跨太平洋伙伴关系协定为例，要求成员国经济社会政策、产业政策、投资政策、环境政策、监管框架等"边境内措施"都能够体现公平竞争，要求透明度和反腐败等。

2. 公开市场、公平竞争是高标准市场经济体系的重要特征

高标准市场经济体系要求公开市场、公平竞争贯穿市场经济运行的全过程。例如：从企业层面看，要求不同所有制企业的公平竞争；从产品和服务层面看，要求反垄断和反不正当竞争；从要素领域看，要求不同市场主体公平竞争使用。

3. 建设高水平市场经济体系，首要任务是完善公平竞争制度

一是要强化竞争政策的基础性地位，对各类所有制企业一视同仁，实现各类所有制企业平等竞争。二是要实现经济政策由产业政策为主向竞争政策为基础的转变，明确产业政策以不妨碍公平竞争为基本原则，制定适用产业扶持政策的负面清单，将产业政策严格限定在具有重大外溢效应或关键核心技术领域。三是要实现市场监管的重点由一般市场行为监管向公平竞争审查的转变，推动市场监管的主要对象由商品为主向服务为主的过渡，并强化对经济政策的公平竞争审查。

（三）全面实施市场准入负面清单制度

1. "准入前国民待遇＋负面清单"管理制度是制度型开放的重大举措

这不仅涉及边境开放、准入开放，更涉及准入后的各类企业平等待遇。在全面实施"准入前国民待遇＋负面清单"管理制度新阶段，需要加快建立与之相适应的制度与政策体系，在取消外资准入负面清单之外限制性规定的基础上，实质性降低准入后壁垒。

2. 以全面实施市场准入负面清单制度取代传统行政审批制度

缩减市场准入负面清单限制措施数量，推进服务业市场开放，大幅放宽服务业市场准入，进一步提升负面清单透明度，全面清理各种"隐性壁垒"，实现清单以外的行业、领域、业务等各类市场主体皆可依法平等进入。

3. 尽快形成内外资共同适用的负面清单管理模式

一是要尽快形成全国统一的、内外资一致的负面清单，加快推动现有负面清单与正面清单的合并对接。二是要进一步提升负面清单的可操作性，建议参照国际经贸谈判负面清单模板，详细列明负面清单管理措施与相关描述，建立健全外资投诉机制。三是要明确国民待遇标准，进一步细化准入阶段的管理权力、要素供给、融资方式、进出口权、税收政策、法律保护、司法救济等一系列待遇标准，给予内外资企业明确预期。

（四）以知识产权保护为重点推进产权制度改革

1. 以高水平开放促进高水平市场经济体系建设，需要尽快形成较为完善的产权保护制度

一是要强化知识产权保护，逐步推进知识产权标准与国际接轨。二是要实现不同所有制经济产权平等保护，尽快梳理和消除各种隐性壁垒，支持各种所有制经济依法平等使用生产要素、公平参与市场竞争、同等受到法律保护、共同履行社会责任。三是要依法保护企业家的财产权和创新收益，形成防范以公权侵犯私权行为的制度约束。

2. 出台《知识产权法》

将现有的专利法、商标法、著作权法等纳入知识产权法中；参考《建立世界知识产权组织公约》与《与贸易有关的知识产权协定》，明确我国知识产权保护范围；对侵犯知识产权行为的惩治做出具体规定，做到有法可依。

3. 完善知识产权保护国际合作机制

加强与世界知识产权组织、世界贸易组织、亚太经合组织等国际和地区性组织的交流与合作，提升我国知识产权保护水平；深化与发达国家知识产权、经贸、海关等部门的合作，鼓励国内服务机构加强与国外相关组织的合作交流；推动相关国际组织在我国设立知识产权仲裁和调解分中心；探索建立"一带一路"沿线国家和地区知识产权合作机制。

4. 积极参与国际知识产权规则制定

我国已经加入《保护工业产权巴黎公约》《关于集成电路知识产权的华盛顿公约》《保护文学和艺术作品伯尔尼公约》《视听表演北京条约》等近 20 个国际公约。未来几年，适应服务业市场对外开放的需要，积极推动《TRIPS 协定与公共健康多哈宣言》，主动参与《专利合作条件》《保护广播组织条约》等国际规则修订的国际谈判，加快推进加入《工业品外观设计国际注册海牙协定》和《马拉喀什条约》进程。

（五）实现要素市场化改革的重大突破

1. 以高水平开放促进高水平市场经济体系建设，需要把要素市场化改革摆在突出位置

要素市场化改革滞后是我国建设高水平市场经济体系的突出短板，高水平开放对要素市场化配置和要素自由流动提出新的要求。畅通国内国际双循环，促进国内市场和国际市场更好联通，释放国内巨大内需潜力，对推进要素市场化改革、优化要素市场化配置提出现实需求。深化要素市场化配置改革的重要突破，明显提升要素配置效率，有利于更好利用国际国内两个市场、两种资源实现高质量发展。

2. 推动要素市场化配置的制度集成创新

要素市场化改革离不开产权制度改革、离不开价格制度改革；推进要素市场化改革的重要任务是包括土地等在内的要素确权；要把要素市场化改革和产权改革、价格改革等有机结合起来，统筹设计、同

步推进，形成制度集成创新的新格局。一方面，深化要素市场化改革，核心是充分发挥市场在要素资源配置中的决定性作用，打破要素自由流动的体制机制壁垒，保障各类市场主体平等获取生产要素。另一方面，从实际出发深化要素市场化改革，需要突出重点、分类推进。在传统要素领域，把劳动力、管理、土地、资本等配置到生产率更高的领域，使实际经济增长达到潜在生产可能性边界；随着科技革命的推进，要素的范畴也在不断拓展，数据成为新的要素。在传统生产要素领域，需要积极探索数据要素市场化改革。

3."十四五"时期实现要素市场化改革的重要突破

一是要加快推进土地要素市场化改革，形成城乡建设用地"同地同价同权利"的制度安排，形成公开公正公平的统一交易平台和交易规则。二是要深化户籍制度改革，实行以公民身份证号码为唯一标识、全国统一的居住证制度，并建立城镇教育、就业、医疗卫生等基本公共服务与常住人口挂钩机制，推动农业转移人口市民化，扩大劳动力的城乡、地域流动性，充分释放城乡一体化的巨大潜能。三是推进数据要素市场化改革，抓紧制定相关法律法规，明确数据产权界定，对数据的所有权、使用权、收益权、处置权等进行规范，在保障国家安全的基础上，加快形成数据要素市场定价机制、市场交易方式和市场监管上的规范性制度和规则。四是要以完善多层次资本市场为重点推进资本要素市场化改革，加快推进利率市场化改革，实现市场利率与基准利率的"两轨并一轨"，尽快实现银行体系与实体信用环节的贷款利率由市场决定。

四、以高水平开放应对经济全球化新变局

面对世界百年未有之大变局，作为具有世界影响力的新型开放大国，中国以何种方式影响世界，世界如何客观看待中国，成为国际国内广泛关注的重大问题。我国推动高水平开放，不仅为推进双边、区域、多边自由贸易进程提供了重要动力，也将进一步提升我国参与全球经济治理的影响力和制度性话语权。

（一）推进多边双边自由贸易进程

1. 坚定捍卫经济全球化

从大国责任出发，我国努力倡导各国维护经济全球化大局，坚持多边主义，完善全球治理。习近平总书记强调，"我们要站在历史正确的一边，坚持多边主义和国际关系民主化，以开放、合作、共赢胸怀谋划发展，坚定不移推动经济全球化朝着开放、包容、普惠、平衡、共赢的方向发展，推动建设开放型世界经济"。中国相继出台的扩大开放的一系列举措，全力保障全球产业链供应链稳定，并在推进高质量共建"一带一路"中提升各国基础设施互联互通水平。

2. 维护全球自由贸易体系

在经济全球化的制度安排中，自由贸易最为核心。单边主义、贸易保护主义不仅无助于本国问题的解决，还给经济全球化和全球经济复苏带来巨大障碍。应该看到，各国遵循自由贸易的基本原则，共同维护全球多边贸易体制，是推进经济全球化的重要出路。

3. 积极推进多边双边自由贸易进程

在全程参与并积极推动区域全面经济伙伴关系协定（RCEP）签署后，我国率先批准了区域全面经济伙伴关系协定，并对履行协定各项义务做好了充分的准备。推进自由贸易进程，需要开放包容均衡普惠的自由贸易体系。我国倡导自由贸易体系，不是对传统自由贸易体系的简单承袭，而是赋予了其新的内涵，包括开放、包容、普惠、平衡、共赢。

（二）推动高质量共建"一带一路"

共建"一带一路"是推动经济全球化的一项重大倡议。为务实推进"一带一路"建设，我国本着开放包容精神，同愿意参与的各相关方共同努力，把"一带一路"建成"减贫之路""增长之路"，为人类走向共同繁荣作出积极贡献。世界银行有关报告认为，到2030年，共建"一带一路"有望帮助全球760万人摆脱极端贫困、3200万人摆脱中度贫困。作为新世纪以来经济全球化最主要的而且是由发展中国家提出的倡议，共建"一带一路"倡议得到了积极响应。截至2020年年底，我国已与138个国家、31个国际组织签署了202份共建"一带一路"合作文件。

为务实推进共建"一带一路"，我国不仅积极促成具体项目落地，而且主动发起设立了亚投行、丝路基金等。截至2020年10月，丝路基金已累计签约项目47个，承诺投资金额178亿美元，为"一带一路"框架内的经贸合作和多边双边互联互通提供投融资支持。与此同时，推动沿线国家和地区在基础设施、制造业、服务业、能源资源等多个领域开展广泛合作，为提振区域经济和推动世界经济增长注入了新的动力。

　　未来，高质量共建"一带一路"，要以基础设施互联互通为依托，实现各国联动发展；由产能合作为主向产能合作与服务贸易并重转变，进一步拓展合作内容；以建立多层次、多种形式的自由贸易网络为目标，加快构建全球互联互通的伙伴关系，推进全球共同开放；通过第三方市场合作等多种方式使更多国家从中受益。

（三）携手构建人类命运共同体

1. 世界各国命运紧密相连

　　"中国人始终认为，世界好，中国才能好；中国好，世界才更好。"经济全球化与新科技革命使世界各国的利益和命运联系在一起，各国的产业链、供应链、价值链紧密相连，经济发展相互依赖。

　　面对疫病灾害、世界经济下行压力等共同挑战，没有哪个国家能够独善其身，也没有哪个国家可以包打天下，必须寻求互利合作的双赢多赢之道。无论是应对新冠肺炎疫情等全球突发公共卫生事件，还是应对气候变化、人口老龄化等全球性挑战，都迫切需要开展全球行动、全球合作，推动构建人类命运共同体。

2. 主张共商共建共享的全球治理

　　当前，全球经济治理体系滞后于国际经济格局变化的矛盾日益突出。只有适应国际经济格局的发展变化，推动全球经济治理体系改革，才能为全球经济稳定提供有力保障。这既要坚持多边主义的核心价值和基本原则，也要立足世界格局变化，着眼应对全球性挑战需要，在广泛协商、凝聚共识基础上改革和完善全球治理体系。我国坚定维护以联合国为核心的国际体系、以国际法为基础的国际秩序，维护以 WTO 为基础的多边贸易体制，积极参与 WTO 改革，并以提升代表性、公平性和有效性为重点，推动国际经济治理机制的改革。

3. 以文明互鉴超越"文明冲突"，促进世界和谐

"文明因多样而交流，因交流而互鉴，因互鉴而发展"。中国主张超越狭隘的"文明冲突论"，提出要尊重世界文明多样性，以文明交流超越文明隔阂、文明互鉴超越文明冲突、文明共存超越文明优越。尊重文明的多样性，最重要的是要顺应时代潮流，尊重各国对社会制度和发展道路的选择。此外，要以文明互鉴促进世界和谐。文明的发展需要以交流互鉴为前提，取长补短，才能保持蓬勃的生命力。实现各类文明和谐共生，重要的是求同存异，充分尊重各国文明多样性和发展道路多元化，由此，"让世界文明百花园群芳竞艳"。

习近平主席在第二届联合国全球可持续交通大会开幕式上的主旨讲话中强调："中国将继续高举真正的多边主义旗帜，坚持与世界相交，与时代相通，在实现自身发展的同时，为全球发展作出更大贡献。"作为新型开放大国，进入新发展阶段，我国坚持和平发展道路，奉行互利共赢的开放战略，继续同世界各国人民一道共建人类命运共同体。

大变局下的全球治理与中国参与

王辉耀 *

*　全球化智库（CCG）创始人兼理事长，国务院参事，九三学社中央委员。

全球治理体系是一定时期国际力量格局及世界发展情况的反映。2017 年 12 月，习近平总书记提出了"百年未有之大变局"的重要论断。目前来看，国际格局演变加速、新冠疫情持续肆虐、全球经济大衰退，以及国际政治安全秩序及全球治理体系面临重置等全球变局下，中国在新发展阶段完成全面建设社会主义现代化国家新任务面临着更加复杂严峻，更加具有不确定性、不稳定性的国际环境。

全球治理落后于全球实践，国际格局变化及全球性挑战加剧下国际领导力缺失是当前全球治理陷入困境的一个重要原因。2022 年全球治理进入"亚洲时间"，中国担任金砖主席国，主办金砖国家领导人会晤，亚太经合组织、二十国集团以及上合组织峰会也在亚洲国家召开。中国更加深入和全面地参加全球治理，可从应对气候变化、基础设施建设、"一带一路"多边化、亚太区域一体化及数字经济发展等方面发挥领导力，以中国智慧、中国力量引导世界发展方向，为世界增添确定性和稳定性。

一、共同应对全球气候变化

目前，气候变化是人类面临的最严峻生态危机。政府间气候变化专门委员会（IPCC）发布的《全球温控 1.5℃ 特别报告》指出，实现 1.5℃ 温控目标有望避免气候变化给人类社会和自然生态系统造成不可逆转的负面影响，而这需要各国共同努力在 2030 年实现全球净人为 CO_2 排放量比 2010 年减少约 45%，在 2050 年左右达到净零。研究表明，未来几年，对于能否确保人类未来的安全和繁荣至关重要——如果在此期间未采取足够的行动，全球气温比工业化前升高 1.5℃ 将不可避免，这对人类来说将是灾难性的结果。按照现有趋势，比尔·盖茨团队研究发现，到 2050 年，气候变化导致的死亡率会与新冠肺炎等同，而到 2100 年，它的致命性可能高达该流行病的 5 倍多。

在气候危机严峻挑战下，没有国家是一座孤岛，每个人也都身处其中。短期内，环保问题是一个更有可能凝聚共识和进行重要改革的领域，积极加强全球气候变化合作与应对也已成全球共识。

中国已承诺在 2030 年前实现碳达峰、2060 年前实现碳中和，任务具有紧迫性、艰巨性和挑战性，同时也给中国带来一场新型的绿色革命和可持续发展的新机会。实现碳中和涉及政府、企业及个人行为，需要开展一场广泛而深刻的经济社会系统性变革，需要全民族的共识和全社会的行动，也是未来国家间、企业间技术产业竞争的新高地。在未来 10—40 年间，低碳发展将作为我国中长期发展战略落实到生产生活方方面面，其所带来的挑战是艰巨的，但创新创业及合作机遇也将是巨大的。

对此，中国需积极参与到相关可持续发展国际规则制定中，加紧研究并完善我国实现"双碳"目标的具体行动路径、行业规范等，通过机制创新、技术创新，运用数字化、市场化、行政化方式，在全国范围内进行能源、工业、交通、农业等领域全方面、系统性经济社会变革，并要注意防范急剧变革下可能发生的风险。

　　同时，中国可与各国推动建立一个专门的联合国机构，将气候变化作为影响全球合作诸多领域的特殊危机来处理。联合国已通过联合国环境规划署（UNEP）和《联合国气候变化框架公约》（UNFCCC），在应对气候变化方面发挥了主导作用。然而，联合国环境规划署的工作还涉及许多其他环境问题，《联合国气候变化框架公约》则因为成员国之间很难达成协议和普遍共识而受到制约。一个常设和专门的联合国气候变化机构有助于保持气候治理的持续推进，并促进各利益攸关方，不仅是国家，还包括在地方、区域和全球层面上的公司和其他组织等之间的协作，以形成长期政策和技术解决方案。

　　在如期实现"碳中和"过程中，中美欧是经济体量较大、发展程度较高，在资金、技术、人才、产业、研究及发展经验等方面占据优势的经济体。可增进中美欧协调合作，建立三边协调机制，在推进南北国家应对气候变化合作、绿色经济发展及清洁能源革命等方面承担更多大国责任，更好发挥研究创新、引领示范、辐射带动作用，推动绿色合作及联合国、世界贸易组织等机构的气候导向改革，增强促使市场采用气候友好型技术和标准的影响力。如果中美欧不发挥凝聚力，气候变化或将成为破坏稳定的地缘政治"风险乘数"，加剧气候变化带来的人口压力，从而加剧对社会和组织机构的压力，并将开辟新的竞争领域。

二、以基础设施为抓手推进国际开发银行合作

基础设施投资是一个全球性的需求，除了"一带一路"国家，拉美、非洲发展中国家及美欧发达国家也存在大量基础设施建设需求。根据二十国集团（G20）旗下全球基础设施中心（GIH）发布的《全球基础设施建设展望》报告，2016—2040年，全球基础设施投资需求将增至94万亿美元，年均约增长3.7万亿美元。而资金供给不足、供需匹配难度大是国际开发性金融领域多年存在的结构性难题。2008年经济危机以来，世界经济发展缺乏动力，主要国家在基础设施上的投资一直不足，甚至一度达到历史最低水平。

传统的多边治理体制和多边金融体制以少数发达国家为主，例如美国在国际货币基金组织一票独大，少数高收入国家掌握世界银行60%以上的投票权；在贷款条件与标准上，传统多边开发银行的贷款工具通常捆绑有严苛的生效条件，涉及可能触碰借款国内政事务的要求，在环境与社会保障方面也是适用"一刀切"的高标准，偏低收入水平的国家很难从现有的援助体系中获益。而亚投行在这些方面都加以改进，以解决发展中国家面临的在国际多边机制下应享有的制度性话语权与其对世界经济贡献及承担大国责任不相匹配的矛盾。

在帮助成员应对疫情和经济复苏方面，亚洲基础设施投资银行也已走在了前列。亚投行是发展"一带一路"倡议的重要抓手，自2015年12月成立到2021年10月底，其成员从初期的57个发展到104个，成员人口总数超全球79%、GDP总量超全球65%，成为仅次

于世界银行的全球第二大多边开发银行。新冠疫情持续蔓延下，亚投行设立了 130 亿美元的"新冠肺炎危机恢复基金"（COVID-19 Crisis Recovery Facility，CRF）用来帮助有需要的成员建设卫生基础设施和购买疫苗及经济复苏。2022 年 3 月，亚投行将"新冠疫情危机恢复基金"融资申请期限延长至 2023 年年底，其规模也由原来的 130 亿美元扩大至 200 亿美元，以帮助成员继续应对仍然严峻的全球疫情形势和经济复苏挑战。

未来，随着发展中国家和新兴市场的经济体量逐渐壮大，融资需求在规模上进一步扩大，在地域覆盖上进一步扩展，条件成熟情况下或可将亚投行升级为世界基础设施投资银行，加强中国与各大洲国家合作，扩大其基础设施投资领域及地域，为世界各地符合条件基础设施投资项目提供资金等支持。

现阶段，可由亚投行牵头，联合世界银行、亚洲开发银行、欧洲复兴开发银行、欧洲投资银行、伊斯兰开发银行、非洲开发银行、美洲开发银行等打造一个以国际多边开发银行为主的全球基础设施建设项目贷款共同体，形成国际多边开发银行共同贷款、共同发包、共同招标的国际化、规范化、公开透明运作体系，从而调动世界各国及跨国公司积极性，实行共商共建共享。这不仅有利于"一带一路"建设，也有利于其他大洲的基础设施建设，有利于亚洲和其他大洲互联互通。目前在抗疫和经济复苏上，亚投行已经与世界银行和亚洲开发银行合作放贷，应在此基础上，邀请更多多边银行加入，尝试开展更广泛的多边机构合作，共同促进全球基础设施建设和满足抗疫需求。

对此，全球化智库（CCG）2022 年 1 月在与美国知名经济学家、克林顿政府时期的财政部部长劳伦斯·萨默斯（Lawrence H.Summers）对话时，他也认为，当前国际复兴开发银行（IBRD）等全球性或者区域性开发银行的投融资存在效率和方向性的问题，美中可在金融领域，特别是国际金融领域进行紧密合作。萨默斯表示，世界银行在2018年获得最后一次增资后，应该不会有更多的增资了，世行现在完全没有优势可言。

萨默斯指出，未来，美国和中国应致力于创新全球开发银行体系，不仅要接纳相关的开发银行，还要接纳开发银行的合作伙伴进入这一体系，寻求共同的议程合作。美中在这一领域的合作本身也是习近平提到"新型大国关系"里的重要部分。双方在1997年东南亚金融危机和2008年全球性金融危机期间在国际金融领域里展开过合作。鉴于未来存在较大利率上行可能，会带来全球金融危机的风险，美中这一次也可以像从前那样合作。萨默斯表示，希望看到有一天美国也能加入亚投行。

实际上，中美在基础设施建设方面合作空间巨大。中国在基建方面存在大量过剩产能，在桥梁、高铁等基建建设上也具有相对优势。美国大量基础设施老旧需维修换新，加强基础设施建设是美国两党共识。美国总统拜登于2021年3月签署了1.9万亿美元规模的经济救助法案，后又推出规模逾2万亿美元的"一揽子"基建和经济刺激计划，主要针对基础设施建设、气候变化等领域。尽管中国参与美国基础设施建设面临投资审查、国家安全及处理联邦、州和地方政府关系等问题，中美尤其是中美地方基础设施建设合作仍不失为撬动中美关系大局的一个抓手。

美国是联邦制国家，各州政府具有极大的自主权，也是吸引外资和多数基础设施建设项目的责任主体。来自中国的投资需求是美国各州，尤其是经济欠发达地区和中国加强链接的动力。中美可进一步加强基础设施方面交流对话，建立基础设施领域投资促进机制，同时加强中美省州级政府互动，推动中美省州级基建项目合作落实，并将中美省州级合作作为撬动中美关系的重点。同时，鉴于美国州政府可成为中美关系"稳定器"，可推动每年在中美两地轮流举办中美省州长论坛，通过省政府和州政府的紧密联系来推动省州级基建项目的合作。

此外，还可尝试提出并推进"一带一路"倡议与 B3W 等美欧基础设施建设倡议对接，加强第三方市场合作，合作共建第三国尤其是发展中国家基础设施。开展第三方市场合作有助于中国企业与各国企业优势互补，也将为第三国产业发展、民生改善及基建完善提供更大助力。同时，在此过程中也有助于"一带一路"行稳致远，实现多边化机制化发展，成为国际多边合作与全球治理持久稳定的国际化机制化平台。

三、推进"一带一路"多边化机制化发展

"一带一路"倡议提出以来，截至 2022 年 1 月，中国已与 147 个国家、32 个国际组织签署 200 多份共建"一带一路"合作文件，有关合作理念和主张写入联合国、二十国集团、亚太经合组织、上海合

作组织等重要国际机制的成果文件。

　　作为中国提出最重要全球性倡议之一，"一带一路"不仅联通亚太和欧洲经济圈，还穿越非洲、环连亚欧，成为世界上跨度最长、最具潜力的合作带，已成为当今世界范围最广、规模最大的国际合作平台。通过促进国家间互联互通及贸易投资自由化便利化程度，"一带一路"为全球贸易和投资增长创造了大发展机遇，对促进沿线国家特别是发展中国家加快工业化和经济增长、维护社会和平稳定具有重要意义。

　　世界银行发布的《"一带一路"经济学》报告强调，"一带一路"建设是"深化区域合作、促进跨大陆互联互通的宏伟举措，将改善交通基础设施、提升地区经济环境水平，从而大幅降低贸易成本，促进跨境贸易和投资，显著推动沿线国家和地区乃至全球经济的增长"。报告指出，"一带一路"建设将使沿线国家和地区的实际收入增长1.2%—3.4%，全球实际收入增长0.7%—2.9%，从而促进实现共同繁荣。"一带一路"倡议的全面实施使参与国之间的贸易往来增加4.1%，"一带一路"沿线国家和地区的外国直接投资总额将增加4.97%。此外，"一带一路"相关投资可以帮助多达3400万人摆脱中度贫困，使760万人摆脱极端贫困。英国经济和商业研究中心的研究也表明，到2040年，"一带一路"倡议将使全球GDP每年增加7万亿美元以上，多达56个国家的GDP都将因"一带一路"而每年增长逾100亿美元。

　　倡议提出以来，国际社会对其评价总体理性正面，但在环境、劳工标准、透明度、政府采购、社会责任等方面对"一带一路"的质疑声音也不时冒起。进一步提升"一带一路"国际影响力、扩大"一带一路"朋友圈，可推动"一带一路"多边化机制化发展，进一步将"一带一路"打造为新时代更具多边化全球化色彩的新型公共产品，更好发挥"一带一路"作为新型全球治理平台作用，同时也可有力回击一些国际社会对其负面评价，进一步推动"一带一路"走深走实机制化发展。

在推动"一带一路"多边化机制发展方面，首先，可搭建组织架构和决策管理的多边机制，并将其常态化，强化"一带一路"国际公共产品属性。如成立"一带一路"国际委员会、多边指导委员会，建立"一带一路"全球治理、区域治理的新秩序，参照东盟中心模式在北京设立"一带一路"国际秘书处并邀请"一带一路"沿线国家积极参加。还可依照 G20、APEC 等在各国轮流举办"一带一路"年会，各国定期聚在一起讨论"一带一路"相关议程，开展广泛交流和协商，并通过协议、规划、机制、项目等方式共同推进"一带一路"在各个阶段的循序发展。其中，中国作为"一带一路"倡议国可更多发挥引领作用，如引导议程设置，对协商议题深入研究并提出建设性意见建议等，通过机制设置在推动"一带一路"多边化同时确保较高话语权。

其次，可吸引联合国系统下国际组织机构对接参与"一带一路"倡议项目，开展主题合作等。可推动联合国成立"一带一路"合作机构，充分发挥联合国的桥梁作用和国际影响力，最大限度利用增效作用，促进"一带一路"参与国之间的对话。同时，可发起成立"一带一路"国际组织联盟，还可吸引联合国系统机构参与"一带一路"项目，将"一带一路"相关理念与联合国开发计划署、联合国教科文组织、世界贸易组织等机构议程对接起来，使"一带一路"理念成为这些国际组织的相关议程。

第三，更多吸引发达国家开展第三方市场合作。第三方市场合作强调优势互补，可将中国的优势产能、发达国家的先进技术和广大发展中国家的发展需求有效对接，协同发挥个体差异化优势，为高质量共建"一带一路"提供新的路径模式，这也是推动"一带一路"多边化发展的有效方式。

第四，中国可考虑稳慎加入巴黎俱乐部。中国作为新兴债权大国，尚欠缺有效管控外部债务风险的经验。巴黎俱乐部是主要债权国常规沟通机制，中国可考虑加入巴黎俱乐部，遵循透明、可行、可持续借贷国际贷款规则，成为负责任的债权国。此举也有助于防范中国所面临的外部债务风险，保障全球金融稳定。

除建立多边化机制外，还可搭建"一带一路"多层次公共合作与服务平台。"一带一路"作为一个国际合作平台，其参与主体是多层次多元化的。对于非国家主体来说，通过搭建"一带一路"多层次公共合作与服务平台借助制度化或非制度化机制开展交流合作、制定标准规则等，可有效提高合作效率，也可为"一带一路"项目开展提供切实助力。中国政府可在机制建立上积极发挥倡议引导、传播支持作用，政策鼓励我国企业、组织机构及个人等积极参与并在其中发挥建设性、主导性作用。同时，可欢迎邀请"一带一路"国家相关主体参与进来，使"一带一路"多边机制更好体现多层次多元主体及国际化特点。

1. 企业平台

建立"一带一路"国际企业联盟，采取"开放式"加盟方式，吸引企业响应并积极融入"一带一路",打造最大的"一带一路"企业家平台。国际企业联盟可组织国际论坛,比如制造业峰会、中小企业峰会、跨国公司与中小企业合作论坛等,交流企业间在"一带一路"上关于产业、投资、合作等方面的议题。

2. 人才平台

建立"一带一路"专业人士联络服务平台。可充分发挥专业人士国际组织作用,设立"一带一路"专业人士联络服务平台,聚焦"一带一路"建设的专业人士。平台可以借鉴国际经验,建立"一带一路"专业人才数据库和系统的服务体系,方便企业及其他机构寻找合适的国际化人才,以及专业人士寻找合作伙伴或发展平台。平台还可以与沿线国家的专业人士社团建立长期战略性合作关系,共同促进沿线国家的共赢发展。

3. 金融平台

可由亚洲基础设施投资银行发挥带领作用,并与世界银行、亚洲开发银行、非洲开发银行、美洲开发银行、欧洲复兴开发银行等全球开发银行进行合作,成立"一带一路"国际开发银行合作联盟,打造以国际多边开发银行为主的"一带一路"建设项目贷款共同体,形成国际多边开发银行共同贷款、共同发包、共同招标的国际化、规范化、公开透明运作体系。同时,在条件成熟情况下,可推动亚投行升级为世界基础设施投资银行,加强中国与各大洲国家合作,扩大其基础设施投资领域及地域,为世界各地符合条件基础设施投资项目提供资金等支持。

4. 风控平台

建立预警或信息共享机制，构筑"一带一路"建设的"防火墙"。可以建立多重"防火墙"，建立统一的预警机制或者信息共享机制。同时加强对北极通道的维护和发展。这套通道不仅从海上和航空商业运输来看能够节省时间和成本，更直接关系中国的军事、政治、资源和经济安全。

此前，习近平主席于 2021 年 11 月 16 日在与美国总统拜登视频会晤中指出，中方所提的全球性倡议对美国都开放，希望美方也能如此。拜登也指出愿以建设性方式妥处分歧，在美中两国利益一致的领域加强合作，共同应对新冠肺炎、气候变化等全球性挑战。随后，11 月 19 日在北京出席第三次"一带一路"建设座谈会时，习近平主席又指出要继续扩大三方或多方市场合作，开展国际产能合作，并指出有关部门要把共建"一带一路"工作纳入重要议事日程。

作为承载打造人类命运共同体理念的具体实践，"一带一路"也是打造人类利益共同体的最好方式。"一带一路"建设不断拓展可以使更多国家间实现不同程度的政策沟通、设施连通、贸易畅通、资金融通和民心相通。由此，百年未有之大变局下，在国际力量格局深刻调整过程中，国际社会有望通过共建"一带一路"避免可能使世界陷入灾难的修昔底德陷阱及金德尔伯格陷阱。中国也将深度参与到全球治理规则重构中，推动构建更加公平普惠、包容可持续的新世界。

四、尽早加入全面与进步跨太平洋伙伴
关系协定，推进亚太区域一体化

近年来，随着全球贸易规则的日渐混乱，一系列区域协议已经成为深度自由化的工具。美国、墨西哥和加拿大之间的新自由贸易协定《美墨加三国协议》（USMCA）于 2020 年生效，随后非洲大陆自由贸易区（AfCFTA）于 2021 年年初开始实施。亚洲因其独特位置成为区域多边主义的中心。在美国退出后，修订后的《跨太平洋伙伴关系协定》（TPP），即《全面与进步跨太平洋伙伴关系协定》（CPTPP）重获新生，并于 2019 年年初正式生效。全球覆盖范围最大的自由贸易协定——区域全面经济伙伴关系（RCEP）2020 年 11 月签署，并于 2022 年 1 月 1 日正式生效，成为亚太经济一体化的重要进展。

这些充满生命力的协定将继续发展，并有可能吸引新成员加入，为亚洲经济一体化提供灵活多轨路径。如更为严格的 CPTPP 可能有助于为发达经济体的未来贸易制定标准，而要求相对较低的 RCEP 将为发展中国家参与自由贸易提供途径。长远来看，CPTPP 可为改革世界贸易组织和推动全球自由贸易议程重回正轨提供蓝图，而中国加入也有助于中国接近更高标准的全球贸易规范，从而减少经贸摩擦和地缘经济趋势的上升。

2021 年 9 月，中国正式申请加入 CPTPP。在亚太地缘政治紧张加剧背景下，CPTPP 可在增进中国及相关国家对接沟通中成为亚太地缘关系协调新平台，从而推动重塑亚太地缘政治形态，实现以地区国家间经贸互惠互利对冲地缘政治以意识形态划分阵营的做法。

中国是全球经济增长最快的主要经济体之一，东盟也已成为中国第一大贸易合作伙伴，中国和 CPTPP 成员国合作空间广阔。根据彼得森国际经济研究所的研究报告，如果中国加入 CPTPP，到 2030 年时，中国国民收入有望增加 2980 亿美元，CPTPP 其他成员也是受益匪浅，有望增收 6320 亿美元。目前，CPTPP 涵盖 11 个成员国，覆盖约 5 亿人口，GDP 总和超过 13.5 万亿美元，约占全球经济总量 13%。如果中国加入 CPTPP，这一贸易体系将覆盖近 20 亿人口的大市场，GDP 将超过 25 万亿美元，经济总量可达全球近 30%。

目前客观来看，中国与 CPTPP 的标准仍有差距，中国加入 CPTPP 也不会一帆风顺，但申请加入 CPTPP 是中国推动内部更深层次改革的新机遇。中国要加入 CPTPP 需要得到各成员国同意，申请加入 CPTPP 将为中国与 CPTPP 各成员国协调对话开辟新渠道。相较于隔空对峙、相互制裁、断绝接触等矛盾激化行为，对话显然为缓和地缘关系紧张打开了新的大门。

中国近年来在知识产权、劳工标准、国企待遇、环境及数据流动等领域政策举措及发展进步，已使中国具备了对接 CPTPP 的实力和能力。通过进一步深化开放，加强知识产权保护、改善营商环境，提升对数据跨境流动和人才国际流动等新兴全球治理领域的研究探索等，中国加入 CPTPP 可能性不可谓不大，也可再度以对外开放倒推国内改革，进一步促进国内改革开放深化进程。尤其是，CPTPP 的原则与中国完善知识产权保护和国有企业改革的目标非常契合，中国加入 CPTPP 将进一步推动中国国内多方面制度性改革。

并不遥远的 20 世纪历史已表明军事结盟对抗的巨大危害性，21
世纪的亚太即便地缘竞争白热化也需要地区国家保持理性。一个繁荣
稳定的亚太符合地区成员国最大发展利益，而地区国家间经贸联系
更为密切有序也将塑造更为和平稳定的亚太地区。对此，中国加入
CPTPP 无疑可为缓和地区紧张关系、推进亚太区域一体化作出重要
贡献。

五、数字时代加强全球数字治理

当前，全球连通性日益加深，最明显的例子就是跨国数据流动和
全球数字经济的兴起。数字经济是传统经济与数字技术融合的产物，
已成为世界经济发展的关键引擎和重要趋势。正如 20 世纪石油为商
业和贸易开辟了新局面一样，数据已成为 21 世纪全球增长的命脉。

麦肯锡公司研究表明，2005 年至 2017 年，跨界带宽的使用量增
加了 148 倍。2020 年暴发的新冠疫情更是加速了数字化进程。随着
工作、娱乐和教育转向线上模式，2020 年的数据流量便出现了激增。
根据美国电信市场调研公司电信地理（Telegeography）的调查数据，
从 2019 年年中到 2020 年年中，国际互联网流量激增了 48%。数字
服务贸易蓬勃发展，数据流动日益成为实体商品贸易的基础，并
为复杂的全球价值链和区块链、人工智能和物联网等新兴技术提供
助力。

数据正在成为 21 世纪贸易增长的命脉，然而自 20 世纪 90 年代

以来，全球贸易规则几乎没有改变。在缺乏管理数据流的全球通用规范情况下，各国纷纷出台法规规范数据使用、保护国家安全和公民隐私。欧盟于 2018 年实施了《通用数据保护条例》（GDPR），中国已通过全面的网络安全法，并在制定一项重要的数据保护法。美国监管数据的速度一直较慢，但也在寻求修改有关个人数据的规则。经合组织数据显示，数据法规数量已从 21 世纪初全球约 50 个增加到 2019 年的近 250 个。根据欧洲国际政治经济中心，数字贸易限制指数衡量的总体数据控制程度在过去 10 年中翻了一番。这些规则错综复杂的性质正在加剧国家之间的摩擦，并让企业运作环境变得更加复杂。

不同国家在数据治理方面有不同倾向、价值观和能力水平。所有国家都有权根据其意愿调整数据政策以保障国家安全。但与此同时，世界需要为如何管理数据制定一些通用规则，否则此类冲突只会不断增加，最终会对跨国投资和创新起到阻碍作用。当前，一些双边和区域组织已开始建立这种共同标准。《跨太平洋伙伴关系全面进步协议》允许成员以基于规则的方式来监管数据流，从而最大程度上减少贸易壁垒。如果中国加入该协议，将有助于使中国与下一代数据治理规范保持一致，有助于帮助中国技术公司"走向世界"。

2020 年 6 月 12 日，新加坡、智利、新西兰三国线上签署《数字经济伙伴关系协定》（Digital Economy Partnership Agreement，DEPA），这是旨在加强三国间数字贸易合作并建立相关规范的数字贸易协定。协定签署后，2021 年 1 月 DEPA 在新加坡、新西兰生效，到 11 月 23 日又在智利正式生效。2021 年 11 月 1 日，中国正式申请加入

DEPA。在国际数字贸易规则竞争加剧背景下，中国申请加入 DEPA 是中国积极参与数字经济国际合作、维护和完善多边数字经济治理机制的重要体现。

数字化给当前的全球治理框架带来了压力，但也产生了新的合作需求——特别是需要建立一个能够支持全球数字经济安全健康增长的新框架，建设数字基础设施，使所有人都能从数字经济增长中受益。数字化和第四次工业革命的相关技术，如人工智能、物联网和机器人，具有推动全球包容性增长的潜力，但也将导致许多社区和行业不稳定。如果不加以解决，这些干扰和持续存在的数字鸿沟可能会加剧国家之间和国家内部的不平等。国际社会需要建立包括中国和美国在内的多边数据治理规范。

首先，要推动完成世界贸易组织（WTO）正在进行的关于电子商务的谈判。这些谈判的目的应是为数据设定全球基本规则和例外情况，同时保持世贸组织体系的中心地位。

其次，二十国集团（G20）可以《大阪数字经济宣言》为基础进一步探讨制定数字贸易相关法规。美国可允许华为、TikTok、微信等企业在美运营，中国也可考虑开放谷歌、Facebook、Twitter 等美国数字经济企业进入中国，与中国企业开展竞争与合作。

此外，还可考虑建立由世界上最大的 20 家数字经济公司组成的"国际数据联盟"（D20）。G20 是推动全球治理的重要平台，围绕 G20 现在已有 B20（二十国集团工商峰会）、T20（二十国智库会议）、C20（二十国集团民间社会会议）、Y20（二十国集团青年会议），建立 D20 可协助 G20 在数字经济领域更好推动全球治理。世界前二十的数字经济企业大多位于美国和中国，其合作建立全球标准的行业共识和最佳实践方式，有助于中美在科技领域保持对话。在建立 D20 时，可汇集官产学研及非政府组织人士，制定切实可行跨国界的数字经济领域企业规范。为确保各国数据安全，世界需要明确的标准来判断什么构成安全数据管理实践。应鼓励各国使用 ISO 27000 信息安全标准等国际标准作为国内方法的基准。

基于规则的自由贸易对帮助全球经济从第二次世界大战所造成的灾难中复苏至关重要。我们现在正面临自第二次世界大战以来最严重的全球经济衰退，数字保护会阻碍世界经济复苏。数字经济正在重塑全球贸易格局，服务贸易也成为中国经济新的增长点。只有以多边贸易规则加以规制，数据流才可成为增长和机会的来源，而不是矛盾和冲突之源。中国、美国和欧洲等国是时候为数字经济的全球治理开展合作了。

当前，美国霸权有所衰落，"冷战"结束后形成的一超多强格局向更加均衡多元方向演化。中国作为刚刚迈过中等收入国家行列的世界性大国，在多方面发展达到世界领先水平同时，也存在诸多短板及发展不平衡不充分情况，因此在新时代，发展仍是我国第一要务。21 世纪头二十年，中国顺应国际潮流把握住了国际产业链转移带来的战略机遇期，享受了极大的时代红利。进入新时代，接下来数十年中国要实现又快又好稳步发展，需要更加主动全面地参与到国际事务中，更加积极主动地发挥大国领导力，为中国及世界发展创造新的战略机遇期。

我们需要在深入对话沟通中寻求东西方共存共荣之道，避免地缘政治紧张加剧背景下国际冲突与对抗烈度持续升级。

世界正面临百年未有之大变局。中国作为大国，必将在此过程中发挥重要作用。这是中国作为世界性大国的责任与担当，也是世界发展对中国作用及"和而不同"中华文明的需求与期待。

加快构建新发展格局的重大
战略安排与路径选择

张占斌 [*]

* 中央党校（国家行政学院）马克思主义学院院长，教授、博士生
导师。

2020 年 4 月以来，习近平总书记讲话中多次提出"加快构建以国内大循环为主体、国内国际双循环相互促进的新发展格局"。党的十九届五中全会提出了全面建设社会主义现代化国家，加快构建新发展格局的战略构想。党的十九届六中全会再次强调推动高质量发展，统筹发展和安全，加快构建新发展格局。这些重要的思想，成为"十四五"规划和 2035 年远景目标刚要的重要内容、突出特色。为把握世界百年未有之大变局和中华民族伟大复兴的战略全局，全面建设社会主义现代化强国提供了方向性引领。构建新发展格局开启了当代马克思主义政治经济学新篇章，是当代马克思主义政治经济学的最新成果，其理论与实践体现着重要的趋势特征，需要我们把握好几对重要关系。

一、从马克思主义政治经济学看构建新发展格局

构建新发展格局有其深刻的理论逻辑，与马克思主义政治经济学一脉相承，是中国特色社会主义政治经济学的重要组成部分，开拓了马克思主义政治经济学新境界。

（一）构建新发展格局继承了社会再生产理论

构建新发展格局符合马克思社会再生产理论的基本原理，是社会再生产理论在社会主义市场经济下的具体应用。

一方面，构建新发展格局体现着社会再生产的过程。从产业资本出发，马克思提出资本循环的总公式 $G—W—G'$（$G'=G+m$），即当劳动力成为可交换的商品，货币转化为资本 G，购买原材料和劳动力 W 后组织生产 P，形成新的商品 W'，从新的商品 W' 到新的资本 G' "是商品的惊险的跳跃。这个跳跃如果不成功，摔坏的不是商品，但一定是商品所有者。"与产业资本循环类似，货币资本、生产资本和商品资本循环都遵循空间并存、时间继起，只有这样，单一资本才能形成一个循环。社会再生产的过程，是无数个单一资本循环交叠的过程，生产、分配、交换、消费是构成一个总体的各个环节，其中物质资料的生产是一切社会生活的基础，"一定的生产决定一定的消费、分配、交换和这些不同要素相互间的一定关系。当然，生产就其单方面形式来说也决定于其他要素。""构建新发展格局的关键在于经济循环的畅通无阻，就像人们讲的要调理好统摄全身阴阳气血的任督二脉。"通过各种生产要素组合在生产、分配、流通、消费各环节的有机衔接，实现经济活动的循环流转。

另一方面，构建新发展格局能够满足持续扩大的社会再生产。马克思将社会总生产分为生产资料、消费资料两大部类，要想实现社会再生产，需要两大部类满足一定的物质补偿和价值补偿条件。如果是简单再生产，生产资料部类的可变资本和剩余价值之和需要等于消费部类的不变资本；如果是扩大再生产，生产资料部类原有的可变资本、追加的可变资本与资本家用于个人消费的剩余价值之和，必须等于消费资料部类原有的不变资本与追加的不变资本之和。两大部类的关系构成了经济中的技术、分配、需求和生产结构，需求结构由技术结构和分配结构决定，这是货币资本转化为生产资本的基础，生产结构也由技术结构和分配结构决定，这是生产资本转化为商品资本的基础，生产结构与需求结构相适应，这是商品资本转化为货币资本的条件。构建新发展格局以供给侧结构性改革为主线，注重需求侧管理，通过调整技术、分配、需求和生产结构，满足了社会再生产的条件，也将推动社会再生产的不断扩大。

（二）构建新发展格局延续了分工理论

分工是"政治经济学的一切范畴的范畴"，从各个层面看，构建新发展格局是马克思分工理论的延续。

从宏观层面看，社会分工是促进生产、分配、流通、消费的重要机制。马克思将劳动的社会分工称为"第一类分工"，其表现在于"每一个商品所有者或生产者在另一个人面前都代表一个特殊的劳动部门，而这些特殊的劳动部门的总体即它们作为社会劳动整体的存在要以商品交换为媒介，或进一步说要以商品流通为媒介"。这些商品所有者或生产者相互独立，也相互对立，在某种程度上形成了合作与竞争的关系，通过市场化的机制有效配置资源。构建新发展格局就是要通过以社会分工为基础，使市场在资源配置中起决定性作用，更好发挥政府作用，促进生产关系的调整和生产力的发展。

从微观层面看，工厂内部分工是提高劳动生产率的重要方式。马克思将工厂内部分工称为"第二类分工"，"第二类分工发生在一个特殊的使用价值当作特殊的、独立的商品进入市场或流通之前的生产中"。这里的生产者并不表现为独立的工人，"因为他们只有通过协作才能生产出一个完整的商品，即一般商品，其中每一个人不是代表一种特殊劳动，而只代表联合、汇集在一种特殊劳动中的个别操作"。而"第二类分工……会缩短生产某种使用价值所需要的劳动，因而就为一个新的社会劳动部门腾出了劳动……第二类分工能够通过它的分解过程把一个专业划分为若干部分"，这意味着工厂内部分工极大提高了劳动生产率。改善和调节劳动分工是构建新发展格局的应有之义，构建新发展格局以新发展理念为引领，就是要通过创新特别是科技的自主创新，同时加上倡导热爱劳动、勤奋创造的工匠精神，推动产业升级转型，推动迈向产业链中高端，不断提高整个社会的生产率，提升生产质量和效益。

（三）构建新发展格局拓展了世界市场理论

根据马克思对世界市场的界定，世界市场既包括其他国家的国内市场，又包括与国际市场相关联的本国国内市场，即世界市场是各国国内市场的总和，构建新发展格局拓展了世界市场理论。

一方面，要注重利用世界市场。世界市场的出现需要具备一些条件，比如集市的兴起和城市的发展、新航路的开辟、工业革命，以及交通运输、通讯的发展等。特别是工业革命，"大工业建立了……世界市场。世界市场引起了商业、航海业和陆路交通工具的大规模的发展。当国内循环不足以满足新的商品 W' 到新的资本 G' 跳跃的需求，便开始转向国际循环，无数个国际循环交叠促进世界市场的发展。经济全球化与世界市场在内涵和外延上具有一致性，是社会生产力发展的客观要求和科技进步的必然结果。2001 年中国加入世界贸易组织，既从世界市场中受益，又为世界经济作出了巨大的贡献，中国的发展离不开世界，世界的繁荣也需要中国。构建新发展格局要求坚持经济全球化的方向，继续坚持对外开放的基本国策，仍然需要注重利用世界市场和国际资源。

另一方面，更要注重以本国国内市场为主。当经济全球化发展较为顺畅时，世界市场可以很好地形成有机的统一整体，各参与主体可以充分享受全球化、多边化带来的好处。"大工业便把世界各国人民互相联系起来，把所有地方性的小市场联合成为一个世界市场……"但是 2008 年国际金融危机以来，国际循环暴露出极大的脆弱性，甚至作为经济全球化必要阶段的区域经济一体化，都暴露出极大的不稳定性，最为典型的便是"英国脱欧"。当然，更为重要的是中国进入了新发展阶段，过去依靠出口导向的模式变得越来越不可持续。构建新发展格局，既要在更大范围、更宽领域、更深层次推进对外开放，更要以我国国内大循环为主体，推进高水平制度型开放，发挥国际循环服务国内循环的作用，这是构建新发展格局对世界市场理论的拓展，展现了马克思主义政治经济学与时俱进与中国实际相结合的特点。

（四）构建新发展格局创新了大国竞争优势理论

马克思并未对大国经济进行专门研究，但资本有机构成理论、空间生产理论和世界市场理论等，都暗含着大国经济发展的逻辑。美国经济学家钱纳里和赛尔昆对多个国家进行统计分析，发现大国经济普遍采取内向型的发展政策，这种内向型政策表现在国内资源积累、资源配置、国际贸易等方方面面。大国经济的优势就是内部可循环，这是大国经济与小国经济的重要区别。无论是从历史视角下大国崛起经验看，还是从当前视角下大国经济的发展模式看，大国竞争优势都并非来源于外生性的机遇，而是来源于内生性的动力。18世纪60年代，第一次工业革命以来，英国、美国、日本等都是依靠自身的科技创新，提升了综合实力，形成了大国竞争优势。构建新发展格局在强调国内国际双循环的基础之上，更加强调以国内大循环为主体，充分表明了中国作为大国经济发展到了一定程度之后的内在发展逻辑，展现着大国竞争新优势理论，是当代马克思主义政治经济学的突破和创新。

（五）构建新发展格局发展了全体人民共同富裕理论

马克思和恩格斯设想的未来社会的特点是物质资料极大丰富、人民精神境界极大提高、每个人自由而全面地发展，中国共产党将这一设想与中国实际相结合，提出全体人民共同富裕理论。共同富裕是社会主义的本质要求，是中国式现代化的重要特征，要求解决发展不平衡不充分问题，与构建新发展格局的要求相契合，可以说共同富裕是构建新发展格局的"必答题"，二者相互支撑、互为条件。特别是，新发展格局以扩大内需为战略基点，而扩大内需离不开人人享有的合理分配格局，通过构建初次分配、再分配、三次分配协调配套的基础性制度安排，扩大中等收入群体比重，增加低收入群体收入，合理调节高收入，取缔非法收入，形成中间大、两头小的橄榄型分配结构，推动全体人民共同富裕取得实质性进展，是构建新发展格局的应有之义。

二、加快构建新发展格局的战略价值

加快构建新发展格局是基于我国发展阶段、环境和条件变化，而做出的重大战略抉择，是正确把握社会主义建设规律的必然结果，体现了中国特色社会主义的优势，彰显了中国式现代化道路对西方国家崛起之路的超越和创造人类文明新形态的新进展。

（一）走向社会主义现代化强国的必然要求

我国已全面建成小康社会，开启了全面建设社会主义现代化国家的新征程，这是一个从站起来、富起来走向强起来的新发展阶段，必须加快构建新发展格局。

从国际上看，错综复杂的国际环境促使我国加快构建新发展格局。当今世界正经历百年未有之大变局，机遇和挑战并存，但不稳定性不确定性明显增加。以中国和美国的关系为例，2020 年中国的经济规模已超过 100 万亿元，占美国经济总量的 70% 还多，尤其是中国国家科技力量加快成长，在某些高科技领域呈现与美国"并跑"甚至赶超之势。为了维护自身的霸权地位，美国单方面挑起中美经贸摩擦，利用国家力量打压中国高科技企业，加大对华高技术产品出口限制，进行所谓的"脱钩"和"去中国化"，打破了原有的国际大循环，使得中国参与的国际产业链出现"断链"风险。这警示我们必须立足调整经济发展格局，维护我国产业链供应链的安全和稳定并提升竞争力，特别要注重各种"黑天鹅""灰犀牛"等引发巨大风险，防止中国迈向现代化强国的进程被干扰、被打断。

从国内来看，我国原有发展模式的弊端已难以为继。改革开放后的一段时间，我国发挥了劳动力密集和价格较低的比较优势，抓住了美国、欧洲、日本等发达国家产业向外转移的机会，大量引进外资，大力发展对外贸易，形成了市场和资源（如矿产资源）"两头在外""大进大出"的发展模式，对我国抓住经济全球化机遇、快速提升经济实力、改善人民生活发挥了重要作用。但是，伴随着时间的推移和技术的变革，我国"世界工厂"的比较优势逐渐发生变化，原有发展动力逐步衰减，比如我国劳动力成本低的优势逐步丧失，许多周边国家特别是一些东南亚国家的劳动力成本大体已远低于我国5—10倍；如果从非洲的情况看，许多国家的劳动力成本低于我国10—20倍左右；从总体上看，我国中低端出口的潜力和外贸优势正逐步衰减。这表明，必须需要通过构建新发展格局，强化我国的科技战略支撑，推动产业从中低端向中高端攀升，抢占科技、产业和经济发展的制高点，重塑我国经济发展和对外合作的新优势，这是走向社会主义现代化强国的必然要求。

（二）发挥中国独特发展优势的现实选择

构建以国内大循环为主体、国内国际双循环相互促进的新发展格局，必须具备一些先天优势或潜在优势，而中国完全具备独特的发展优势，即我国具有超大规模经济体的优势。

一个国家要实现以国内大循环为主体的高效经济循环，前提是具有较大经济规模。人口少、资源不丰富的国家，很难形成较为完整的国民经济体系，只有深度融入国际大循环才能实现经济有效运转。例如新加坡，拥有电子、金融、港口等优势产业，人均收入水平高但经济规模小，不可能形成自己相对独立的国内经济循环，其外贸依存度超过 200%。而一些经济规模较大的国家则有可能形成国内相对独立的自我循环。比如，美国在南北战争后出台一系列保护国内产业的政策，形成国内统一大市场，充分利用市场规模大的优势构建了国内经济大循环，仅用 30 年左右的时间，美国经济总量就超过了英国。

超大市场规模，是我国形成内部大循环、促进国内国际双循环的基础。经过改革开放以来 40 多年的发展，我国经济快速成长，国内大循环的条件和基础日益完善。我国已成为世界第二大经济体、制造业第一大国、货物贸易第一大国，有雄厚的物质基础、丰富的人力资源、完整的产业体系、强大的科技实力和持续提升的宏观经济治理能力，这既是我国增强国内大循环主体地位的重要保障，也是支撑我国深度融入国际经济循环的底气所在。我们有条件、有能力充分发挥大国经济的规模效应和集聚效应，更好利用国内国际两个市场、两种资源。

（三）超越西方国家崛起之路的崭新模式

大国崛起有着不同的模式，与西方国家崛起不同，中国选择了一条依靠自我发展的崭新模式，构建新发展格局体现着对西方国家崛起之路的超越。

构建新发展格局强调以国内大循环为主体，旨在推动共同富裕取得实质性进展。当前全球收入不平等问题突出，一些国家贫富分化，中产阶层塌陷，美国最富有的 1% 人口占有了全国 40% 的财富，而80% 人口仅拥有大约 7% 的财富。构建新发展格局的一个重要任务是要进一步促进社会公平正义，推动人民生活水平显著提高，形成强大的国内市场。因此，让广大人民群众共享改革发展成果，与构建新发展格局具有高度的统一性。在新发展阶段，我国将加快构建完整的内需体系，更加强调统筹经济发展和人民生活水平提高，在提高劳动生产率的基础上循序渐进提高人民收入水平，努力使居民收入增长快于经济增长；更加强调统筹三次分配领域相关政策，提高收入分配质量、缩小收入差距，朝着全体人民共同富裕迈进。

构建新发展格局强调国内国际双循环相互促进，坚定不移扩大对外开放。为了保护自身产业的竞争能力，以美国为代表的西方国家在工业化过程中，大都实行贸易保护主义。美国从南北战争结束到 19世纪末，平均关税高达 30%—50%。2008 年国际金融危机以来，美国更是大搞贸易投资保护主义，试图将资本和传统制造业拉回到国内。与之形成鲜明对比的是，中国坚决扛起自由贸易的大旗。党的十八大以来，我国以"一带一路"建设为重点，推动形成陆海内外联动、东西双向互济的开放格局，目前已设立 21 个自由贸易试验区，与 147个国家和 32 国际组织签署了"一带一路"合作文件，与 26 个国家和地区签署了 19 个自贸协定。新发展格局不是封闭的国内循环，而是开放的国内国际双循环，中国开放的大门不会关闭，只会越开越大。

（四）有利于世界经济的恢复和国际贸易合作的开展

我国作为经济大国，不仅能够以扩大开放促进国内大循环，而且能以强大的供给和需求能力为畅通国际大循环作出不可替代的贡献，推动全球经济稳步复苏和增长。

当前全球疫情持续蔓延，世界经济形势依然复杂严峻，中国将通过畅通国内大循环推动经济高质量发展，带动世界经济复苏，继续推动规则、规制、管理、标准等制度性开放，不断提高知识产权保护水平，为外商投资提供更加公平透明、可预期的营商环境，必将为全球经济注入更强动力，带来更大的新机遇。中国通过畅通国内国际大循环，加大了对世界其他国家商品供给，通过进博会、广交会、服贸会、消博会以及义乌等 5000 多个专业批发市场，构建国际贸易大循环中最活跃的商贸平台。通过搭建提供大市场、搭建大平台、疏通大渠道，为稳定全球产业链供应链做出了独特的贡献。中国经济和对外贸易的稳定发展有利于全球消费者，中国已成为 WTO诸多成员国的主要贸易伙伴，中国市场对包括发展中国家在内的许多国家的经济发展都非常关键。近年来中国服务业贸易促进了经济转型，带动了服务贸易发展，跨境贸易快速增长，稳定了全球供应链，使全球消费者从中受益。另外，我国充分发挥超大规模市场优势，在贸易、投资、人员、技术、数据等领域与世界经济联系日益密切，中国的发展将给世界经济带来新机遇。现在区域全面经济伙伴关系协定（RCEP）已于 2022 年 1 月 1 日正式生效，另外，中国也在积极申请加入全面进步跨太平洋伙伴关系协定（CPTPP），必将为世界经济发展做出新贡献。

三、加快构建新发展格局的趋势特征

与"两头在外、大进大出"的旧发展格局相比，构建新发展格局将呈现出一些不同的趋势特征。

（一）从二元体制变为统一大市场

新中国成立之初，我国实行一元计划体制，改革开放打破了这一禁锢，从一元计划体制向二元计划与市场并存转轨，二元体制发挥了重要的作用，但也存在制度规则不够统一、要素资源流动不畅、地方保护和市场分割等突出问题。新时代构建新发展格局，就是要打破二元体制，建设全国统一大市场。

一是制定统一的法律和制度规则。我国有统一的法律，但是在一些具体规则上赋予了各部门、各地方一定的自主权，导致了制度规则的不统一，这是阻碍建设全国统一大市场的制度性根源。中央全面深化改革委员会已经审议通过了《关于加快建设全国统一大市场的意见》，未来的政策举措要着眼于制度建设，致力于完善市场基础制度规则、推进市场设施高标准联通、加快要素和资源市场建设、推进商品和服务市场高水平统一、提升监管治理水平等，不断提高政策的统一性、规则的一致性、执行的协同性。

二是促进要素市场化自由流动。在二元体制下，我国资源配置既有市场的力量，比如劳动力转移、农村土地流转，又有计划的力量，如户籍管制、土地非市场化黏性，其结果是造成了劳动力、土地、资本等要素的体制性剩余。2020年，中共中央、国务院出台《关于构建更加完善的要素市场化配置体制机制的意见》，对土地、劳动力、资本、技术、数据等要素市场化配置提出了具体要求，旨在破除阻碍要素自由流动的体制机制障碍，促进要素价格市场决定、流动自主有序、配置高效公平。

三是打破地方保护和市场分割。"各自为政、画地为牢，不关心建设全国统一的大市场、畅通全国大循环，只考虑建设本地区本区域小市场、搞自己的小循环"，是构建新发展格局的误区之一。构建新发展格局，就是要打破地方保护和市场分割，通过建设统一大市场，将资源高效集聚，推动经济增长，不断激励创新，持续优化分工，促进公平竞争。

（二）从依赖国际转向国内为主体

新中国成立以来，我国大致经历了相对单一的国内循环阶段、以国内循环为主的出口导向阶段、以国际循环为主的全面开放阶段、以国内循环为主的高水平制度型开放阶段。构建新发展格局，将从依赖国际循环转向以国内大循环为主体。

从国际经验看，以国内大循环为主体是大国经济的特征。根据国际贸易的相关理论，绝对优势理论认为一国应生产和出口具有绝对优势的商品，比较优势理论认为一国应生产和出口具有比较优势的商品。要素禀赋理论认为一国应生产和出口本国相对充裕的生产要素所形成的商品，不论是哪一种理论，都表明国际贸易的必要性，这种必要性尤其是对小国经济更为显著。不过，对大国经济略有不同。以支出法计算国内生产总值，如果将出口和进口视作国际循序，将消费、投资和政府支出视作国内循环，二者的比值越小表明越是依赖国内循环。20 世纪 50 年代以来，美国和日本作为大国经济的代表，国际循环与国内循环的比值基本低于 30%，说明这两个经济大国更加依赖国内循环。中国从 1990 年开始，国际循环与国内循环的比值就超过了 30%，最高甚至达到了 77.2%（2006 年），不过伴随构建新发展格局，国际循环与国内循环的比值在达到最高点后逐渐下降，逐步向大国经济以国内大循环为主体的特征靠近。

从国内实践看，以国内大循环为主体具备坚实的条件基础。并非所有国家都能实现国内大循环，这需要具备坚实的条件基础。其一，稳固的物质基础。2011 年，我国超越日本成为世界第二大经济体，2013 年超越美国成为第一大货物贸易国（第一大出口国、第二大进口国），2010 年超越美国成为第一制造业大国，同时还是外资流入第一大国、外汇储备第一大国，这些都是以国内大循环为主体的强有力物质基础。其二，超大规模的市场。我国拥有 14 亿人的超大规模市场，4 亿人的中等收入群体，这是任何一个国家都无法比拟的优势。党的十八大以来（2020 年除外），我国最终消费支出对国内生产总值增长贡献率均超过 50%，中国已成为全球第二大消费市场，2012—2020 年中国社会消费品零售总额从 20.6 万亿元增长到 39.2 万亿元，年均增长约 8.4%，消费质量不断提升。其三，完整的产业体

系。从联合国划分的国际工业体系 39 个大类、191 个中类、525 个小
类看，中国是门类最齐全的国家，2021 年联合国工业发展组织发布
全球制造业竞争力指数，对全球 152 个国家和地区的生产和出口制成
品的能力、技术深化和升级水平进行评估，中国排在德国之后，位居
第二位。

（三）从高速增长迈向高质量发展

构建新发展格局最本质的特征是实现高水平的自立自强，过去依
靠要素投入的粗放式增长方式确实能在短期实现高速增长，但未来更
要迈向高质量发展。

一是转变发展方式。第二次世界大战后，亚洲、非洲和拉丁美洲
一些发展中国家为了摆脱贫穷落后状态，大力引进外资、开放港口，
寄希望于自身低廉的资源和国际循环带来繁荣，但结果是大部分国家
都陷入了"低收入陷阱"或"中等收入陷阱"。改革开放给我国带来
重大的发展机遇，但是当时发展方式十分粗放，基本依靠低廉的劳动
力、扩张的土地、盲目的资本等要素投入，这在某种程度上是必经的
发展过程。但是发展中国家的教训表明，以粗放的方式维持超高速增
长有害无益，其弊端包括资源过度消耗、生态严重破坏、部分行业产
能过剩、普遍的低效率和错过结构调整和科技创新的大好时机等。需
要从依靠要素粗放投入的数量增长型，转变为依靠科技创新的质量效
益型的发展方式。

二是优化经济结构。经济结构不只是三次产业占比，也包括其
他方面。以产业结构为例，要确保先进制造业地位的同时推进现代

服务业发展。实体经济是一国经济的立身之本，制造业是国家经济命脉所系，2008 年国际金融危机暴露出的西方国家产业空心化是血的教训，构建新发展格局必须要确保以制造业为代表的实体经济占据一定比重；尽管一些发达国家第三产业占经济比重超过 80% 甚至90%，但对我国而言，无须过分追求第三产业占经济的比重，要着力于推进现代服务业的发展，特别是与先进制造业相关的服务业的发展。

三是转换增长动力。增长动力回答的是依靠什么来实现增长，过去依靠大量的要素投入，而且是粗放的投入。构建新发展格局致力于转换增长动力，未来要依靠创新、协调、绿色、开放、共享，创新是引领发展的第一动力，协调是持续健康发展的内在要求，绿色是永续发展的必要条件和人民对美好生活追求的重要体现，开放是国家繁荣发展的必由之路，共享是中国特色社会主义的本质要求，新发展理念成为构建新发展格局下的新的增长动力。

（四）从不平衡不充分转向平衡充分发展

党的十九大报告提出，我国社会主要矛盾已经转化为人民日益增长的美好生活需要和不平衡不充分的发展之间的矛盾，构建新发展格局就是要从不平衡不充分转向平衡充分发展。

一方面，实现不平衡发展到平衡发展。不平衡发展的特征是将有限的资源倾斜于重点部门、重要地区的发展，试图通过产业关联效应、地区联动效应带动发展。短期见效很快，但长期消极效果明显，表现在国民经济各部门、各地区出现"重大结构失衡"，过度强化了政府和产业政策的作用，抑制了市场发挥作用的空间。平衡发展的特征在于使市场在资源配置中起决定性作用，更好地发挥政府作用，主要依靠市场的力量配置资源，政府对在不同部门、不同地区间的资源配置进行适当的引导、调整，确保实现平衡发展。

另一方面，实现不充分发展到充分发展。经济学理论认为，在既定资源和技术条件下，通过组合可以达到生产各种商品的最大数量，这个被称作生产可能性边界或曲线。从这个视角看，不充分发展就是没有达到生产商品的最大数量目标，各类要素没有物尽其用，各种要素组合也未发挥出最大限度功能。构建新发展格局就是要通过要素市场化改革，不断推进土地、劳动力、资本、技术、数据等要素按市场机制配置，同时政府也要发挥一定的调控作用，使得要素和要素组合发挥到极致，确保实现充分发展。

四、加快构建新发展格局的重要关系

构建新发展格局涉及方方面面，需要重点把握国内循环与国际循环、整体循环与局部循环、供给与需求的关系，也需要重点把握供给侧和需求侧的内在关系。

（一）把握国内循环与国际循环的关系

片面强调"以国内大循环为主"，或者片面强调"国内国际双循环"，都是认识误区。国内循环是国际循环的组成部分，国际循环也离不开国内循环，要辩证把握国内循环与国际循环的对立统一关系。

一方面，国内循环是国际循环的重要组成部分。根据马克思的世界市场理论，所有国家的国内市场总和组成了世界市场，没有各国的国内循环，也就没有所谓的国际循环。尽管经济全球化、区域经济一体化都遭遇了一定的逆流，但全球化的浪潮不会逆转，在市场配置资源起决定性作用的影响下，国际分工、国际贸易、国际投资、国际合作仍然会持续下去。中国作为世界上最大的发展中国家，国内循环本应就是国际循环的重要组成部分。

另一方面，国际循环需要国内循环。改革开放以来，我国取得了举世瞩目的经济成绩，我国国内生产总值由 3679 亿元增长到 2017 年的 82.7 万亿元，年均实际增长 9.5%，远高于同期世界经济 2.9% 左右的年均增速；我国国内生产总值占世界生产总值的比重由改革开放之初的 1.8% 上升到 15.2%，多年来对世界经济增长贡献率超过 30%；我国货物进出口总额从 206 亿美元增长到超过 4 万亿美元，累计使用外商直接投资超过 2 万亿美元，对外投资总额达到 1.9 万亿美元。2008 年国际金融危机以来，全球经济复苏缓慢，但我国仍能保持中高速的增长，已然成为全球经济增长的引擎，国际循环需要中国的国内循环。

（二）把握整体循环与局部循环的关系

构建新发展格局由局部循环组成，但更要从整体上把握循环，避免出现一些认识误区。

一是要着眼于建设全国统一大市场。各部门各顾一块、各地区各管一隅，垂直部门与地方政府的"条块关系"，是多年形成的治理顽疾。构建新发展格局不能只顾部门小循环、地区小循环，而是要立足"全国一盘棋"，从全国的视角，建设统一大市场。只有畅通全国的经济循环，各部门、各地方的循环才会得以更好地畅通。

二是要着眼于建设高层次循环体系。统筹推进现代流通体系硬件和软件建设，发展流通新技术新业态新模式，完善流通领域制度规范和标准，培育壮大具有国际竞争力的现代物流企业，是构建新发展格局的有力支撑。但是畅通物流循环，只是畅通经济循环的一个局部，要从整体上把握畅通经济循环的内涵与外延，着眼于建设高层次的循环体系，而不是满足低水平的物流，只见树木，不见森林。

三是要着眼于建立均衡的产业结构。当前我国面临一些"卡脖子"挑战，构建新发展格局需要攻克一些难题，但并非要求所有部门、所有地方专盯"高大上"项目，也并非只要求经济科技部门全权负责，而是要求各部门、各地区根据客观实际和产业基础，建立相对均衡的产业结构，各部门、各地区按照统一部署进行有序分工、协调配合，共同构建新发展格局。

（三）把握供给与需求的关系

供给和需求是经济学中的重要概念，也是构建新发展格局需要考量的关系，要形成需求牵引供给、供给创造需求的更高水平动态平衡。

一是需求牵引供给。消费者需求是企业生产的指南针，有什么样的需求，就会有什么样的供给。凯恩斯主义认为，出现 1929—1933

年的大萧条的根本原因在于有效需求不足，应该通过扩大政府开支、实行财政赤字的方式刺激需求，促进经济增长，这为政府宏观调控提供了理论支撑。构建新发展格局下的需求牵引供给，是既重视数量更重视质量的牵引，通过畅通经济循环，由高质量的需求牵引高质量的供给。

二是供给创造需求。法国经济学家萨伊提出"供给创造自己的需求"定律，即生产者的生产引起了对其他生产者的需求。尽管萨伊定律存在一定争议，但纵观历次工业革命，新的供给都带来了新的需求，第一次工业革命的蒸汽机带来了各类蒸汽动力出行工具需求和消费需求，第二次工业革命的电气动力带来了能源需求，第三次工业革命的信息化带来了消费等各方面需求。构建新发展格局恰逢新一轮科技革命和产业变革，新的供给也将继续创造新的需求。

三是更高水平的供需动态平衡。供需平衡不是简单的供给数量等于需求数量，而是既有数量又有质量的高水平平衡，特别是依靠创新驱动，高质量供给创造高质量需求，高质量需求牵引高质量供给，推动高质量发展。供需平衡也不是短期平衡，而是着眼于长期平衡，特别是这是一种动态的平衡，即有的时候高质量供给可能相对多一些，有的时候高质量需求可能相对多一些，有的时候高质量供给和高质量需求可能完全一致，但在长期内能维持动态平衡。

（四）把握供给侧的内在关系

供给侧主要涉及各类生产要素，构建新发展格局需要把握供给侧的内在关系，深化供给侧结构性改革这条主线。

一方面，坚持创新的核心关键地位。创新在我国现代化建设全局中占据核心地位，构建新发展格局是现代化建设的重要方式，也应认识到创新对构建新发展格局的核心关键作用。科技创新可以催生新发展动能，要想实现高质量发展，就必须要实现依靠创新驱动的内涵型增长。要大力提升自主创新能力，尽快突破关键核心技术。这是关系我国发展全局的重大问题，也是形成以国内大循环为主体的关键。

另一方面，推进要素市场化配置改革。资源配置是经济学研究的首要问题，过去采用计划配置、"计划为主、市场为辅"配置、市场起基础性配置等方式，都曾发挥过一定的作用，但也都暴露出诸多问题。党的十八届三中全会提出"使市场在资源配置中起决定性作用和更好发挥政府作用"，对经济体制改革的核心问题作出了科学、精准的界定，"有效市场"和"有为政府"协调配合、共同发力。构建新发展格局，在供给侧就是要推进要素市场化配置改革，不断挖掘土地、劳动力、资本、技术、数据等各类要素的内在潜力，促进各类要素的作用发挥到最大限度。

（五）把握需求侧的内在关系

需求侧管理在构建新发展格局中占据重要作用，需要把握好需求侧中的消费、投资与进出口的关系。

其一，扩大内需是战略基点。内需是中国经济发展的基本动力，构建完整的内需体系，关系我国长远发展和长治久安。自 2008 年国际金融危机以来，我国经济已经在向以国内大循环为主体转变，经常项目顺差同国内生产总值的比率由 2007 年的 9.9% 降至现在的不到 1%，国内需求对经济增长的贡献率有 7 个年份超过 100%。我国拥有 14 亿多人口、9 亿劳动力、4 亿多中等收入群体、1.7 亿多受过高等教育或拥有各类专业技能的人才、1 亿多市场主体，具有超大规模市场优势，内需在我国经济发展中始终占有重要地位。未来一个时期，国内市场主导国民经济循环特征会更加明显，经济增长的内需潜力会不断释放。

其二，拓展投资空间起关键作用。资本是极为重要的生产要素，保持投资合理增长，重点优化投资结构，对优化供给侧结构性改革起着关键作用，也是构建新发展格局的关键要素。一些国家陷入"低收入陷阱"或"中等收入陷阱"，有其内在的问题，但都有投资失速的原因。根据世界银行的统计数据，从 20 世纪 80 年代开始，阿根廷、巴西、南非等国家的资本形成率基本下滑至 20% 以下，投资失速的同时也带来了经济失速，而同期韩国的资本形成率基本保持在 30% 以上，因而成为跨越"中等收入陷阱"的代表。改革开放以来我国的资本形成率都在 30% 以上，2008 年国际金融危机之后更是保持在 40% 以上，未来构建新发展格局，仍需要保持一定的投资增速，同时不断优化投资结构。布局国家重大基础设施的时代已经到来，要适度超前布局。

其三，优化进出口是重要方向。长期以来，我国出口大于进口、数量强于质量，形成了大量的经常项目顺差，这成为美国单方面挑起经贸摩擦的一个借口。事实上，在快速发展的时期，特别是中国作为"世界工厂"，出口大于进口、数量强于质量十分正常，不过在进入新发展阶段后，就不能再只专注于扩大出口、扩大数量，而是要在稳定出口的同时扩大进口、提升质量。中国仍处于世界产业链和价值链中下游阶段，中高技术制造业增加值创造力仍然较低，未来要以迈向产业链和价值链中高端为方向，持续优化进出口。

五、加快构建新发展格局的路径选择

构建新发展格局是一项系统性工程，需要各方面政策的协调配合。畅通国内大循环，需要依靠供给侧的创新和需求侧的扩大内需形成"双驱动"，促进国内国际双循环则需要依靠高水平的对外开放。

（一）国内大循环的供给侧：坚持创新驱动发展

尽管我国已经成为世界第二大经济体，但仍存在核心关键技术受制于人的"卡脖子"等问题，畅通国内大循环需要坚持供给侧结构性改革，形成创新驱动的发展模式。

一是明确科技创新的主攻方向。科技创新的主攻方向要坚持需求导向，特别是要考虑国家急迫需要和长远需求。早在 2018 年，《科技日报》就通过系列报道列举了中国被"卡脖子"的关键技术清单，包括光刻机、芯片、操作系统、触觉传感器、真空蒸镀机等 35 项。"卡脖子"清单就是国家急迫需要和长远需要，要将"卡脖子"清单变成科研任务清单，要努力发挥社会主义市场经济条件下新型举国体制（能够集中力量办大事 + 市场经济原则 + "两弹一星"精神）的优势，打好关键核心技术攻坚战。

二是提升企业技术创新能力。企业是创新的主体，是实现科技自立自强的创新主体和微观基础。要组建创新联合体，鼓励有条件的企业之间联合创新，推进产学研政金深度融合；要发挥企业家精神，以更大力度的税收优惠，鼓励企业加大研发投入；要支持协同创新，大型企业、头部企业发挥引领支撑作用，中小微企业广泛参与创新，形成产业链上中下游、大中小企业融通创新；要加强知识产权保护，激励科学家和企业协同合作，促进创新成果转化。

三是深化科技体制机制改革。要深化用人制度，既注重引进人才，又注重培育人才，在北京、上海、粤港澳大湾区建设高水平人才高地，力争建设一支富有活力的科技创新主力军队伍；要完善科研项目组织管理和评价机制，以"揭榜挂帅"制度激励人才投身创新，加大研发投入，扩大科研自主权；要完善财政金融支持创新体系，构建以政府投入为主、社会多渠道投入的财政支持机制，完善天使投资、风险投资、股票融资、投贷联动等多种方式的金融支持体系。

（二）国内大循环的需求侧：坚持扩大内需的战略基点

构建新发展格局有赖于扩大内需的战略基点，要以培育完整的内需体系为切入点，从消费、分配、流通等环节不断完善需求侧管理。

一是增强消费环节的基础作用。推动传统消费转型升级，以质量品牌为重点，不断提高传统消费质量；培育新型消费，伴随恩格尔系数的下降，对医疗卫生、文化旅游、娱乐休闲等新消费支出占比逐渐上升，要顺应信息化、绿色化、健康化、个性化、多样化的新消费趋势，不断培育壮大新型消费；促进线上线下消费融合发展，借助"互联网+"的力量，推进线上消费和线下消费深度融合，赋予消费新活力。

二是扩大分配环节的支撑作用。扩大内需需要提高有支付能力的需求，分配环节至关重要。共同富裕是社会主义的本质要求，是中国式现代化的重要特征，要以共同富裕为目标推动分配环节更加公平、均衡。要着力扩大中等收入群体规模，抓住高校毕业生、技术工人、中小企业主和个体工商户、进城农民工、公务员特别是基层一线公务员及国有企事业单位基层职工等重点，精准施策，推动更多低收入人群迈入中等收入行列；要加强对高收入的规范和调节，以税收、公益慈善、清理整顿等方式合理调节过高收入，坚决打击内幕交易、操纵股市、财务造假、偷税漏税等获取非法收入行为。

三是提升流通环节的助力作用。流通体系是畅通国民经济循环的"大动脉"，要把建设现代流通体系作为一项重要战略任务来抓。要强化竞争政策作用，促进形成流通企业自主经营公平竞争、消费者自由选择自主消费、商品和要素自由流动平等交换的现代流通市场；要加大金融产品创新供给，重视金融基础设施建设，完善社会信用体系建设，服务好流通环节上的各类企业，推动商贸兴旺和流通体系走向现代化。

（三）国内国际双循环：高水平的对外开放

除了畅通国内大循环，构建新发展格局还需要以高水平的对外开放，促进国内国际双循环。

一是建立维护我国产业链安全的有效机制。新冠肺炎疫情冲击下，许多国家和跨国企业都在考虑重构产业链，构建新发展格局必须要考虑产业链安全。要科学布局产业链，明确重点产业与非重点产业区别，确保重点产业安全；要有效提升价值链，通过提高核心竞争力，促进迈向"微笑曲线"的价值链两端；要全力确保供应链，从产业协同的角度，提高供应链的整体配套水平。要构造防护链，建立维护产业链安全的宏观管理、协调服务、信息畅通、风险评估、预测预警和国际合作等机制。

二是以"一带一路"高质量发展促进高水平对外开放。"一带一路"建设是我国对外开放的总抓手，要推动共建"一带一路"高质量发展。要推进基础设施互联互通，实施重大跨国项目工程，拓展第三方市场合作；要扩大双边贸易和投资，坚持经济全球化、区域经济一体化的方向，以多边合作促进多边贸易、多边投资，建立"一带一路"沿线良性发展的经贸关系；要健全多元化投融资体系，发挥企业在"引进来"和"走出去"中的主体作用，坚持市场导向和债务可持续原则，营造健康可持续的国际投资环境。

三是建设更高水平开放型经济新体制。用足用好改革这个关键一招，推动更深层次改革，实行更高水平开放，为构建新发展格局提供强大动力。深化贸易和投资自由化便利化改革，促进贸易和投资的创新发展，增强贸易和投资的综合竞争力；深化外商投资改革，完善外商投资准入前国民待遇和负面清单管理制度，营造公平有序、充分竞争的外商投资营商环境；深化自由贸易试验区改革，推进自由贸易试验区规则、机制与国际对接，以自由贸易试验区和自由贸易港为试点，建设对外开放新高地。RCEP 实施是对外开放新的里程碑，树立了对外开放的新标杆，我们要迎接 RCEP 时代的到来，构建国内国际统一大市场，推动制度型开放，为构建新发展格局提供有力支撑。

大力推进西部地区经济高质量发展

范恒山 *

* 经济学博士，高级经济师、教授。曾任国家发展改革委副秘书长。

我国西部地区经济社会发展总体上相对滞后，是全国高质量发展的"短板"区域，推动西部地区经济高质量发展事关大局，事关长远。大力推动西部地区经济高质量发展需要着力构建现代化产业体系、高质量城镇体系、完善的市场体系、可持续绿色发展体系、完善的社会建设体系和高水平开放发展体系等六大体系。需要对标先进地区，进一步优化发展软环境；紧扣发展需要，激发战略功能平台的综合效能；加快特色产业发展，拓展产业链条；结合新老基建，打造数字技术发展先进位势。

党的十九大作出重要判断，中国特色社会主义进入新时代，我国经济已由高速增长阶段转向高质量发展阶段。推动高质量发展，是一个关系全局和未来的重大使命，已经成为我国向全面现代化迈进的核心主题。我国西部地区包含 12 个省份，占我国国土面积的 71% 以上，由于特殊的地理环境、历史基础等多方面原因，经济社会发展总体上相对滞后，集中反映了我国发展不平衡、不充分的状况，是全国高质量发展的"短板"区域，推动西部地区经济高质量发展是一个值得深入思考、认真研究的重大课题。

2020 年，由于世所罕见的疫情冲击，世界经济进一步陷入困境，但我国经济社会发展保持了良好的态势，取得了增长 2.3% 的不凡成绩，是唯一实现正增长的主要经济体。2021 年，全国上下贯彻党中央、国务院决策部署，落实统筹疫情防控和经济社会发展各项措施，宏观经济保持稳中加固、稳中向好态势。尽管内外挑战众多，正常非正常因素影响频繁，我国仍然实现了经济持续稳定恢复、人民生活不断改善和社会大局的和谐稳定。赢得这个局面，西部地区做出了卓越贡献。但我国发展面临的形势依然复杂严峻，实现高质量发展的道路充满了荆棘和障碍。西部地区作为幅员辽阔且经济相对不发达的地区，面临的风险更大，任务也更重，需要高度重视和认真对待。

一、推动西部地区经济高质量发展意义重大

在实施"三步走"战略目标的基础上，党做出了"两步走"的战略谋划。2021 年我国实现了全面建成小康社会目标，开启了全面建设社会主义现代化国家的新征程。西部地区经济高质量发展事关大局、事关长远。从我国实际出发，可以说，西部地区兴旺，国家才算真正兴旺；而没有西部地区的高质量发展，就谈不到全国的高质量发展。

第一，西部地区经济高质量发展事关中华民族伟大复兴。习近平总书记强调，推动高质量发展，必须统筹中华民族伟大复兴战略全局和世界百年未有之大变局。实现高质量发展是实现中华民族伟大复兴的必由之路，而西部地区的发展质量与水平关系全局。西部地区面积广阔，陆地边境线占全国的 90% 以上，具有极其重要的战略地位，是我国发展的战略纵深，是"一带一路"倡议的重要节点，也是统筹

安全与发展的重点区域。实施西部大开发战略 20 多年来，西部地区发展取得历史性成就，但在世界科技革命与产业变革加速推进、国内转型发展走向深入且地区间竞争日趋激烈的环境下，西部地区发展面对的矛盾与问题不断显现或暴露出来。从整体上看，近些年来，西部地区增长速度开始放缓，转型发展相对缓慢，新经济、新动能、新产业发展规模与水平落后于东中部地区；地区间分化加剧，省域经济发展落差较大。与此同时，西部地区又蕴藏着巨大的增长潜力。推动西部地区经济高质量发展，不仅是西部地区自身的事，还关系到全国的转型发展和整个现代化建设，必须把西部地区经济高质量发展作为中华民族伟大复兴战略全局的一件大事，持之以恒地抓紧抓好。

第二，西部地区经济高质量发展事关全国人民共同富裕。为人民谋幸福是中国共产党人的初心。习近平总书记指出，共同富裕是社会主义的本质要求，是人民群众的共同期盼。党的十九届五中全会提出，2035 年要在全体人民共同富裕上取得更为明显的实质性进展，2050 年中国将基本实现共同富裕。西部地区处在胡焕庸线西北侧，又是我国少数民族主要聚集区，发展条件相对较差，与东中部地区的差距在拉大。西部大开发以来，西部地区居民人均可支配收入得到快速增长，2019 年是 1999 年的 15.48 倍（1999 年是 3472 元），但与东中部地区相比，西部地区的人均收入明显偏低，1999 年不到东部地区的 40%，2019 年不到东部地区的 61%。同时，西部地区内的各省之间、城乡之间、行业之间的居民收入差距也很明显。基础设施、公共服务等社会民生领域"短板"问题一直较为突出。经济发展是人民富裕的基础。从这个角度讲，没有西部地区经济高质量发展，就很难实现全国人民共同富裕。

第三，西部地区经济高质量发展事关国家生态安全。党中央高度重视西部地区生态安全问题。2016 年，习近平总书记视察青海时指出，生态环境保护和生态文明建设是我国持续发展最为重要的基础，青海必须把生态文明建设放在突出位置来抓，筑牢国家生态安全屏障。2020 年《中共中央国务院关于新时代推进西部大开发形成新格局的指导意见》强调，要加大美丽西部地区建设力度，筑牢国家生态安全屏障。西部地区总体上处于工业化中期阶段，发展任务很重，同时西部地区生态极为脆弱，生态保护和建设的任务也很重。单纯从经济发展和生态保护来讲，两者都不难，难的是如何处理好经济发展与生态保护两者之间的关系。统筹兼顾，有机结合，实现发展可持续，是西部地区高质量发展面临的一个长期性的难题。把这个难题化解了，既有现实意义，又有历史价值，体现出中国智慧，也彰显了世界高度。

第四，西部地区经济高质量发展事关构建新发展格局。构建以国内大循环为主体、国内国际双循环相互促进的新发展格局，是党中央基于我国发展阶段和内外环境条件深刻变化所做出的重大战略抉择。加快构建我国新发展格局，离不开区域四大板块的全面融入、协同发力。目前，西部地区既有发展慢、发展不充分的问题，也有营商环境不够好、对外开放不充分的问题，总体上在我国构建新发展格局的大盘子里显得份额不足、作用有限，与加快构建新发展格局的要求还不适应。推动西部地区经济高质量发展的过程，实质是要推动西部地区全面融入国家新发展格局，深度参与国内国际双循环；是要推进要素市场化改革，进一步打通国内特别是西部地区经济运行的血脉，推动地区之间资源、技术、人才等要素自由畅流；是要进一步加快西部地区对外开放步伐，使西部地区成为我国对外开放的前沿、开放发展的高地。从这个意义上讲，加快推动西部地区经济高质量发展，也是我国加快构建新发展格局的必然要求和重要举措。

二、实现西部地区经济高质量发展
需要着力构建六大体系

西部地区经济高质量发展应当在哪些方面着力？仁者见仁、智者见智。有的学者认为要着力发挥后发优势，实现创新引领；有的学者强调要着力改善营商环境，增强人才吸引力；有的学者提出要着力建设高水平产业发展平台、提升产业承载能力；有的学者建议要着力推进对外开放，建设沿边经济带并打造新时代开放高地；有的学者则主张要着力创新制度环境，提升绿色发展水平等，这些见解对推动西部地区高质量发展都是有意义、有价值的。习近平总书记指出，高质量发展，就是能够很好满足人民日益增长的美好生活需要的发展，是体现新发展理念的发展，是创新成为第一动力、协调成为内生特点、绿色成为普遍形态、开放成为必由之路、共享成为根本目的的发展。结合西部地区实际，基于系统观念和整体思维，我以为，西部地区当前要进一步在六个方面倾心发力，或者说，要着力构建六大体系。

第一，构建现代化产业体系。现代化产业体系是经济高质量发展的基础工程。西部地区多数区域工业发展水平不高，要根据高质量发展要求改造升级整个产业体系。构建西部地区现代产业体系，既要把握好构建现代经济体系的共性特征，也要从自身优势、资源禀赋、特色产业等实际情况出发。同时，还要注重学习借鉴东部地区的经验做法。比如，在推动经济发展中，要做好传统制造业与现代制造业、生产性服务业与生活性服务业、现代化农业与现代化二三产业，以及产业链的上中下游、区域生产力布局的配套衔接、相互协同和优化升级。除了把握与体现共性的规律性要求，推动西部地区产业结构优化提升，还要结合西部地区实际，深化相关研究。西部地区产业的总体特征是什么？12个省份的自身特点是什么？如何适应新一轮科技革命和产业变革的时代要求，形成既符合一般规律又具有西部地区特色与各省特点的产业体系？把这些问题廓清了，我们就能有的放矢，重点攻关，从而获得实质性的成效。

第二，构建高质量城镇体系。现代化伴随着城市化，没有高质量城镇体系，也不可能有高质量经济发展。2020年，我国城市化水平按常住人口算是63.89%，按户籍人口是45.4%。我国西部地区城市化潜力更大，2020年云南和贵州的户籍人口化城镇率分别为37%和41.68%，2020年西藏常住人口城镇化率只有35.73%。中心城市和城市群的发展尤为值得重视。习近平总书记曾在有关文章中指出，我国经济发展空间结构正在发生深刻变化，中心城市和城市群正在成为承载发展要素的主要空间形式。据2019年中国发展研究基金会发布的《中国城市群一体化报告》，全国12个跨省域新型城市群GDP占全国比重已达82.03%，其中环渤海、长三角、珠三角城市群超过40%。

当前，西部地区已经形成成渝、关中平原、北部湾等9大城市群，但各城市群发展差距明显，城市群内部产业同构性高，互联互通基础设施网络有待完善，尚未建立起完善高效的合作机制，缺乏区域协同发展的内生动力。2020年1月，习近平总书记在中央财经委员会第六次会议上强调，要推动成渝地区双城经济圈建设，在西部地区形成高质量发展的重要增长极。2020年5月《中共中央国务院关于新时代推进西部大开发形成新格局的指导意见》明确提出，鼓励重庆、成都、西安等加快建设国际门户枢纽城市。对于西部地区来说，应当强化都市圈或城市群的集聚引领作用，推动资本、技术、人才、劳动力等生产要素自由流动和优化配置，带动全区域高质量发展。西部地区的地理、地形、生态等诸多因素，决定了城市发展不能搞"摊大饼"的模式，需要大中小城市协调发展，注重做实做强中小城市，并与推动乡村振兴有机结合起来。

第三，构建完善的市场体系。在资源配置中发挥市场决定性作用和更好发挥政府作用，是我国改革开放以来探索形成的重要认识。2020年7月，习近平总书记在民营企业座谈会上指出，市场主体是我国经济活动的主要参与者、就业机会的主要提供者、技术进步的主要推动者，在国家发展中发挥着十分重要的作用。西部地区高质量发展要更加注重激发市场主体的发展活力。营商环境是衡量市场体系发育程度的一个综合性指标。据粤港澳大湾区研究院、21世纪经济研究院联合发布的2020年我国296个城市营商环境报告，2020年西部地区的重庆、成都排名进入前10名，西安进入前20名。共计8个城市进入前50名，且8个城市均为省会城市。相比之下，东部地区有多达 25 个非省会城市进入全国营商环境前 50 名。着力打造市场化、法治化、国际化营商环境，营造有利于全社会创新创业和企业家成长的社会氛围，是推动西部地区经济高质量发展的现实需要。

第四，构建可持续绿色发展体系。绿色发展是新发展理念的重要内容。西部地区高质量发展，必须走绿色发展之路。据全国第七次人口普查数据，2020 年中国城市常住人口约 9 亿人，但其中 2.8 亿多人是农民工。城市市民的人均消费水平大约是农民工的 2 倍。假定未来中国市民化率达到 80%，意味着还有至少 5.5 亿人左右（以 2035 年为预测对象）的新增市民人口。即便按今天日本、韩国的人均工业化水平，也意味着，到时我国工业规模要达到今天的 2 倍以上，我国未来发展的资源环境约束压力非常之大。习近平总书记强调，"绿水青山就是金山银山""保护生态环境就是保护生产力、改善生态环境就是发展生产力"。西部地区生态总体上较为脆弱，需要在调整产业结构，提升科技含量，优化生产力布局，推进实施产业生态化和生态产业化，建立健全生态补偿、生态市场、生态帮扶各项制度等方面做出更多富有创造性的探索。

第五，构建完善的社会建设体系。经济发展的目的不应当是经济发展本身，而是要有益于人民生活改善和社会进步。西部地区社会建设总体滞后，许多方面仍然薄弱，例如教育、医疗资源总体不足，配置不均衡、短缺与闲置并存；需要更好地将巩固脱贫攻坚成果与乡村振兴战略有效衔接起来等。很大程度上，社会建设水平是与经济发展水平直接关联的。所以，构建完善的社会建设体系，也应当是西部地区经济高质量发展的重要内容。

第六，构建高水平开放发展体系。统筹国内国际"两种资源""两个市场"，是改革开放以来我国经济发展的重要经验。新时代我国对外开放的大门只会越开越大。没有高水平的对外开放，实现西部地区高质量发展也是不可能的。"一带一路"倡议使西部地区站在了对外开放的前沿，这是西部地区高质量发展的机遇。西部地区要紧扣实行高水平开放的一些关键问题，例如，如何通过打通国际物流大通道、如何搭建各类重要开放平台、如何加快推进制度性开放等，结合自身实际，大胆探索实践，努力形成开放合作的高地。

三、西部地区经济高质量发展面临的一些短板

习近平总书记指出，中国共产党人干革命、搞建设、抓改革，从来都是为了解决中国的现实问题，并强调要有强烈的问题意识，以重大问题为导向，抓住关键问题进一步研究思考，着力推动解决我国发展面临的一系列突出矛盾和问题。促进高质量发展，要着力固根基、扬优势、补短板、强弱项。西部地区发展具有不少优越条件，但也存在许多明显的短板，需要花大力气加以解决。特别要重视与解决如下一些制约高质量发展的"短板"。

第一，西部地区经济自主创新能力较弱。创新驱动是经济高质量发展的动力机制和明显特征，科技创新经费支出是创新能力的关键性指标。根据《中国科技统计年鉴》公布的数据，2019年，全国研发费用支出为22143.6亿元，其中东部地区占66%、中部地区占

17.47%、西部地区仅占 12.91%，西部地区研发费用支出占比，远低于其经济总量占全国 GDP 的比重（21%）。规模以上工业企业创新费用支出方面，2019 年，东部地区为 14750.6 亿元、中部地区为 4370.7 亿元、西部地区仅有 2776.8 亿元，西部地区占全国之比为 11.97%，比研发支出的占比更低。从保持行业先进水平的企业看，保持或超过同行业国际领先的企业数占比东部地区为 6.2%、中部地区为 4.5%、西部地区为 4.2%；保持或超过同行业国内领先的企业数占比东部地区为 21.2%、中部地区为 20.0%、西部地区为 18.6%，西部地区的比例都是最低的。从分省（市）情况看，规模以上工业企业创新投资最多的是四川、重庆、陕西，2019 年占到西部地区相关总支出的53.5%，其他 9 个省份占比还不到一半。

第二，投资效益相对较低。由于自主创新能力较弱，西部地区经济发展主要依靠投资拉动、要素投入和传统产业规模扩张，但这种模式已越来越难以为继。2017—2019 年，西部地区固定资产投资在全国占比为 26%—27%，其中 2017 年为 26.68%、2018 年为 26.12%、2019 年为 26.16%。相比起来，2017—2019 年，西部地区生产总值占全国比重分别为 20.0%、20.47%、20.82%。固定资产投资占全国比重，明显高于其地区生产总值占全国的比重，反映出西部地区经济明显依赖投资拉动。问题还在于，西部地区的投资效益明显低于东部地区。资本是趋利的，这种状况无疑会对社会资本向西部地区的流入产生负面影响，进而阻碍西部地区产业的发展。西部地区产业在某种程度上形成价值链中低端的锁定效应。打破这种产业中低端的锁定，不仅要解决主要依赖于投资拉动的问题，也要着力解决投资效益提升的问题，而这同样是推动西部地区经济高质量发展的关键举措。

第三，西部地区开放水平相对较低。投资、消费、出口是拉动经济增长的"三驾马车"。从出口来看，2019 年西部地区的进出口总额仅占全国进出口总额的 8.56%，其中出口占 8.95%，进口占 8.1%，远低于地区生产总值在全国的比重（21%）。相比而言，东部地区占全国进出口总额的 80.63%，明显高于其地区生产总值占全国的比重（51.9%）。显然，在利用外部资源和外部市场方面，西部地区还存在很大空间，应认真学习借鉴东部地区的经验，注重推进制度型开放，深入对外合作，持续增加出口规模，推动地区经济增长。

第四，区域内部分化明显。在 2016 年的一篇文章中，我曾指出西部地区总体增速较快，但区域内分化明显。受自然环境、人口密度、远离沿海发达地区等因素的影响，西南地区发展态势总体优于西北地区。2016 年以来，这种现象依然存在。2017 年以来，云南、贵州、西藏经济增速多次位列全国三甲，重庆、四川、广西经济增速常年位于全国前 10 名，西北地区则多处于增速后列。这种分化实则反映了西部地区发展潜力、动能、发展方式等方面的差距。西北地区发展基础薄弱，创新投入少，人口密度低，生态更加脆弱，其对高质量发展更为迫切。西北地区多数区域的工业是在资源优势基础上建立起来的，部分地区还引进了一些高耗能、高污染、高排放的产业项目。2019 年，宁夏、新疆、青海和内蒙古的万元 GDP 能耗在 1.0 吨标准煤／万元以上，明显高于全国能耗水平(0.49 吨标准煤／万元)。2019 年，内蒙古和宁夏的万元 GDP 能耗分别同比提高 4.49% 和 1.19%。调整优化产业结构，促进产业转型升级，这是西部地区尤其是西北地区经济高质量发展的重要任务。

第五，生态建设短板仍亟待补齐。西部地区的青海、甘肃、陕西、西藏、四川、重庆、云南等区域是我国长江、黄河、珠江等大江大河的上游地区，其中，青海和西藏是我国重要的水源地。新疆、宁夏、贵州的生态极为脆弱，内蒙古是我国重要的风沙源防控地，陕甘黄土高原要大力遏控水土流失。中央、西部地区各省（区、市）高度重视生态建设和节能环保工作。2019 年，西部地区各省（区、市）的节能环保支出占 GDP 比重平均值为 1.01%，明显高于全国平均值（0.75%），但受制于西部地区省（区、市）地域宽广，需要实施的生态保护和建设工程数量多、投资大、分布广，加之西部地区省份经济实力偏弱，西部地区生态建设的任务十分艰巨。比如，新疆、甘肃、青海等地的土地荒漠化、草场退化，西北地区森林覆盖率偏低，贵州、云南的地表水缺乏和石漠化等，都需要做大量工作，进行有效的治理。西部地区的生态建设对全国、对未来都是一件大事。

第六，制度软环境有待进一步改善。完善的制度体系，是推动和保障高质量发展的先决条件和基础支撑。在制度软环境方面，西部地区各省份仍然存在不少体制机制障碍，例如，一些地区的经济政策更偏向鼓励生产而非鼓励创新，更偏向促进数量扩张而非质量提升；政府绩效考核体系不尽合理，在创新驱动、资源环境、民生改善、结构优化等方面的约束力度不强。据《2020 年中国 296 个地级及以上城市营商环境报告》，在"软环境"项下，全国前 50 强西部地区城市只有 10 个。我从媒体报道了解到，2020 年 11 月，为优化提升营商环境，西部地区（重庆）科学城在全国率先推出"三评合一"环评审批制度改革，将关联性很强的环境影响评价、水土保持方案、入河（湖、库）排污口设置论证三个相近审批事项进行融合，实行一次审核、一次审批，为企业减少申报材料63项，节约720个工作日的审批时间。西部地区其他地方也有很多类似的例子。西部地区固然存在客观上的"先天不足"，但优良的制度环境是可以通过积极的主观努力创造出来的。

上述制约西部地区高质量发展的"短板"的形成原因较为复杂。从历史角度看，西部地区工业化起步晚、基础差、行程短，产业大多处于链条中低端；以发展条件论，西部地区人口密度相对较小，不少地区缺乏最基本的生产生活条件，人才、资金缺口大，资源、环境压力大；就管理体制说，西部地区不仅在整体制度建设上相对滞后，资源开发、生态补偿等专项制度也急需抓紧建立与完善。当然，更存在思想认识方面的问题。在这方面，需要进一步拓宽视野，提高站位，活络思维。我注意到，《中国西部经济高质量发展研究报告（2021）》对此也有深入具体的研究，不仅在"西部经济高质量发展短板与原因"中进行了总体分析，且在"产业篇""地区篇"中分别对14个主要产业和12个省（区、市）的不足进行了具体分析。做到这一点不容易，但的确很有必要。

四、西部地区经济高质量发展的关键措施

又好又快地推动西部地区经济高质量发展，必须把握方向，抓住

关键。

第一，要对标先进地区，进一步优化发展软环境。如前所述，软环境建设是西部地区高质量发展的一个软肋。如果与北京、上海、深圳、杭州等先进地区比，在这方面的差距就更大。应该说，西部地区与东中部地区在软硬环境方面的差距都比较明显，但涉及思想观念、管理体制、运行机制等软环境方面的问题更加突出。还要认识到，西部地区面临发展基础薄弱、生态承载力差、缺乏资金和技术等先天不足，要高效聚集和利用优质资源，就必须在打造软环境方面形成优势。基于此，西部地区应该把优化发展环境，特别是软环境作为工作的重中之重。软环境优化的目标指向应该是：对内，要激发全社会创新创业的积极性和主动性；对外，要强力吸引外部地区各类创新资源加快流入与高效集聚。西部地区优化发展软环境的便捷途径，就是在关键方面对标看齐国际通行规则和国内先进做法进行创新。一是要建立公正、透明、可持续的政策法规体系，并立足于提供最优服务来改善政府治理体制和管理方式。二是要建立良好的市场信用体系，强化政务诚信和社会信用，维护市场公平公正。应选择若干社会各界关注的重点和久治不愈的难点进行攻坚，力求取得实质性进展，在这个基础上，一步一步地解决深层的体制问题，实现软环境的全面优化。

第二，加快特色产业发展，拓展产业链条。前面已经谈到，构建现代产业体系是西部地区高质量发展的基础工程，具有重要意义。构建西部地区现代产业体系的一个重要原则，是要用足用好自身禀赋，做强做优特色产业。特色产业具有比较优势和市场竞争力，也是切实可行的现实抓手。近几年来，西部地区部分省份得以快速发展的重要原因之一，就是走出一条特色发展的创新之路。要推进西部大开发形成新格局，仍然要抓好特色产业发展，并使之成为整体经济行优走强的一个重要举措。可以围绕两个方面下功夫：一是推进融合发展，拓展特色产业体系。加强特色资源与现代科技融合，促进特色产业的集群化、现代化发展；推动农村一二三产业深度融合，促进农牧业全产业链、价值链转型升级；推动"互联网+"，进一步把生态、民族民俗、边境风光等优势提升为新经济、新业态；依托风景名胜区、边境旅游试验区、开发开放合作试验区等，大力发展旅游休闲、健康养生、文化创意等服务业，打造区域重要支柱产业。二是创新运作机制，提升特色资源的价值。西部地区在生态环境、能源矿产资源等方面具有独特优势，应积极探索建立区际利益补偿或平衡协调机制，并依此促进转化、增进效益。还可以通过区域合作，共建特色园区，发展高品位、高附加值的"飞地经济"。

第三，结合新老基建，打造数字技术发展先进位势。数字技术作为新一轮科技革命的重要代表和集中体现正在迅猛发展。哪个地区抢占了数字技术、数字经济的制高点，也就抢占了经济发展的领先位置。一个重要的事实是，数字技术降低了区域对自然条件和历史环境的依赖，能够超越区域现实发展基础和地理区位，重构区域经济体系；数字技术提供了跨区域利用资源要素的基础条件，从而能够进一步帮助地区强化比较优势，这就为落后地区发展新经济、提升新动能，实现与先进地区同步发展甚至领先发展提供了机会。由于区位、环境、能力等方面的原因，西部地区老基建一度进展缓慢，这些年在战略牵引下建设力度不断加大，这方面与东部地区的差距已大大缩小。在今天，随着数字技术等的发展，老基建对经济发展的制约程度已明显降低，且目前新老基建已融为一体、相互支撑，西部地区应一体推动新老基建的发展。在 5G 技术、数字技术等新基建方面要加大力度，力争与东部地区先进地区并行发展甚至走在有些地区的前面，同时借助老基建补短板，发展数字经济。贵州就是一个典型例子。近年来，贵州充分发挥自身优势，积极发展大数据、大健康、大旅游产业，结合基础设施建设和传统产业改造提升，经济增速一直保持在全国领先地位。同时，新的经济结构逐步形成并取代旧的经济结构，实现了由不发达省份向占领经济发展新"制高点"的跃升。这一事实表明，在经济全球化、市场一体化、信息开放化的环境下，欠发达地区是可以通过抢抓机遇，运用创新、积聚、移植等手段，利用优质公共资源和分享经济，超越传统经济基础，培植新经济、新动能而实现超越发展的。这也是欠发达地区在新环境下可以自主运用的重大有利条件。

第四，紧扣发展需要，激发战略功能平台的综合效能。以新区、自贸区、开放试验区等体现的各类战略功能平台，既是先行先试的创新基地，又是引领经济发展的示范窗口，也是创新资源要素高度集聚的主要载体。实践表明，发展好的地区，无一例外地都得益于重大功能平台的建设与运用。比较而言，西部地区战略支撑仍比较薄弱，平台利用不够充分有效。加快形成西部大开发的新格局，必须利用并发挥好战略功能平台的作用。一是要紧扣战略大势和前沿发展、未来发展，积极争取国家在西部地区打造更多的战略平台；二是要立足于解决现实中的突出矛盾，落实重大发展改革任务，自主打造具有特色的

高品质功能平台；三是加强与发达地区合作，采取适当形式将其设立
的功能平台延展到西部地区，或者联手打造新的平台。通过这些合
作，不断吸收发达地区创造的新经验，保持创新的持续性，又同步实
现与发达地区对标看齐，避免发达地区曾走过的弯路，虽后发但可借
道超车，创造西部地区在体制机制创新和其他方面的先进性。综合而
言，推动西部经济高质量发展，既是一件大事、要事，又是一件难
事、苦事，要凝神聚力、真抓实干，以科学的思路、有力的举措和灵
活的技巧，持续推动质量变革、效率变革、动力变革，实现西部地区
更高质量、更有效率、更加公平、更可持续、更为安全的发展。

创新：引领发展的第一动力

关成华 *

* 现任北京师范大学校务委员会副主任、创新发展研究院院长、创新发展研究中心（珠海）主任。

　　目前，我国经济已由高速增长阶段转向高质量发展阶段，正处在转变发展方式、优化经济结构、转换增长动力的攻关期。"十四五"时期我国进入新发展阶段，发展的内部条件和外部环境正在发生深刻复杂变化，仅靠要素驱动的发展已经难以为继，走创新驱动发展的道路将是大势所趋。习近平总书记明确指出："我国经济社会发展和民生改善比过去任何时候都更加需要科技创新解决方案，都更加需要增强创新这个第一动力。"

　　在这个新的历史阶段，各级政府必须深入实施创新驱动发展战略，坚持把创新作为引领发展的第一动力，充分认识和把握面临的新形势和新挑战，加快实现高水平科技自立自强，推动创新型国家、科技强国建设取得更大成就。这是建设现代化国家的必然要求，也是贯彻新发展理念、构建新发展格局的重大任务。鉴于此，首先，全面了解创新，弄清楚什么是创新尤为必要。

一、创新的起源

（一）创新的中文词义溯源

2014 年，习近平总书记在中国科学院第十七次院士大会中国工程院第十二次院士大会上的讲话指出，"中华民族是富有创新精神的民族。我们的先人早就提出：'周虽旧邦，其命维新'。'天行健，君子以自强不息'。'苟日新，日日新，又日新。'"

"苟日新"一句，出自《礼记·大学》，其完整的表述是："汤之《盘铭》曰：'苟日新，日日新，又日新。'《康诰》曰：'作新民。'《诗》曰：'周虽旧邦，其命惟新。'"意思是：商汤王刻在澡盆上的铭文是："如果能够一天新，就应保持天天新，新了还要更新。"《康诰》说："激励人弃旧图新。"《诗经》说："周朝虽然是旧的国家，却禀受了新的天命。""新"或"创新"一词即滥觞于此。

在中国的古文中，"创新"并不是一个词，而是由"创"（始）和"新"（非旧）两个字组成的短语，即创造新的东西，或者开始新的行动。虽然中国很早就有人谈及创新，但创和新放在一起来说往往是不好的意思，在中国古代用得不太多。在相当长的一段时期内，"创新"都被视作贬义词。自秦开始，国家强调中央集权和大一统，创新精神逐渐衰落。特别是西汉时期实行"罢黜百家、独尊儒术"以后，创新思想更是难见天日。

后来，在为数不多的文献中，对创新也偶有论及。

如：《南史》中记载，南朝宋孝武帝刘骏在位期间（453—464 年），因宠妃殷淑仪逝世而哀恸不已，有大臣上奏，建议改革礼仪制度为殷贵妃立别庙："仲子非鲁惠公元嫡，尚得考别宫。今贵妃盖天秩之崇班，理应创新"；《魏书》（554 年）中记载："革弊创新"；《周书》（636 年）中记载："创新改旧"；康有为在 1902 年写的《大同书》中，描述了一个充满创新气质的国家："创新理者为圣哲，创新术者为慧巧，创新益者为明智"，全社会"皆创新之是图，无他志焉，无他思焉"。

20 世纪 80 年代后，中国才逐渐接受创新概念，到 20 世纪 90 年代才开始做创新的研究。现实中我第一次接触"创新"这个词是在 1998 年。当时，在北京大学 100 周年校庆上，时任国家主席江泽民发表了讲话，多次提到"创新"，直到今天，创新已被摆在了国家发展全局的核心位置。

（二）创新的英文词义溯源

2010 年，我前往被多次评为全球最具创新力的国家——美国，开始为期 5 年的访学生涯。初到美国，一个邻居听闻我研究创新，便送了我一本美国第二任总统约翰·亚当斯（John Adams）的传记，还在便签上写了一句话——the early innovator founding father（早期创新之父）。他说："我知道你们讲创新多数时候指的是科技创新，但美国人谈创新的时候，会把这样的人当成最早的创新者。"

有意思的是，他所说的 founding father 实际上是国父的意思，也就是最早创建国家的人，我们也许会想到华盛顿，但美国人会把签署《独立宣言》的那一批人都称作"国父"。你会看到美国的很多书里，不仅有 founding fathers，还有 founding mothers。在美国人眼里，《五月花号公约》《独立宣言》《1787 宪法》是美国最开天辟地的创新。

"创新"在美国被使用得很广泛，美国的繁荣史就是善于创新的人民的历史。"*They Made America*"《美国创新史》一书对这一理念给出了比较全面的诠释。作者通过讲述美国历史上 53 个不同领域的创新故事，从蒸汽机到搜索引擎，呈现了美国 200 年来的创新历史。

值得一提的是，作者哈罗德·埃文斯（Harold Evans）在引言中提到，其实美国人对政治、社会等领域创新的关注远超对实用发明领域的关注，而"美国处处都是硅谷，时时都在产生 Facebook 和亚马逊"的观念并不全面。

类似于中国古代，创新在西方很长一段历史时期中，也扮演着贬义词的角色。人们用它不是表示赞美，而是表示指责。比如，在16—17 世纪，欧洲基督教发生了严重的分裂和教派冲突，并导致重大的宗教改革。在此过程中，很多人由于被指为"创新者"而获刑入狱，甚至被割掉耳朵。

19 世纪，为了适应工业革命的发展需要，innovation 一词被作为术语引入科学和工业领域。那时，人们更普遍使用的词是"invention"（发明），特别是技术方面的发明。主要原因是那个时期消费文化兴起，专利数量增加，政府强力支持实验室建设和科技研发工作，科技发明成了社会关注的焦点。

真正将 innovation 带入现代学术界的人，是美籍奥地利经济学家约瑟夫·熊彼特，这也是在做经济学和创新研究时绕不开的一个人。

1910 年，熊彼特在《维也纳大学学刊》上发表了一篇名为《经济危机的实质》的文章，首次提出"经济变化源于创新"的观点；1912 年，《经济发展理论》出版，开创性地提出了"创新理论"；1939 年，《经济周期：资本主义过程之理论的、历史的和统计的分析》出版，对创新理论进行系统论述，使"创新"开始得到经济学界的广泛重视。

熊彼特的创新理论以对资本主义分析为主，赋予了创新丰富的经济内涵。其中，有两个最重要的概念：一是创新；二是企业家。他认为，创新就是要把一种新生产要素和生产条件的"新结合"引入生产体系，以实现对生产要素或生产条件的"新组合"，包括采用一种新产品、采用一种新的生产方法、开辟一个新的市场、掠取或控制原材料或半成品的一种新的供应来源、实现任何一种工业的新的组织五种情况。

对于企业家，熊彼特进行了重新界定。他认为，企业的基本职能是创新，企业家是创新的主体。创新发生的根本原因在于社会存在着某种潜在利益，创新的目的就是获得这种潜在利益，因此，企业家要具备能及时看到潜在利润的眼光、勇于冒险的胆量、能实现生产要素重新组合的能力。

除了逐利性外，企业家创新的动力还源于企业家精神。他认为，创新是企业家精神的灵魂。创新既让过去的固定资产设备和资本投资悉数贬值，又能产生大量新的资本来弥补这些贬值和无效。一个企业最大的隐患，就是创新精神的消亡，创新必须成为企业家的本能。

熊彼特的创新理论，将 innovation 引入了主流经济学的分析框架，他也因此被誉为"创新经济学之父"。同时，他还将发明（invention）

和创新（innovation）做了区分：发明是新工具和新方法的发现，而创新是新工具和新方法的应用，只有成功实现了商业化的发明，才可以被称之为创新。在此后一段时间内，innovation 的主要舞台是经济学领域。

第二次世界大战以后，经济学界出现了许多熊彼特的追随者，他们循着熊彼特开创的研究途径，对创新理论进行了补充和发展。主要成果有两方面：一是技术创新经济学，以技术的变革和推广为研究对象；二是制度创新经济学，以制度的变革和形成为研究对象。

20 世纪 60 年代，随着科技成果大量涌现并成为经济社会发展的主要动力，"创新"在科技领域的运用迅速增多，学界几乎以"科技创新"指代了"创新"的全部含义。必须承认的是，在事实领域，科学理性可以让我们把握高度的确定性。但是，科学理性主导的科技创新并不能构成创新的全部内涵。

进入 20 世纪 90 年代，尤其是 21 世纪之后，虽然科技创新仍是"创新"的核心议题，但人们开始更加关注和追求全面、协调和可持续发展，对教育、政治、环境和文化等方面的创新，给予了越来越多的重视。这一格局基本延续至今。

二、创新的本质

随着创新这一概念越来越普及，使用范围越来越广泛，追求全面理解已成为大势所趋。过去几十年来，创新主要应用于经济与科技领域，是与这个历史阶段相适应的。目前，创新实践已经发生了重大变化，在各个领域均有突出表现。

近年我国提出"全面创新"口号，包括理论创新、制度创新、科技创新、文化创新等。对于一个国家或社会来说，究竟什么样才算是"全面创新"，如何才能实现"全面创新"？这已经成为亟待回答的时代课题。而要想解决这个问题，首先我们要弄清楚究竟什么是创新。

从现有的创新定义来看，在学术界影响最大的，无疑是熊彼特给出的定义。但是这个定义仅立足于经济学领域，限定范围过于狭窄，远不能体现当前创新的实践发展。其次是其他学者的定义，例如，国际知识管理专家艾米顿提出，"创新是新思想到行动（New Idea To Action）"。虽然比熊彼特的定义更为宽泛，但是没有包括思想本身的深化与突破。

科技创新、商业模式创新和文化制度创新都只是创新的一部分，创新应有其知识体系。想要综合、全面地理解创新，就必须超越具体、割裂的领域，从哲学层面对其一般本质和规律进行探讨。结合历史、现状以及中西方对"创新"的使用情况，我们可以赋予其一个相对广义的定义——"创新是人类对未知领域的有益探索"。

（一）人类：人人都是创新人

"人类"是创新的主体，拥有创新的本能。一方面，创新是人类共同的权利和义务，每一个人都不例外。创新贯穿于人类产生、存续与发展的全过程。人类的发展史，也是人类的创新史。人类身上存在一种神奇的力量，驱使着自身不断去探寻解决问题的新办法，以此改善自己的生存状况，而且，越是在关键时刻，就越明显。

在我此前撰写的《城市创新人：人本考量与国际借鉴》一书中，也提出了"人人都是创新人"的观点。在埃德蒙·菲尔普斯于 2021 年出版的新书《活力：创新源自什么又如何推动经济增长和国家繁荣》中，他也认为大多数创新是由千百万普通人共同推动的，"如果人类拥有如此非凡的天赋，那么整个社会只要有意愿，就可能建立起一个允许和鼓励新想法产生的经济，从而推动创新和经济增长"。

另一方面，创新是人类与生俱来的天性，是一种人类本能驱使的自发性目的或者冲动。英国哲学家罗素把人类的天性分解为三个组成部分：占有欲、权力欲和创造欲。他认为，占有欲和权力欲，是人对物质利益的追求和对统治权力的渴望，也成为社会冲突与矛盾的主要症结。而创造欲，则表现为人对科学技术的创造，以及对社会文化的创造，其成果大部分是精神文化产品，这些产品具有可分享的特点，分享的人越多，其价值就越大。

罗素称，这些欲望"没有一样可视为附属于其他东西，没有一种形式是导源于其他形式的"，即占有欲、权力欲和创造欲都是根本性的，是一种本能，不能用其中一个来解释另一个。创新之所以成为人的本质属性，就在于创造欲存在于人的精神之中，是人内在的深层次需求，是人改善生活、推动社会发展的精神动力。创造欲通过外化和对象化，凝聚为人的需要，驱动着人们去奋斗和创造，制造出新的物质产品和精神产品。

总结而言，创新是人类与生俱来的天性，是人类的本质属性。支持创新、参与创新、提升创新能力，是人类天然的、固有的权利与责任。每一个社会都应该为其成员充分地享有这种权利、履行这份责任，尽可能提供好的保障，创造好的条件。

（二）未知领域：无人领航、无既定规则、无人跟随

"未知领域"是创新的客体，也是创新的空间。我们可以将未知领域理解为一种"无人领航、无既定规则、无人跟随"的"三无"状态。习近平总书记多次强调，要把原始创新能力提升摆在更加突出的位置，强化科技创新源头供给。这里提到的"原始创新"就是未知领域的一种表现方式。未知领域的突破是"从 0 到 1"的突破，往往伴随着重要的发展机遇。科学家和创新者们应勇于直面不确定的未来，在没有模仿对象、方向未知的领域开展全新的探索。

那么，未知领域中容易取得突破的地方在哪里？从实践来看，主要来自学科的交叉。

乔布斯曾说："苹果处在人文科学与技术的交叉口上。"他总是有意识地将自己置身于艺术与科技的交汇处，因此苹果的产品注定是将科技与设计、人文，甚至浪漫结合在一起。当然，这也与乔布斯本身对文化具有浓厚的兴趣相关。

乔布斯在中西文化之间也在做交叉探索，将商道与禅修深度融合转化。作为一名虔诚的禅宗教徒，每日禅修打坐是乔布斯多年的习惯。《史蒂夫·乔布斯传》中曾写道："禅修磨炼了乔布斯对直觉的欣赏能力，教他如何过滤掉任何分散精力或不必要的事，在他身上培养出了一种基于极简主义的审美观。"

学科交叉创新其实由来已久。达·芬奇的灵感与创意，正是来自

人文与科学之间的交叉。他曾广泛而深入地研究解剖学、透视学、几何学、物理学和化学，为从事绘画作好了充分的准备。他用一句话概括了他的《艺术专论》的思想——"欣赏我的作品的人，没有一个不是数学家"。

2019 年，97 岁的科学圈"村上春树"——约翰·班尼斯特·古迪纳夫教授获得诺贝尔化学奖，成为历史上最高龄的诺贝尔奖得主。古迪纳夫就属于一个多学科交叉的典型人物。他 30 岁获得芝加哥大学物理学博士学位，后来转做化学研究，54 岁开始专研电池，94 岁投身超级电池研发。获奖的锂离子电池研究就是以传统电化学为核心，涉及物理、化学、能源、材料等多学科交叉的系统性研究。

可见，在未知领域中，容易取得突破的地方大多属于交叉学科。未来，通过学科交叉的方式，发现、攻入和解决未知领域问题，将是长久的一个方向。

（三）有益：创新应有价值导向

"有益"是对创新性质的界定，是一种价值导向。创新是为了生活更加幸福、世界更加光明，因此，创新的结果应有益于人类社会。离开人类文明大道的为所欲为，只能带来灾难与损失，不能算作创新。

现在，我们还经常提到一个概念，就是社会创新。我国进入新发展阶段，推动实现共同富裕被摆到了更重要的位置。应对收入与财富分配不均、社会流动性下降与阶层固化以及可持续发展等社会问题，仅仅依靠政府、企业、社团组织及国际组织单一的力量或单打独斗的方式很难解决。社会创新的核心要义是通过跨界协作来整合社会资源，以寻求重大社会问题的解决之道。社会创新就是打造面向未来的共同富裕社会不可或缺的"第三只手"。

社会创新的内涵在于解决社会难题，而非单纯的利益回报。例如，斯坦福大学有一个专门的社会创新中心——斯坦福慈善与社会创新中心（简称"PACS"）。中心于 2010 年收购了社会创新领域较权威的刊物《斯坦福社会创新评论》，并以此作为连接学术研究和实践反馈的桥梁，搭建了一个集结全球慈善和社会创新人士的传播平台，产生了很多借由学科交叉来推动社会创新的内容。

哈佛大学设有一个 10 万美元的创新奖学金，用来鼓励学生通过创新解决社会问题。2012 年，一位意大利学生获得了该项奖学金，他的创新是：在不发达国家，用中国丝绸包装疫苗来解决疫苗在特定温度下的保存问题。

在新加坡，有一个社会创新项目"GoodLife! Makan"，建筑设计师把社区闲置空间改造成自助式公共厨房，社区的老人们可以来这里集体做饭、吃饭、聊天。老人既是义工，又是食客，他们在这里享受分享、不被隔离、没有社会歧视、可以和他人交流的快乐。

履行社会责任是创新的未来方向。互联网经济的崛起，让我们享受到前所未有的便利与红利，但也带来无法回避的隐忧。从某种意义上来说，我们的信息、数据和隐私都属于个人财产，然而，很多时候这些信息都被互联网企业"悄无声息"地拿走了。而互联网公司一旦失守于社会责任，造成的危害将如大坝决堤。

另外，近年来互联网金融"异军突起"的 P2P 网贷乱象丛生，一些运营商在互联网金融业务创新与合作的过程中，既没有保障用户财产不受损失，也没有承担企业的社会责任。所以说，现在很多企业打着金融科技和互联网的旗号做创新，其是否真的有益才是我们应该关注的重点。

我们身处一个社会价值引领经济价值的时代，创新型企业如何成为社会企业以及如何解决自身发展带来的社会问题，已经成为城市创新面临的新使命。

（四）探索："事业家精神"和"实干主义"

"探索"标示了创新的途径和方式，既包括过程也包括结果。探索意味着结果是不可预见的，但这是唯一有效的途径。探索要求我们突破现有的知识和经验进行创新，在这种状态下，没有人能够预见未来并进行有效指导，这便需要我们培养事业家精神和实干主义精神。

世界管理学大师德鲁克讲创新时提及了 entrepreneur（企业家）和 entrepreneurship（企业家精神）。在我国，企业家经常被理解为商人（经商的人），但这个翻译是有问题的。在国外，entrepreneurship 主要指的是在创新者身上所表现出的敢担风险、大胆实践、坚持坚守直至成功的品质。所以中文的语境最近有了变化，将 entrepreneurship 理解为创业。

在英文中，entrepreneur 可以用来指两类企业家：一类属于私人（private）领域；另一类属于公共（public）领域。在这个意义上，无论是商业家、政治家还是学问家，都要首先成为秉承"企业家精神"的"事业家"，展现出坚忍不拔、不断学习从而把事情做成的精神，而不是能赚钱的那个意思。因此，我更建议将 entrepreneur 翻译成事业家，将 entrepreneurship 翻译成事业家精神。

硅谷是从波士顿 128 号公路开始的，硅谷的名字就是在麻省理工学院的科学家搬过去后诞生的。那么，128 号公路是怎么来的呢？这里面也有企业家精神。追根溯源，128 公路能赢得今天的盛名，要感谢两个重要人物发挥的举足轻重的作用。

一位是力排众议并顶住压力修建此路的麻州公共事务局局长威廉·卡拉翰，另一位是慧眼识珠的房地产开发公司员工杰拉尔德·布雷克里。在美国人眼里，他们就是弘扬了"企业家精神"的"事业家"。

另外，在波士顿地区，还有一位我非常敬重的市长——托马斯·曼尼诺。他做了 30 多年的市长，70% 的波士顿居民都认识他，最后大家给他的评价就是 public entrepreneur。

英文中还有一个词——pragmatism（实用主义），用来形容一个人非常厉害。实用主义常被误解为功利主义，其实二者是完全不同的概念。实用主义是从希腊词"πραγμα"（行动）派生出来的，核心在于行动，英文中的意思是动手做、大胆闯、大胆试。innovation 会与 entrepreneur、entrepreneurship 和 pragmatism 一起来用，以表明人的创新精神。因此，我更建议将 pragmatism 翻译成实干主义。

有一个关于实干主义或者说动手文化的小故事。我在芝加哥的一位师弟曾经问我："你过来后感觉怎么样？"我的回答是："人变傻了，手变勤了。"什么意思？一方面，人变傻了，说的是人们的沟通方式直来直去，不拐弯。手变勤了，说的是动手文化。从我们的角度看，这里的服务业是落后的。没有人把餐盒送到你面前，很多事都要自己动手，只有极少的人雇司机、请保姆。

在中国，我们会讲"劳心者治人，劳力者治于人"，我们往往更青睐于从事脑力活动，而不注重动手能力。我们的人工便宜，人人以雇得起工为荣。然而，我们应该意识到，自己的动手能力和动脑能力正在逐步退化。

很多创新都是从动手开始的，从事理工科的人最能体会。大家都知道车库创业的故事，21 岁的乔布斯与 26 岁的沃兹尼亚克就是在车库里创立了苹果公司。车库对于美国人来说就是工作间，他们喜欢在自己家的车库里享受劳动的快乐。大多数时候，他们不是因为没钱、条件艰苦才去车库，车库内水电网络一应俱全，条件并不差。他们只是从小生长在这种环境中，然后便有了传承，并且形成了这样一种文化氛围。

现在在我国，很多学校都在学习车库文化，也就是动手实践的文化。而动手文化、实干主义与事业家精神等因素便是"探索"创新的基石。

在创新领域，目前我国在论文发表、专利申请等方面做出了很多成绩，但同时也存在一些不足。任正非在早年讲过："创新是个汪洋大海，中国的创新是海里的一根针，华为做的是针尖上的事儿。"

我国确实在某些细分领域有很多根针尖，但从针尖发展到火柴头或小木棒却很困难。难的根本原因是什么呢？我们应该从文化、制度、习俗、生态中找寻答案。

科技篇

第六讲

全球变局下中国科技创新的战略与新路径

王一鸣 [*]

[*] 中国国际经济交流中心副理事长，国务院发展研究中心原副主任，曾担任国家发展改革委宏观经济研究院常务副院长、国家发展改革委副秘书长等职。

当今世界正经历百年未有之大变局，新一轮科技革命和产业变革是大变局的关键变量，科技创新成为大国博弈角逐的主战场。近年来，中国在全球创新版图中的位势迅速提升，但科技创新水平仍不适应新发展阶段的新要求，产业链供应链自主可控面临新挑战。面对外部环境的深刻复杂变化和我国进入新发展阶段的新使命，中国科技创新需要在战略层面探索新路径。

一、我国科技创新面临的新形势和新挑战

以人工智能、大数据、物联网、云计算等为核心的新一轮科技革命和产业变革从导入期转向拓展期，对经济社会发展和产业链供应链的影响前所未有，正在重塑全球创新版图，改变原有国际分工的"中心—外围"结构，重塑各国经济竞争力消长和全球经济格局。

（一）新一轮科技革命和产业变革向纵深演进

新一轮科技革命和产业变革，呈现以信息网络和人工智能为主体，先进制造、清洁能源、生物科技、空天海洋等领域协同推进的"一主多翼"的发展态势，颠覆性技术不断涌现，催生一批新产业、

新业态、新模式，对传统的生产方式和生活方式产生前所未有的深刻影响。

1. 新一代信息网络技术向智能化方向发展

信息网络技术各细分领域纵向升级与交叉融合，呈现网络互联的移动化、泛在化和信息处理的高速化、智能化，促进创新链、产业链的代际跃升，以及信息服务的智能化、个性化发展。移动互联技术向物联网快速拓展，计算技术向高性能、量子计算发展，大数据技术促使人类活动全面数据化。物联网、云计算、大数据等新技术，构建"人—网—物"互联体系和泛在智能信息网络，推动人工智能向自主学习、人机协同增强智能和基于网络的群体智能等方向发展，带来众多产业领域的深刻变革和创新。

2. 制造技术向网络化智能化绿色化方向发展

信息网络技术与制造业深度融合，先进传感技术、数字化设计制造、机器人与智能控制系统等日趋广泛应用，促进以人机协作为特征的新一代机器人能力不断增强。人机共融的智能制造模式大大提升了制造系统的柔性和敏捷性，推动工业生产向分布式、定制化制造模式转变，制造业生产流程、研发设计、企业管理，乃至用户关系都出现了智能化趋势。广泛采用节能减排技术、清洁生产工艺和智能化控制，建立工业生态链，引领制造方式的绿色转型。

3. 能源技术向绿色低碳和智能化方向转型

信息网络技术与能源技术融合，推动化石能源清洁化、清洁能源规模化和能源服务智能化。节能技术不断突破，促进能源结构从高碳向低碳转变，能源生产与消费方式从资源消耗型向生态适应型转变。太阳能、风能、生物质能、地热能、水能、海洋能等可再生能源开发、存储和传输技术的进步，深刻改变现有能源结构。氢能、天然水合物和聚变能等新一代能源技术的发展，为解决能源需求开辟新途径。

4. 生物技术向精准医疗和再生医学方向发展

新型基因技术不断涌现，合成生物学快速发展，基因编辑技术日新月异，为医疗健康技术发展带来新动力。以基因组为核心的集成研发、以生物标志物验证为关键的临床技术研究、以基因数据库为中心的基础设施建设，以及精准医学、干细胞与再生医学、分子靶向治疗、移动健康监测等快速演进推广，医学模块加快从临床医学向健康医学扩展，催生生物医药和生物技术产业迅速兴起，呈现出巨大发展潜力。

5. 空天海洋技术向纵深化方向发展

国际空间技术聚焦空间信息应用和建立更强大的空间探索能力，致力于建立体系融合、高性能、低成本、广覆盖的空间信息与服务系统，推进大推力火箭、可重复使用运载器和新型推进技术的发展和商业化应用，力求在高效率天地往返运输系统、近地空间站应用、月球与火星探测等领域取得突破。海洋科技由浅海向深海、由区域向全球拓展，围绕深海开发、全球变化等领域展开布局，并向"星—空—海""海面—海中—海底"空间海洋立体观测网拓展，载人深潜器、海底资源探测和开发、海洋生物技术和海洋生态工程等，正在催生新型海洋经济。

综上所述，新一轮科技革命和产业变革正在进入多点突破、群体迸发的新阶段，各国在前沿科技领域的竞争加剧，成为重塑全球创新和产业版图的主导因素。

（二）新科技革命和产业变革深刻影响经济社会发展

新一轮科技革命和产业变革将深刻影响人类的生产和生活方式，重塑世界经济和国际竞争格局。

1. 传统生产要素和新生产要素的相对地位显著变化

生产过程的数字化、网络化、智能化使劳动力、土地等传统生产要素的地位相对下降，科技创新和人力资本成为产业竞争力最重要的因素。移动互联网、物联网、大数据等新技术迅猛发展，推动智能制造、大规模个性化定制、互联网金融、网上研发平台等新产业、新业态、新模式广泛兴起。产业结构高端化的内涵发生明显变化，传统的三次产业分类越来越难以衡量产业发展水平。产业结构现代化将更多体现为信息数据要素投入而带来的边际效率改善和全要素生产率提升。数据规模、数据基础设施、数据加工能力、数据治理体系，正在成为国际产业竞争的制高点。

2. 全球产业竞争格局加快重塑

数字化网络化智能化技术的广泛应用，将弱化发展中国家低成本竞争优势，发达国家凭借智能制造优势弥补劳动力成本劣势和不足，加之拥有对产业价值链高端环节的控制力，原有的竞争优势地位得以巩固和强化。新一轮产业变革中涌现出大量平台型企业，依托自身技术和商业模式创新，拥有广泛连接的生产、供需和市场资源的网络优势，对传统商业模式带来颠覆性冲击和重构性影响。全球产业链、供应链、价值链布局由成本至上转向成本、市场和技术等因素并重，将重构全球产业竞争格局。

3. 就业结构和社会结构深刻变化

与以往工业革命主要替代体力劳动不同，以智能化为主要特征的新一轮工业革命，对简单脑力劳动和程序化工作的替代加快，人与智能机器人将形成替代关系。远程教育、远程医疗、智能交通、分布式能源等新兴服务模式的兴起，使人们的学习、工作和生活更加便捷。与此同时，从事简单脑力劳动和程序化工作的群体收入增长放慢。

（三）全球争夺科技创新制高点的竞争空前激烈

从全球范围看，争夺科技创新制高点的竞争日趋激烈，成为影响国家力量对比变化的重要因素。

1. 美国加快推进与我国的"技术脱钩"

美国视中国为最大的战略竞争对手，不惜成本和代价对我国进行围堵和打压，甚至在部分领域推进与我国的"技术脱钩"。拜登政府推出"小院高墙"战略，针对关键核心技术，划定明确的战略边界，采取更严密、更大力度的对华科技封锁措施。"小院高墙"重点关注三类技术：军事科学技术、中国相对落后的技术和美国处于领先的前沿技术，以确保美国在关键战略技术领域"超前两代"的竞争优势。这对中美双方的影响具有不对称效应，也将增大我国产业技术路线选择的成本和风险。

2. 美国推出《2021 年美国创新和竞争法案》

2021 年 6 月 8 日，美国参议院通过了多数党领袖舒默提交的

《2021 年美国创新和竞争法案》，这是《无尽前沿法案》的替代修正案，并融入其他多项法案的涉华内容。该法案主要涉及四个立法目标：（1）在国家科学基金会设立新的技术和创新理事会（DTI），重点关注与美国地缘战略相关的关键技术领域基础研究、商业化及技术创新。（2）创设区域技术中心。（3）针对经济安全、科学、研究、创新、制造和就业建立一个战略报告体系。（4）设立供应链韧性和危机应对计划项目。该法案提出将划拨超过 2000 亿美元的开支，其中 520 亿美元用于美国半导体产业的补贴，五年内将为 DTI 拨款超过 1000 亿美元，以在人工智能、机器学习和其他先进软件开发，高性能计算，半导体和先进计算机硬件，量子计算和信息系统，机器自动化与先进制造等十个关键科技领域寻求突破，以重新构筑美国强大的科技优势。

在日趋严峻复杂的国际环境中，科技创新不仅仅是发展问题，更是生存问题。我们只有实现高水平科技自立自强，才能打破西方的高技术垄断，改变关键核心技术受制于人的不利局面，才能建立与我国现代化建设目标相适应的科技创新体系。

二、新发展阶段我国科技创新的新使命和新任务

我国已进入全面建设社会主义现代化国家、向第二个百年奋斗目标进军的新发展阶段，对科技创新提出了更加紧迫的要求。我国"十四五"规划提出，"坚持创新在我国现代化建设全局中的核心地位，

把科技自立自强作为国家发展的战略支撑",明确了我国科技创新的新使命和新任务。

（一）我国在全球创新版图中的位势迅速提升

经过改革开放 40 多年的发展,我国科技正从跟跑为主转向跟跑和并跑、领跑并存的新阶段,处于从量的积累向质的飞跃、从点的突破向系统能力提升的重要时期,已成为具有重要影响力的科技大国。

1. 主要创新指标进入世界前列

我国已成为全球第二大研发投入国和第二大知识产出国。2021年,全社会研发支出达到 2.79 万亿元,占 GDP 比重为 2.44%,居发展中国家首位,超过欧盟 15 国 2.1% 的平均水平。研发人员总量居世界第一,国际科技论文总量和被引次数稳居世界第二,发明专利申请量和授权量居世界首位。企业创新主体地位显著增强,企业在全社会研发投入、研究人员和发明专利的占比均超过 70%。我国已迈入创新型国家行列,根据世界知识产权组织（WIPO）发布的《2021 年全球创新指数报告》,在纳入评价的全球 141 个国家中,中国的综合排名继 2016 年首次进入前 25 名之后,快速跃升至 2020 的第 12 位,是前 30 位中唯一的中等收入经济体。

2. 基础前沿和战略高技术取得重大突破

我国在载人航天、探月工程、深海探测、超级计算、量子信息等领域取得一系列战略性成果。中国空间站天河核心舱成功发射,"嫦娥四号"探测器首次成功登陆月球背面、"嫦娥五号"实现地外天体采样返回,"天问一号"成功着陆火星,北斗卫星导航系统全面开通,

"海斗一号"完成万米海试，"奋斗者"号成功坐底，"神威·太湖之光"超级计算机首次实现千万核心并行第一性原理计算模拟，76个光子的量子计算原型机"九章"和62比特可编程超导量子计算原型机"祖冲之号"成功问世，"墨子号"实现无中继千公里级量子密钥分发。高速铁路、特高压输变电、对地观测卫星、电动汽车、核电、大飞机等重大装备和战略产品取得重要进展，部分产品和技术开始走向世界。战略高技术领域的重大突破，为产业转型升级提供技术支撑。

3. 科技创新体制机制持续改善

健全社会主义市场经济条件下的新型举国体制，加强国家战略科技力量，成立一批国家实验室，重组国家重点实验室，支持周期长、风险大、难度高、前景好的战略性科学计划和科学工程。科技创新的政策体系进一步健全，市场导向的技术创新机制逐步完善，政策工具从财税支持为主逐步转向更多依靠体制机制创新、普惠性政策和发挥市场机制的作用。企业技术创新主体地位不断增强，在智能终端、无人机、电子商务、云计算、互联网金融、人工智能等领域崛起一批具有全球影响的创新型企业。2021年在全球上榜的1058家独角兽企业中，我国有301家上榜，排名第二，仅次于美国的487家。2020年全球研发投入最高的2500家企业中，中国597家，排名第二，仅次于美国的779家。

4. 全社会创新生态不断优化

规模以上工业企业中近40%开展技术创新活动，研发项目中以开发全新产品或者改进产品功能质量为目标的项目超过80%，创新能力已成为各类企业发展壮大的核心竞争力。龙头企业、中小微企业、科研院所、高校、创客等多方协同，打造专业化众创空间和创新平台，形成从产品创意到产品生产全服务的生态体系，为各类创新主体提供创新合作的平台。

（二）科技创新仍不适应新发展阶段的新要求

尽管我国科技创新取得重大进展，但与建设世界科技强国的要求相比，还存在一些短板和弱项。

1. 原始创新能力仍然不足

从我国创新投入现状来看，研发投入结构明显存在基础研究、应用基础研究比重低、试验发展比重高的特点，如 2020 年我国三大研发活动的比重分别为 6.0%、11.3% 和 82.7%，远低于 OECD 国家 15%—25% 的水平，美国同期的比重为 17.0%、20.3%、62.5%。科研成果评价重数量、轻质量，重短期效益、轻长期效果，整体质量不高，尚不具备引领国际前沿技术发展的能力。随着我国进入跟跑和并跑、领跑并存的新阶段，迫切需要加大基础研究等创新链前端环节的投入，构筑创新先发优势。

2. 关键核心技术受制于人

由于基础研究和应用基础研究投入明显不足，支撑产业升级、引领前沿突破的源头技术储备缺乏，关键核心技术供给难以满足产业升级的要求，一些产业领域关键核心技术，特别是高端芯片、航空动力、机器人核心部件、储能技术、高端医疗设备、生物制药等受制于人的局面尚未根本改变。我国芯片的进口依赖度较高，其中高端芯片更为突出。原始创新能力不强，特别是缺乏重大突破性、颠覆性技术创新，使得不少关键核心技术仍受制于发达国家。

3. 创新体系整体效能不高

尽管近年来科技研发投入增长较快，但创新绩效依然较低，产出效率不高。先后部署了一批重大项目和重点任务，但重大突破不如预期。从反映专利质量水平的三方专利来看，我国与发达国家的差距还比较大。通常，在美国、日本、欧盟同时申请的三方专利被认为具有较高的科技含量和经济价值，反映一个国家技术发明的整体水平及在国际市场上的竞争力。根据中国科学院科技战略咨询研究院发布的《2021技术聚焦》报告，近年来中国三方专利量在世界上排名上升较快，目前位居世界第4位，但与排名靠前的发达国家相比，在专利量、技术方向覆盖面和领域内均衡性等方面仍有较大差距，在报告中提及，专利量排名第1位的日本和第3位的德国，其研发支出仅相当于中国的33.5%、25.6%，专利量排名第2位的美国研发支出为中国的119%。

4. 人才激励机制仍不健全

人才激励不足、结构失衡是制约创新驱动发展的突出因素。各种人才计划层次多、交叉重复，政策措施落实力度需要进一步加强。对科研人员和高技能人才激励措施不到位。对科研人员创造的价值体现不足，创新难以获得相应回报，抑制了科研人员的积极性。重人才引进数量，轻人才环境建设，与国际接轨的科研氛围、可持续的科研设施保障，以及一些大城市难以回避的户籍、住房、子女教育、医疗等公共服务与发达国家相比仍有较大差距。尽管我国科技人员总量居世界前列，但高端领军人才和高技能人才匮乏。科睿唯安（Clarivate

Analytics）发布的 2020 年度"高被引科学家"名单，中国大陆入榜人数较 2019 年明显提升，达 770 人次，但仍不到美国的 30%。

（三）产业链供应链自主可控仍面临挑战

通常可以从横向和纵向两个维度观察全球产业链供应链变化。横向维度主要指生产和供给的集中度，全球制成品生产主要集中在中国、德国和美国三大制造中心。纵向维度主要指上下游关系，具有自然资源和不可替代技术的国家处在上游。中国作为处在下游的最大的制造业国家，既面临关税壁垒对产品出口的影响，更面临来自上游国家的技术封锁和关键零部件"断供"的风险。

1. 中国产业链供应链韧性明显增强

中国拥有全球最完整、规模最大的产业体系，2021 年制造业占全球比重接近 30%，世界 500 强上榜企业数超过美国，已成为全球 120 多个国家的最大贸易伙伴国，世界多数经济体对中国市场的依赖度明显提高。麦肯锡全球研究院于 2019 年发布的《中国与世界》报告指出，"世界对中国经济的依存度相对有所上升，中国对世界经济的依存度则相对降低"。中国与世界之间的经济联系正在悄然改变。中国国内市场总体规模加速扩大，并与美欧等最终消费市场形成此长彼消关系，这正在改变既有的全球市场和经济格局。

2. 产业链供应链的短板主要在中间品

改革开放后，我国主要通过"引进、消化、吸收、再创新"的方式，即通过国外公司的技术授权、合作合资、反向工程等多种方式，学习国外先进技术，并对其进行适应性改造和再创新，实现国外先进技术和装备的国产化，推动产业技术进步。这个模式迅速缩小了我国产业技术与国际先进水平的差距，使得我国终端产品领域逐步形成国际竞争力，比如核电、水轮机、高铁、工程机械、通信设备等，但与此同时，关键零部件、元器件、基础材料、工业软件等中间品仍是短板。中间品技术迭代快、科技投入大、产业生态复杂、对基础研究、底层技术依赖度较高，创新难度远大于终端产品，对提升自主创新能力提出更高要求。

3. 我国短板产品进口集中度风险偏高

我国产业链整体上处于价值链中低端，在核心零部件、高端装备的精度、稳定性、可靠性和使用寿命等方面与发达国家差距较大，过去主要依靠国际市场进口，但随着国际环境的变化，面临的风险逐步暴露出来。如果把进口商品目录清单中资源性产品排除掉，剩下的中间品和资本品大约有 8000 多种，我们将"只有少数发达经济体才能生产且中国进口量较大的中间品和资本品"确定为我国制造业短板产品。具体筛选标准是：该产品前五大供货方都为发达经济体；前五大供货方该产品的全球市场占有率超过 60%；中国 2018 年该产品进口额超过 1 亿美元。依照上述标准，可以得到一份涵盖 86 种核心资本品和中间品的短板产品，其中有 68 种是中间品，有 18 种是资本品。在这 86 种产品中，美国、德国和日本进入到我国供给方五强的产品分别达到 71 种、69 种和 61 种，美国还是唯一在所有 86 种短板产品上对华均有出口的国家，但有 15 种产品没有进入供给方前五位。由此可见，美德日是我国短板产品的主要供给国，我国短板产品进口集中度风险偏高。

三、中国科技高水平自立自强的战略和路径选择

面对外部环境的深刻复杂变化和我国进入新发展阶段的新使命，中国提出要加快构建以国内大循环为主体、国内国际双循环相互促进的新发展格局。习近平总书记指出，构建新发展格局最本质的特征是实现高水平的自立自强。新发展格局下，我国科技创新必须走出一条新路子，在战略上要从"技术追赶"为主转向构建局部优势，在路径上要从终端产品创新为主转向中间品创新，在政策上要从鼓励集成创新为主转向鼓励原始创新。

（一）在创新战略上，从技术追赶为主转向构建局部领先优势

过去在技术追赶阶段，我国科技进步的主要路径是引进消化吸收再创新，技术源头在海外，创新以终端产品的集成创新为主，基础研究、核心技术、原始创新能力较为薄弱。面向未来，我国科技创新要从"技术追赶"向构建"局部领先优势"转变，在日趋复杂严峻的国际环境下，形成非对称反制能力，增强在国际科技竞争的主动权。

1. 构建科技创新局部领先优势

在先进国家后面追赶，可以大大降低技术路线选择的成本。但这种模式只能缩小与国外先进技术的差距，难以实现对国外的技术超越。如今，一方面，随着我国科技水平不断提升，我国部分科技领域已进入国际前沿地带，利用后发优势的空间日益缩小，难以再引进先

进技术；另一方面，美国对我国围堵打压，实行"技术脱钩"，已难以像过去那样跟随追赶，必须增强自主创新能力，实现关键核心技术自主可控，形成局部领先优势。与美国科技全面领先战略不同，我国现在还不具备系统性超越能力，现有科技发展水平决定了只能形成局部优势而不是全面领先优势。构建局部领先优势的领域应是有较好科技基础、符合未来科技发展方向、具有较强战略价值的战略性前沿技术领域。

2. 强化国家战略科技力量

要形成局部领先优势，就不可能是国外先进技术的简单替代，而必须要有原始创新，这就对科技创新提出了更高要求。要更好发挥我国的制度优势，强化国家战略力量，增强国家创新体系的整体效能，聚焦量子信息、光子与微纳电子、网络通信、人工智能、生物医药、现代能源系统等重大创新领域，组建一批国家实验室，重组国家重点实验室体系，加快建设跨学科、大协作、高强度的协同创新基础平台，多出战略性、关键性重大科技成果。发挥国家科研机构、高水平研究型大学、科技领军企业的作用，以国家战略需求为导向，着力解决影响制约国家发展全局和长远利益的重大科技问题，加快建设原始创新策源地，加快突破关键核心技术。

3. 加强原创性引领性科技攻关

坚持问题导向，从国家急迫需要和长远需求出发，在基础原材料、高端芯片、工业软件、农作物种子等关键核心技术上全力攻关，突破一批关键核心技术。瞄准人工智能、量子信息、集成电路、先进制造、生命健康、脑科学、生物育种、空天科技、深地深海等前沿领域，前瞻部署一批战略性、储备性技术研发项目。探索社会主义市场经济条件下新型举国体制，打赢关键核心技术攻坚战。发挥企业出题者作用，推进重点项目协同和研发活动一体化，加快构建龙头企业牵头、高校院所支撑、各创新主体相互协同的创新联合体，提高科技成果转移转化成效。

（二）在创新路径上，从终端产品创新为主转向中间品创新为主

我国部分终端产品已形成较强的国际竞争力，但承载关键核心技术的零部件、元器件、基础材料、基础软件等中间品，仍主要依靠进口。要把集中力量办大事的制度优势、超大规模的市场优势同发挥市场在资源配置中的决定性作用结合起来，努力实现更多"从0到1"的突破。

1.强化中间品的科技创新

中间品不同于终端产品，产品迭代更快、技术含量更高、专业化分工更细，隐含了很多科学原理和隐性知识，需要长期的技术和经验积累，创新难度比终端产品更大更复杂，必须整合优势科技资源，持续下更大的功夫，才能实现技术突破。中间品采购方是千千万万的市场主体，其市场竞争力不仅在于技术创新性，还要有商业可行性。这就要求强化创新过程的市场需求导向，发挥企业的创新主体作用，推动市场、企业、政府在创新过程中的良性互动，形成有效的创新激励机制，增强企业的创新动力，提升创新的供给质量。

2. 发挥龙头企业的领军作用

企业是创新的主体，是推动创新创造的生力军。要发挥龙头企业引领支撑作用，推动产业链上中下游、大中小企业融通创新，形成强大的创新生态。鼓励行业龙头企业联合高等院校、科研院所和行业上下游企业共建国家产业创新中心，形成跨领域、大协作、高强度的创新基地，开展产业共性关键技术研发、科技成果转化及产业化、科技资源共享服务，推动重点领域项目、基地、人才、资金一体化配置，提升我国产业基础能力和产业链现代化水平。

3. 实施产业基础再造工程

中间品创新需要补齐基础零部件及元器件、基础材料、基础工艺、基础软件等短板。要立足我国产业规模优势、配套优势和部分领域先发优势，加强"四基"技术和重要产品的技术攻关和工程化应用，并为自主创新产品市场化应用创造良好环境。加强重要产品和关键核心技术工程化产业化突破，推动首台（套）装备、首批次材料、首版次软件示范应用。

（三）在创新政策上，要从鼓励集成创新为主转向鼓励原始创新为主

从集成创新转向原始创新，要求加强基础研究和应用基础研究，提升原始创新能力，以基础研究的突破带动引领性原创成果、战略性技术产品的重大突破，在更多领域跻身于国际领先行列。

1. 加强基础研究和应用基础研究

无论是构筑局部优势，还是形成中间品创新能力，都需要增强原

始创新能力。原始创新要从源头做起，就要加强前瞻性基础研究和应用基础研究，大幅度增加基础研究投入，增加研发经费投向基础研究和应用基础研究的比例。"十四五"规划明确提出，我国基础研究占全社会研发总经费的比重要提高到8%。鼓励社会各界以捐赠和建立基金等方式多渠道投入，对企业基础研究投入实行税收优惠，形成持续稳定的投入机制。优化科学研究支出结构，增加面向需求的基础研究支出，提高基础研究对创新的支撑作用。改进科学研究项目的决策机制，实行"自上而下"与"自下而上"相结合，实行自由探索和需求导向相结合。改进科学研究的评价机制，实行分类评价和分类管理，对自由探索的研究项目以同行评议为主，对满足国家战略需求的研究项目以目标评价为主。

2. 加大科技创新人才培养力度

基础研究要突破，最关键的是人才。我国高水平科技人才仍然不足，特别是科技领军人才匮乏。要加强基础研究人才培养，造就更多国际一流的科技领军人才和创新团队。实行更加开放的人才政策，构筑集聚国内外优秀人才的科研创新高地。要强化研究型大学建设同国家战略目标、战略任务的对接，培养更多杰出人才。创新人才评价机制，改变人才评价制度不合理、人才"帽子"满天飞的现状，加强基础研究人才培养，造就更多国际一流水平的科技领军人才和创新团队。

3. 探索科技成果产权激励制度改革

加快科技成果的产权激励等体制机制创新，使创新人才分享成果收益，是激发科技人员创新活力、推动解决关键核心技术"卡脖子"

问题的有效途径。要继续探索科技人员职务科技成果产权激励制度，在科研项目立项之初或立项之前，由科研团队与单位之间以及科研团队内部之间签订协议，明确研发团队和所在单位、科研团队内部的知识产权处置办法和科技成果股权分配比例，在收益分配上充分体现知识和创新的价值，让科技成果产出与科技人员受益直接挂钩。在试点基础上，逐步扩大股权和分红激励政策实施范围，完善科技成果转化和职务发明法律制度，释放科技人员创新潜力，提高科技供给质量和效率。

中国国家创新体系建设的思考和展望

刘冬梅 *

* 中国人民大学管理学博士，博导，三级研究员，享受国务院特殊津贴专家，中央国家机关"五个一劳动奖章"获得者。现任中国科学技术发展战略研究院党委书记。长期从事科技发展战略与政策研究，主要研究方向为科技创新战略与政策，区域创新与发展、农业农村科技创新政策等。

在新一轮科技革命和产业变革背景下，世界主要国家把科技创新作为国家发展的核心战略。习近平总书记作出实施创新驱动发展战略，创新是引领发展的第一动力，坚持创新在我国现代化建设全局的核心地位，把科技自立自强作为国家发展的战略支撑等重要论断。增强自主创新能力，建设创新型国家和世界科技强国，必须要建设一个完善的国家创新体系。从世界科技强国建设的经验来看，它们都形成了具有自身特色的国家创新体系。

一、对国家创新体系的理论认识

（一）"体系"概念

进入 20 世纪 90 年代，一系列组成成分复杂的复杂系统受到越来越多关注，这些系统被称为体系（System of System，SoS）。2021 年的诺贝尔物理学奖再次肯定了复杂系统研究的价值。"体系"概念向人们呈现了一个更高级别的视角，并诠释了各个独立系统间的相互作用。"体系"概念至今仍处在发展过程中。综合来看，体系是大规模集成的多种系统，这些系统异构并各自独立运行，但能为实现某个共同的目标而协同工作。比如，人的身体是一个体系，由神经系统、消化系统、内分泌系统等子系统构成。这些系统协同工作，实现身体健康运行这一共同目标。

（二）理论背景

国家创新体系是英国经济学家克里斯托弗·弗里曼在 1987 年正式提出的概念，之后逐渐成为理论界观察一个经济体综合创新状态的主流方法。长期以来，创新体系理论有两类观点。一类是以丹麦学者伦德瓦尔为代表，关注不同创新主体特征及其之间知识、技术的关联。另一类是以美国学者纳尔逊为代表，关注创新过程中的制度因素。随着实践发展，关于创新体系的特定主题、新的理论、新的概念层出不穷，如全球创新体系、区域创新体系、部门创新体系等。

（三）中国特色国家创新体系的内涵与特征

中国特色国家创新体系是在创新型国家和世界科技强国建设目标牵引下，各类创新主体协同互动，创新要素顺畅流动、高效配置的生态系统，能够充分发挥市场在资源配置中的决定性作用，更好发挥政府作用，最大限度地释放创新活力，是实现人才强、科技强到产业强、经济强、国家强的能力和制度保障。

中国特色国家创新体系具有三个基本特征：一是整体性，进一步强化顶层设计，加强国家整体性的创新能力与政策体系建设，实现体系效能跃升；二是协同性，促进各类创新主体协同互动，人才、经费、数据等要素按需集聚、优化配置，保障创新活动的高效率和可持续发展；三是开放性，构建开放高效的创新网络，实现互联互通，让创新能力充分涌现。

从中国来看，基于体系结构设计理论和技术，能力目标视角下的国家创新体系主要由创新主体、创新资源、创新机制、创新环境组成。创新主体是创新活动的基本载体、创新要素的基本依托，主要包括企业、科研机构和大学、金融机构、创新服务机构等。创新主体有明确的功能定位、充足的合作渠道和竞争环境。创新资源是保证创新产出的基本条件，主要包括人才、资本、数据、科研设施等。创新资源能自由顺畅流动，充分实现创新潜力和价值。创新机制是将创新主体与创新资源结合的方式和途径，主要包括市场自组织、学术自组织和政府他组织，以及三种组织机制的混合模式。创新机制以高效、敏捷管理为核心，强化统筹协调，提升体系运行效率和适变能力。创新环境是实现创新治理体系和治理能力现代化的基石，也是体系效能发挥的重要保障。主要体现为促进知识生产、流动与应用的法律、政策和文化等。

中国特色国家创新体系建设具有非常重要的意义。国家创新体系反映了经济活动中科技知识要素生产配置的复杂过程，集中体现了科技知识生产和配置的系统能力，是现代化经济体系的筋骨。只有国家创新体系强，经济竞争力和创新能力才会强，现代化经济体系才会强。因此，加强国家创新体系建设成为建设创新型国家和世界科技强国的重要任务。

二、国家创新体系建设面临的新形势

习近平总书记指出，"当前中国处于近代以来最好的发展时期，世界处于百年未有之大变局，两者同步交织、相互激荡"。其中，"百年未有之大变局"体现在政治、经济、科技、文化等各个方面。

（一）新科技革命与产业变革深入发展

第一，基础研究发展不断深化。基础科学探索不断向新的广度和深度拓展，重大科学前沿的研究成果呈现出多学科交叉的特征。基础研究与技术进步、产业变革的关系越来越密切。基础研究平台化趋势日益明显，一些重大基础研究成果的取得往往需要重大科学装置的支撑。

第二，前沿技术成果不断涌现。各领域前沿技术的发展成果层出不穷，呈现群体性突破的特征。信息技术成为科学研究和技术开发的普遍工具，生物技术向更加智能化和泛在化方向发展，新材料技术不断更新换代，先进制造技术向极限化、数字化和智能化方向发展，能源技术出现重大创新，现代农业技术加快向多功能现代农业产业转变，深海深空深地探测技术有望取得新突破。

第三，颠覆性技术将带给传统产业革命性的改变。颠覆性技术是指"可以改变游戏规则"的前沿技术，是一种能够建立新技术和新市场的突变式技术，是能够以意想不到的方式取代既有主导技术的创新技术。比如，人工智能、量子计算、干细胞、脑科学、合成生物技术、下一代基因组技术等。2020 年，马斯克发布可实际运作的脑机接口。2020 年 8 月底，脑机接口公司（Neuralink）举行发布会，用"三只小猪"演示了可实际运作的脑机接口芯片和自动植入手术设备。其中一只猪已经植入脑机接口设备两个月并活蹦乱跳，另一只猪曾植入电极又取了出来，最后一只猪则没有植入任何设备。这次发布会引起了空前的关注，因为被植入芯片的实验猪，向全世界展示了神经信号的读取和写入，研究人员可以通过芯片传导出来的信息看到猪的脑电图。马斯克本人和该公司都表明，这项新技术可以利用脑机接口来帮助人类对抗记忆力衰退，颈脊髓损伤以及癫痫、抑郁等神经系统疾病。如果其安全性和可靠性可以让科学家、医生以及许许多多患者们信服，那么这一技术将真正造福人类。

第四，碳达峰、碳中和科技创新孕育着新的经济形态。碳减排既是气候环境问题也是发展问题，涉及能源、经济、社会、环境等各个方面，需要统筹考虑能源安全、经济增长、社会民生、成本投入等诸多因素，这对中国能源转型和经济高质量发展提出了更高要求。力争 2030 年前实现"碳达峰"面临的挑战主要包括以下几点。一是能源需求持续增长的挑战。中国经济将持续增长，既要控制碳排放又要保增长，给碳达峰带来了巨大的挑战。二是重型化（重塑）产业结构带来的挑战。中国工业化和城镇化快速发展，高耗能产业占比仍然较高，传统产业增长模式产生大量碳排放，面临着传统产业发展路径锁定等一系列挑战。三是高碳化能源结构带来的挑战。中国化石能源占一次能源消费比重达 85%，煤炭占比约 58%，呈现"一煤独大"的格局，能源结构面临高碳能源资产累积规模总量大、能源转型困难等一系列问题和挑战。未来发展方向：一是"清洁化"是能源生产碳减排的方向；二是"电气化"是能源消费碳减排的方向。

力争 2060 年前实现"碳中和"面临的挑战将更加巨大，主要包括：一是能源碳排放（包括温室气体）为主的局面难以在短时期内改变；二是常规传统的发展模式难以为继；三是以化石能源为主导的格局亟须转型。要坚持"四个统筹"：一是统筹碳减排和安全发展；二是统筹近期目标和中长期规划；三是统筹抓好全局和突出重点；四是统筹市场驱动和政府引导。

（二）全球经济格局和发展趋势呈现新变化

第一，中国经济实力大幅度提升。过去十几年，亚洲经济保持高速增长，占全球的份额持续上升，全球经济重心也呈现东移的趋势。2010 年，中国成为世界第二大经济体。

第二，发展阶段持续演进，中国从小康社会向基本实现社会主义现代化转变。未来十多年是基本实现社会主义现代化国家伟大目标、推动中华民族由富起来向强起来转变的关键时期。

第三，从工业社会向后工业社会转变。据预测，2035 年中国服务业在国民经济的比重将超过 60%，需要更加高质量的现代化工业提供支撑。

（三）经济社会环境全面可持续发展需求更加强烈

第一，全球经济增长乏力，数字鸿沟加大，贫困、环境、能源、健康、教育等领域的问题进一步凸显。可持续发展理念日益深入人心，各国人民权利意识和风险意识高涨，对绿色、安全、包容的科技创新的需求日益迫切。中国要落实《巴黎气候变化协定》和《联合国可持续发展议程2030》要求，实现全球气候变化控制目标，满足人们对更洁净的水和空气、更健康的生活、更安全的居住、更有尊严的工作、更高质量的教育等经济社会环境方面需求，对科技创新和全球治理提出了新的要求。

第二，人口老龄化、城镇化以及新消费群体推动社会需求不断转型升级。未来人口老龄化将进一步加剧，人类对智能养老、智能医疗等的需求日益强烈。人口城镇化进程持续推进，城镇常住人口不断增加，城市群和大城市发展对智能城市建设需求强烈。中国将成为全球最大单一消费市场，消费的多元性、个性化、品质化为科技创新产品应用、多样化产品和服务供给，以及消费模式革新带来巨大的影响。

（四）创新组织方式演进提出新挑战

第一，以网络化、虚拟化为特征的组织方式，推动开放式、大众式新型技术创新模式的形成和发展。以信息通信技术为核心的新兴技术呈现群发性和融合性特征，推动研发组织从集中式向分布式转变，研究范式趋向数字化、平台化、网络化。

第二，创新资源配置主体和方式多元化，需要更加多元、协同的创新治理结构。在技术经济范式变化背景下，需要更加强调多方主体的参与性、合作性，最大限度地调动社会各方面参与科技治理的积极性。

第三，数字化转型加速，需要提升体系能力以把握机遇和应对风险。需要形成更加高效互动的创新网络，促进形成及时公平的资源配置新机制，提供更加优质便捷的创新服务，制定更加包容性、普惠性的创新政策。

在上述背景下，国际竞争的核心体现为不同国家创新体系之间的竞争。创新体系的演进需要适应这些深刻变化，才能把握未来的竞争主动。需要前瞻部署科技创新战略，增强创新资源供给、完善科技创新政策，加紧优化国家创新体系，提升整体效能，以激活增长新动力、形成新竞争优势。

三、中国国家创新体系建设概况

科技创新完成顶层设计，创新驱动成为广泛共识。党的十八大以来，党的多次重要会议都对科技创新进行了系统谋划和重点部署。历史地看，党的十八大提出实施创新驱动发展战略，党的十九大提出创新是引领发展的第一动力，党的十九届五中全会提出要加快建设科技强国，党的十九届六中全会再次强调把科技自立自强作为国家发展的战略支撑。党中央科技创新的战略方针和谋划部署，既是一脉相承，也是与时俱进的。习近平总书记对我国实施创新驱动发展战略进行了全局性、长远性系统谋划，指明了方向。党中央国务院发布《国家创新驱动发展战略纲要》，对国家的创新发展进行了顶层设计，系统推进科技体制改革，科技体制改革的"四梁八柱"基本建立，各项改革举措进入落地实施阶段。党中央对科技创新的重要摆位和重大部署，是党坚持实事求是，在党长期理论创新和实践发展的基础上提出来的，科学把握了当前世界科技发展的大势，坚持了中国特色自主创新发展道路，契合了新时代我国科技创新的阶段性特征和主要任务。

创新主体活力竞相迸发。企业研发日益活跃，2020 年有 536 家中国企业入围全球研发投入 2500 强企业名单，在无人机、电子商务、云计算、人工智能、移动通信等领域成长起一批具有国际影响力的创新型企业。"大众创业、万众创新"蓬勃发展，2020 年日均新登记企业 2.2 万户，各类市场主体达 1.4 亿户。科技创新创业服务体系更加完善，截至 2019 年年底，已建成国家级科技企业孵化器 1177 家，已备案的国家众创空间 1888 家。高校教育科研实力不断增强，科研院所研发能力整体提升，新型研发机构大量涌现。

科技体制改革取得显著成效。为了全面贯彻落实中央有关决策部署，增强科技体制改革的整体性、系统性和协同性，中央全面深化改革委员会要求制定《深化科技体制改革实施方案》。该方案于 2015 年正式发布，包含企业创新、科研机构建设、人才激励、成果转化、科技金融、军民融合、创新治理、开放创新、创新生态、区域创新 10 个方面内容、32 项改革举措和 143 条政策措施，涉及科技部、财政部、国家发展改革委等 40 多个部门。科技体制改革的范围从科研领域扩展到经济、社会、政府治理等各相关领域，着力点从研发管理转向创新服务，受惠面从科技人员扩大到广大人民群众，改革的关联性、复杂性、影响力大大提高。在宏观管理体制机制方面，建立了国家科技决策咨询制度，科技决策更加科学化、民主化和法治化。科技计划管理改革顺利完成，科学计划布局更加优化。在基础性制度方面，国家科技报告制度和国家创新调查制度全面实行，科技资源开放共享制度进一步强化。在评价制度方面，科技评价制度改革、职称制度改革、科技奖励制度改革稳步推进，建立起以质量、绩效、贡献为导向的分类评价体系，优化了科研环境，大幅减轻了科研人员负担。初步建立起约束与激励并重的科研诚信制度体系，科学道德和学风建设持续增强。

创新激励政策接连出台，成果转移转化稳步发展。高效持续运转的科技创新生态系统离不开良好的市场和政策环境，国家接连出台政策法规予以保障。税收支持中小企业研发活动力度不断加大。知识产权保护制度更加健全，知识产权侵权查处力度不断加大。科技成果转移转化体系建设稳步推进，完成从修订法律、制定配套政策到部署具体行动的"三部曲"，极大促进了科技成果转移转化，截至 2021 年底，全国技术市场成交合同数达 67.1 万项，成交额达 3.7 万亿元。

（一）科技综合能力不断增强

党的十八大以来，创新驱动发展战略深入实施，科技创新正从量的积累向质的飞跃、从点的突破向系统能力提升转变。科技创新在培育发展新动能、推动高质量发展中发挥着重要作用。《国家创新指数报告 2021》显示，中国国家创新指数综合排名世界第 13 位，比上年提升 1 位，是唯一进入前 15 位的发展中国家。

科技投入实现高速增长，科技人才队伍不断壮大。研发资源投入力度的持续加大，对我国科技创新能力的提升奠定了坚实的基础。2012—2021 年，全社会研究与试验发展（R&D）经费从 1.03 万亿元增长到 2.80 万亿元，年均增速达到 11.8%，是世界第二大研发投入国。R&D 经费占 GDP 的比重从 1.91% 提高到 2.44%，超过欧盟平均水平。创新型科技人才队伍不断壮大，创新人才推进计划等项目培养出一批顶尖创新人才和领军人才，2012—2020 年间，R&D 研究人员从 140.4 万人 / 年增长到 228.1 万人 / 年，已形成世界上规模最庞大的研究人才队伍。

（二）科学研究能力显著增强，重大科研成果竞相涌现

中国持续加大对科学研究特别是基础研究的支持力度，推动重大科学研究、夯实原始创新能力。在国家自然科学基金、国家重点基础研究发展计划等的支持下，科学家面向世界科学前沿，勇攀科学高峰，取得了一批重大科学成果：首次通过实验观测到量子反常霍尔效应，首次发现铁基超导体中的马约拉纳束缚态，首次人工创建单条染色体真核细胞，为推动世界科学前沿发展做出了重要贡献。

研究机构力量不断强化。据《中国科技统计年鉴—2021》显示，2020 年中国科研机构总共有 3109 个；R&D 经费支出 3408.8 亿元，占全国的 14.0%；发表科技论文 19.4 万篇，发明专利申请量 52477 件，授权量 29205 件。研究机构的资源集聚能力在逐步提升，知识创造能力持续增强，创新合作能力体现差异，创新服务能力不断增强。

高校研究能力和人才培养水平不断提升。第一，强化人才培养。2020 年，普通本科在校生 1825.7 万人，研究生在校生 314.0 万人。第二，提升基础研究能力。R&D 人员全时当量 61.5 万人 / 年，占全

国 11.7%；基础研究 28.5 万人 / 年，占全国 66.7%。R&D 经费 1882.5 亿元，占全国 7.7%；基础研究经费 724.8 亿元，占全国 49.4%。第三，推动成果产出与转化。高校发明专利申请量 19.5 万件，占高校专利申请量的 57.2%；专利所有权转让及许可 15288 件，收入是 24.8 亿元。第四，加强国际合作。来自境外的 R&D 项目 2636 项，与境外机构合作的 R&D 项目 12688 项。

（三）技术创新实力大幅提升，前沿关键技术持续发力

2012—2020 年，中国国内发明专利申请量和授权量分别从 53.5 万和 14.4 万件，增长至 134.5 万和 44.1 万件，均居世界首位；专利国际化水平不断提高，海外布局日益优化，据世界知识产权组织统计，中国 PCT 专利申请量从 1.9 万件增至 6.9 万件，稳居世界第一。前沿技术和关键核心技术取得重大突破，"嫦娥四号"探测器首次成功登陆月球背面，超级计算机拥有量位居世界前列，先进激光制造工艺取得突破，高铁制造技术和运营迈上新台阶，北斗三号全球卫星导航系统星座部署全面完成。

以企业为主体的创新体系更加健全。基本上形成了以企业为主体，市场为导向、产学研深度融合的技术创新体系。企业创新能力稳步增长，一是创新经费投入稳步增长，创新人力和研发机构增长趋势明显；二是创新政策利用能力也显著提升，但在创新合作和创新资源整合方面发展缓慢，需要加强产学研合作优化整合；三是知识产权运用能力和知识产权保护能力显著提高，知识产权创造能力近几年增长平缓；四是创新驱动能力明显增强，对经济社会发展的辐射力不断扩大。

（四）科技创新引领产业发展，区域创新高地加快形成

科技创新有效推动了产业结构升级和新动能培育。高技术产业蓬勃发展，2020 年实现营业收入 17.5 万元，实现新产品销售收入 6.9 万亿元。国家高新区不断壮大，并取得巨大经济效益，2020 年，全国 169 家国家高新区园区生产总值（GDP）达到 13.56 万亿元，相当于全国 GDP 的 13.3%。新产品、新业态、新商业模式竞相涌现，人工智能、新一代信息技术、新能源、高端装备制造业、新材料等产业加快发展。2020 年，"三新"经济增加值占 GDP 比重达到 17.1%。

区域创新引领地方经济转型升级，京津冀协同发展、长三角区域创新共同体建设等重点区域科技工作取得积极进展。北京、上海、粤港澳大湾区加快建设具有全球影响力的科技创新中心，创新型省份和创新型城市建设成效显现。基本形成以西部、东北、中部、东部四大板块为基础，以"一带一路"建设、京津冀协同发展、长江经济带发展、粤港澳大湾区建设等重大战略为引领的区域创新格局。

（五）积极融入全球创新网络，国际科技合作开创新空间

加强政府间双边和多边科技交流合作。中国与多个国家建立了创新对话机制，广泛参与和推动多边机制的科技创新议题磋商和务实合作。积极参与并牵头组织实施国际大科学计划和工程。在国际热核聚变实验堆（ITER）、平方公里阵列射电望远镜（SKA）、国际大洋发现等国际大科学计划和大科学工程中，积极承担项目任务，深度参与运行管理。深入实施"一带一路"科技创新行动计划，已经累计支持

8300 多名各国青年科学家来华工作，培训学员 18 万人次，启动建设 33 家"一带一路"联合实验室，与 8 个国家建立了官方的科技园区合作关系，基本形成"一带一路"技术转移网络。越来越多的中国科技工作者活跃在国际科技舞台，为解决全球重大问题挑战贡献了中国智慧，比如在疫情防控中，中国认真履行国际义务，积极推动科学数据和信息共享，搭建面向全球的开放科学共享服务平台。

在取得重要进展和成就的同时要客观地看到，由于起步晚、跨越大，中国创新体系还有许多不完善之处，需要提高整体效能。特别是需要提升企业创新主体地位，培育高水平的科技领军企业，提高原始创新能力，培养高端人才，优化科技资源配置，继续营造创新环境，拓展国际科技合作，为全球经济复苏和可持续发展做出更大贡献。

四、共同推动国家创新体系的全面开放合作

中国国家创新体系建设要立足国内国际双循环新发展格局、解决全球面临共同挑战，支撑构建人类命运共同体的现实需求。需要通过建立更加开放的国家创新体系，加强国际科技合作，促进国内及全球实现可持续、包容性发展的体系化能力。

（一）加强创新主体的开放合作

打造高水平对外开放的创新主体；吸引更多外资创新企业来华落户发展、创办研发机构；积极参与全球开放科学活动，推动更多科研

机构参与欧洲科学云等新型科研组织模式；建立科学家、企业家赴海外开展创新研究和商业探索的新的机制，鼓励我国科学家、企业家到海外去开展科技创新、商业化探索；探索建立基于中国科研资源的全球开放科研平台、建立跨国数字平台。

（二）促进创新要素的自由顺畅流动

设立面向全球的科学研究基金，聚焦事关全球可持续发展的重大问题，鼓励支持各国科学家共同开展研究；突破创新要素特别是人才的跨境流动制度障碍，开辟基础科研、经济学、前沿技术研究的领军人才和引领新技术潮流的企业家的引进渠道，在关键技术岗位上大胆启用海外顶尖人才；构筑集聚全球优秀人才的科研创新高地，完善国际化人才制度和科研环境，形成有国际竞争力的人才培养和引进制度体系；设置国际大科学计划和大科学工程，组建国际联合研究中心，共享科研基础设施和开放科学数据；围绕碳达峰、碳中和、公共卫生、农业和民生科技等方面，强化科技资源配置。

（三）完善国际科技合作的体制机制

积极为未来全球科技创新行为规则体系建构贡献中国智慧，推动全球科技合作新模式、技术伦理新规范、知识产权新规则和新型技术的国际标准建设；建立完善鼓励国际科技组织、科研机构在中国落地的管理机制，在财政拨款、项目周期等方面，建立与国外衔接的科研项目立项、评估机制；进一步放宽和便利化国外科研人员流动机制和学习工作生活制度，试点探索与重大科研项目挂钩的科研人员临时绿卡制度；加强与以色列在内的世界主要的创新国家进行多层次、广领域的科技交流合作，积极参与和构建多边科技合作机制，深入实施"一带一路"科技创新行动计划，拓展民间科技合作的领域和空间；强化国际科技合作支撑和服务的专业队伍建设，组建专业性、实体性服务和管理机构及平台。

（四）推动营造开放包容、可持续发展的创新氛围

大力支持和倡导绿色创新、包容性创新，采用功能性采购等模式支持创新活动；选择特定区域放宽网络监管，为国际间的科研交流活动设置网络特区；建设科技开放特区，在市场准入、科技计划开放、技术交易、人才引进等方面先行先试；建立具有全球竞争力的创新创业环境。优化以都市圈为核心的创新创业环境，提供更加全面的政策扶持；推进全球疫情防控和公共卫生领域科技合作，倡导建立科技创新重大公共产品（如病毒序列、疫苗等）的全球共享机制，强化中国对全球的相关科技创新供给。

面向 2035 的中国创新文化与
创新生态建设

任福君 *

* 中国科协创新战略研究院二级教授，北京科技大学兼职教授，曾任中国科普研究所所长、中国科协办公厅主任、调研宣传部部长、创新战略研究院院长等职。

在科技部的大力支持下，中国科协创新战略研究院牵头开展了"面向 2035 年的创新文化与创新生态建设"的研究工作。课题组设计了调查问卷，通过中国科协科技工作者状况调查站点开展问卷调查，征求广大科技工作者对创新文化与创新生态建设的建议，并多次召开专家会，讨论完善研究报告。我们梳理了习近平总书记关于创新文化和创新生态的相关论述，形成了《国家领导人关于创新文化和创新生态相关论述选编》；综述了创新文化和创新生态理论的文献，整理了美、英、德、日、韩等典型国家的创新文化和创新生态发展历程及主要经验，形成了《典型国家创新文化和创新生态的总结借鉴》，完成了 10 万余字的研究报告。本讲是对研究报告部分内容的凝练，可以从一些侧面为国家、地方、部委、科学共同体和广大科技工作者推动创新文化和创新生态建设提供参考和借鉴。

一、创新文化和创新生态的理论框架

（一）创新文化和创新生态的界定

创新文化可以定义为以"创新"为内核的文化体系，具有兼容并蓄的开放性、互信合作的主体协商性、敢为天下先的开拓创造性、宽容失败的包容性等特征。创新生态则是在企业、产业、区域以及国家等层面与创新相关的一系列要素结合形成的具有生态系统特征的系统，具有复杂性、多样性、开放性、动态性、自组织性和栖息性等特征。

创新文化作为一种价值导向，重点关注创新主体的内部文化建设与社会层面的文化建设；创新生态重点研究如何通过有效的制度安排，形成创新活动活跃度高、创新资源优化配置、创新系统深度耦合的创新环境。从创新主体视角看，是崇尚创新的价值导向确立，健康完善的学术生态营造，活跃高效的创新主体协同；从创新的社会视角看，创新文化与创新生态建设的主要任务是包容理性的舆论环境建设，以及创新友好的社会氛围营造。

基于目标导向、问题导向、需求导向，从支撑国家中长期科技发展规划战略研究的角度出发，在分析已有一些概念和解释的基础上，我们将创新文化与创新生态界定为支撑国家创新系统健康、高效运转的科技创新软环境。创新文化的核心是以激励探索、包容个性、鼓励创新、宽容失败等特征为代表的科学精神，决定了创新活动的价值导向和文化土壤。创新生态是通过有效的制度安排，实现创新主体多元化、激发创新主体活力、促进创新要素流动和有机配置，决定了创新活动的自发性、适应性、活跃性和高效性。

对创新文化与创新生态的认识和了解是建设创新文化与创新生态，推动科技向前向善发展的基石，对科学技术的发展起着战略意义上的支撑。近代以来，中国知识界对科学技术的认识与实践的脚步从未停息，不断深入。最初是认识到科学与技术层面，后来深入到制度层面，再至文化和生态层面，在可见的将来还有进一步深入发掘的空间。随着研究的不断深入，对科学技术发展背后的支撑体系及其客观规律的认识将不断更新和深刻，创新文化与创新生态等方面的认识也将落实在推动科学技术发展的建设实践上。随着科学技术的飞速发展，人工智能、大数据等技术的发展带来了新的社会组织形式和创新模式，使创新文化与创新生态也发生着变化，改变着人们对科学技术和创新的认识；我国科技产业走向世界，与世界各国共同创造人类命运的繁荣，这需要文化等方面的支持，使中国的科技发展能够站在世界潮流的高度，从更加普遍性的文化甚至是文明的层面拓展与世界各民族的交流。因此，应深刻了解创新文化和创新生态，建设和完善中国的创新文化和创新生态。

（二）创新文化与创新生态建设的重要意义

创新文化与创新生态对于一个机构、一个区域乃至一个国家的科技发展具有深刻影响和重要意义。相对于资金、设施等硬件来说，创新文化作为软件，对科技的发展有着先导和潜移默化的作用。只有能充分发挥人的创造力的体制和文化才能推动科技产业的发展。创新生态作为创新活动相关的各要素相互作用形成的环境系统，是创新的重要软环境。一个完善的创新生态对建设一个国家和地区创新体系具有重要意义，具体体现在它有利于激发创新活力，提升国家与地区的创新能力；有利于改善创新环境，构建创新新格局；有利于疏通产学研合作通道，从而真正发挥创新对经济的促进作用。

（三）创新文化与创新生态建设的目的

创新文化与创新生态建设的目的是树立推动创新活动的价值理念、行为方式，并建立与之适应的制度安排，营造良好的创新环境与社会氛围。从创新的主体视角看，是崇尚创新的价值导向确立，健康完善的学术生态营造，活跃高效的创新主体协同；从创新的社会视角看，是包容理性的舆论环境建设，以及创新友好的社会氛围营造。为达成这些目的，需要在政府、企业以及个人等层面上制定相应的措施，并统筹协调各部门和机构，共同构建和发展创新文化与创新生态，推动科学技术健康向善发展，促进社会繁荣。

二、我国创新文化与创新生态建设的主要成效及问题

（一）我国创新文化与创新生态建设的时代需求

从国际形势来看，世界正处于百年未有之大变局中，我国需要塑造与负责任大国形象相匹配的创新文化，积极参与国际科研规则制定，开放合作推动新时代中国特色创新文化建设；同时，还要加强同国际市场规则对接，加强知识产权保护。

从时代背景来看，我国正在步入创新型国家行列，大步迈向世界科技强国，需要先进的创新文化价值引领和优化的创新生态保障。需

要我们加强学风和学术道德建设，在全社会树立尊重知识、崇尚创新、保护产权、包容多元的共同理念和价值导向，构建企业为主体、市场为导向、产学研深度融合的创新体系。

从科技发展态势来看，当前世界范围内新一轮科技革命和产业变革正加速演进，对创新组织模式、教育模式和人类认知传统都提出了颠覆性的挑战，需要创新文化与创新生态建设进行相应的调整。我们要促进科研组织模式向开放式、网络化发展，鼓励和引导构建新型研发机构，形成多元化创新主体共生发展态势，通过弘扬科学精神，培育科技伦理、倡导积极向善的创新文化，塑造宽松、自由、创新的教育氛围。

（二）我国创新文化与创新生态建设的主要成效及问题

1. 我国创新文化与创新生态建设的重要历程

我国创新文化与创新生态建设经历了 5 个主要阶段。

第一阶段（1949—1978 年），是创新文化与创新生态初步显现阶段。我国计划型"大科学"体系形成，创新文化与创新生态的雏形初步形成。

第二阶段（1978—1992 年），创新文化与创新生态得到一定发展，已经初具基础。以 1978 年 3 月召开的全国科学大会为契机，创新文化与创新生态开始逐渐恢复。

第三阶段（1993—2005 年），创新文化与创新生态日益受到关注，战略布局逐步形成。我国陆续提出一系列科技创新战略，正式提出创新文化的概念并列入国家科技计划，明确提出建立国家创新体系，在国家层面上基本完成了创新文化与创新生态的总体战略布局。

第四阶段（2006—2011 年），创新文化与创新生态不断得到强化。我国以建立企业为主体、产学研相结合的技术创新体系为突破口，全面推进中国特色国家创新体系建设，创新文化与创新生态建设得到加强。

第五阶段（2012 年以来），创新文化与创新生态建设作为国家战略目标更是提质加速。以健全国家创新体系作为主要目标和任务，我国系统提出创新文化建设的发展路径，加速创新生态建设。

2. 我国创新文化与创新生态建设的主要成效

制度机制日益完善，学风建设力度加强。一是宏观管理机构改革不断深化，学风建设力量得到加强。例如，2018 年，针对我国科技管理存在重立项轻过程、科研项目进度和质量缺乏有效监督、科技投入产出效率较低等问题，科技部下设了"科技监督与诚信建设司"，这是我国首个承担科技监督评价体系建设和科技评估管理的机构。二是制度体系逐步完善，为学风建设提供保障。例如，2016 年《"十三五"国家科技创新规划》提出，从政府职能与评价机制方面推动学术环境建设；2018 年，中办、国办发布《关于进一步加强科研诚信建设的若干意见》，明确了新时代科研诚信建设的指导思想、基本原则、主要目标、建设任务以及科研诚信管理主体，进行覆盖科研全过程、贯穿科研活动的诚信监督和管理；2019 年，中办、国办印发《关于进一步弘扬科学家精神　加强作风和学风建设的意见》，旨在激励和引导广大科技工作者追求真理、勇攀高峰，树立科技界广泛认可、共同遵循的价值理念，加快培育促进科技事业健康发展的强大精神动力，在全社会营造尊重科学、尊重人才的良好氛围，体现了党和政府对科学研究作风学风建设一以贯之的高度重视。

科技界创新自信大幅提升，科研创新环境逐步优化。一是创新自信大幅提升，对国家发展目标充满信心。我们开展的相关调查显示，58.3% 的科技工作者认为我国科研环境与五年前相比有明显改善。二是创新政策环境有所改善，科研创新环境逐步优化。政府为营造创新环境而出台了诸多政策措施，相同调查显示，51.9% 的科技工作者认为创新政策环境较好，但在营造宽容失败（31.4%）、学术独立（29.3%）、挑战学术权威（28.8%）氛围上仍需更多努力。三是科研诚信状况有所改善，科技工作者自律意识提升。

以增加知识价值为导向的分配原则得以确立，激励评价机制渐趋优化。实行以增加知识价值为导向的分配政策，激励科技工作者的创新热情。例如，在科研评价方面，2018 年《关于进一步加强科研诚信建设的若干意见》提出着力深化科研评价制度改革，坚持分类评价，突出品德、能力、业绩导向，并将品德置于首要位置。

科技成果产业化进程加速，创新创业文化生态初具雏形。近 30 年来，全国创业孵化机构开展各类活动达 19.38 万场，形成了"尊重创业者、仰视创业者""鼓励创新、宽容失败"等孵化器文化，为培育科技型中小企业、加速科技成果产业化、促进区域经济发展作出了重要贡献，有效激发和带动了各地的创新创业文化的形成。

科学与社会的互动日益紧密，支持创新的社会氛围逐渐形成。一是公民对科学持积极态度，公众关注、支持科技发展的社会氛围逐渐形成。党的十八大以来，创新以科学精神为根基，以求实创新为精髓，全社会理性科学观开始建立。公众对科学的态度逐渐转变，各地公众对科技创新的态度呈现多元化趋势。中国科协科学素质调查结果显示，我国公众高度关注科技进展，对生活与健康、环境污染及治理、农业发展、科学新发现、新发明和新技术、医学新进展、宇宙与空间探索等科技领域高度关注。科学技术类职业期望高，教师、医生、科学家是中国公众职业期望最高的三类职业。二是大众传媒科普资源持续增加，科普信息化水平增长迅速。根据科技部科普统计，2019 年，全国共出版科普图书 12468 种，较 2006 年增长 294%；发行量 1.35 亿册，较 2006 年增长 174%；出版科普期刊 1468 种，较 2006 年增长 158%；发行科技报纸 1.71 亿份，较 2006 年增长 323%。三是弘扬科学精神，助力创新驱动发展。根据科技部 2021 年 11 月 23 日发布的 2020 年科普统计，2020 年国家实验室、工程中心、分析测试中心、科学数据中心等科研设施向社会开放 8328 个，比 2019 年减少 28.19%。但由于部分单位采用了线上接待访问方式，接待人数达到 1155.52 万人次，比 2019 年增长 21.89%。四是打造创新创业大赛品牌活动，弘扬创新文化主旋律，例如每年一度的"双创周"系列活动等，有力促进了创新文化与创新生态建设。

3. 我国创新文化与创新生态建设的突出问题及成因

问题一：学风作风有待优化，制约创新产出的质量和动能。突出表现是学风浮躁急功近利，我们开展的调查显示，53.0% 科技工作者反映"考核评价标准过于单一，对不同岗位缺乏分类评价"，43.4% 反映"考核评价结果与实际能力业绩不符"，47.4% 反映"考核评价结果不利于调动多数人工作积极性"。

问题一成因：一是对创新文化的内涵、要求和重要性认识不足，价值引领出现偏差。一方面，由于对创新文化的理解和认识不够，科技管理简单套用行政机关管理模式，导致政府对学术机构的过多干涉以及行政权力包办替代学术权力等问题，限制了科研人员的学术自由和科研院所自主权的实现。另一方面，当前学术评价方式的价值导向偏差，尤其是存在用论文数量、影响因子及引文指标代替科学价值，评价指标单一化，评价标准定量化，评价方法简单化，评价结果功利化等问题。二是学术民主存在不足，科技资源配置并不全是以质量、贡献、绩效为导向。由于学科带头人、评议组成员、学术机构的领导等"学术大牛"在课题申报、招生分配、经费下达、成果发表、成果评奖、职称评定等关系科研人员切身利益的重要环节拥有巨大的影响力或权力，导致部分科研人员投机取巧，试图通过人际关系等方式获得学术资源。当前我国学术资源的配置并不全是以学术贡献和创新绩效为导向，学术委员会和同行评议还没有发挥应有的作用，公平的学术环境还有待形成。三是政府在科技投入中的稳定支持还不充分，宽容失败的机制和环境还有待完善。一些科技管理的监管机制还滞后于科技创新的发展和需要，鼓励创新、宽容失败的容错机制还在探索建立的过程中，遏制了科研人员大胆探索、挑战未知的积极性，鼓励自由探索、"不惧失败"的创新环境还有待进一步培育。

问题二：科研诚信意识不足，学术不端行为屡有发生。突出表现有：一是科研诚信意识不足。我们开展的调查结果显示，仅有 13.5% 的科技工作者表示对有关科研道德和学术规范的知识"非常了解"，甚至有 15.1% 的科技工作者对科研道德和学术规范的相关知识"基本不了解"，23.3% 的科技工作者"不太了解"。二是学术不端行为屡见不鲜。论文涉嫌抄袭、造假等事件也频繁见诸报端。

问题二成因：一是科研诚信教育缺失，引发科研失信行为。调查表明，超过三分之一的科技工作者并不了解科研道德和学风建设的相关规定，显示了对科技工作者的科研诚信教育仍有很大的缺口。二是学术不端行为的惩罚措施明显不足。重大事件大事化小小事化了，普遍问题法不责众，导致科研失信行为的"违法"成本较低。三是现有科研诚信监管主要停留在事后查处，事前防范的举措不足。通过对1980—2017年我国中央政府和各部委机关发布的共102项科研诚信政策的梳理发现，现有政策多侧重事后管理，仅有24项政策提到事前防范。

问题三：科技伦理治理有待健全，负责任创新意识有待提升。突出表现有：一是触及伦理底线的科技事件时有发生。近年来，我国科技伦理的严重不良事件引发了国内外广泛关注，包括对相关事件调查的透明度和对相关责任人的处理处罚。例如，贺建奎基因编辑婴儿事件引发的负面舆情损害了我国科技界形象。二是科技伦理管理中缺位与越位风险并存。一方面，科技伦理的审查与监管机制不健全，部分重大项目暴露出科技伦理审查不严格甚至"真空"的问题；另一方面，医学、生命科学等领域存在一定伦理风险但有良好科研价值和社会意义的科研活动，却面临可能引发科技伦理争议时被束缚的问题。三是科学共同体对于科技伦理的认知和敏感性不足。在个体层面，科研人员对于科技伦理的认识和敏感性不足；在机构层面，对于违反科技伦理的防范意识不到位，常在引发重大争议之后才作出反应；在社会层面，公众对于科技伦理问题认识匮乏，常被媒体、自媒体等消息来源误导。

问题三成因：一是科技伦理监管存在缺口。二是缺乏高度伦理敏感性的及时治理。三是必要的科研信息不够公开透明。四是科技伦理相关的教育与宣传不足。高校中科技伦理、科技史、科技哲学等必要的人文课程未能普及和深入，缺乏能被公众广泛接受和熟知的科技伦理相关准则、规范与宣言；在科技伦理问题上来自中国媒体的关注、讨论、发声和科学辩护相对缺乏。

问题四：创新文化宣传弘扬不充分，创新文化在社会文化中的重要性、引领性尚未凸显。突出表现有：一是媒体科学报道占比尚待提升；中国科协完成的中国公民科学素质调查结果显示，我国公民获取科技信息的主要渠道是电视（93.4%），而相关调查显示，我国电视节目中科技类节目占比不足1%；二是媒体科学报道的科学性、准确性尚待提高；三是媒体科学报道的引导性、吸引力尚待增强。

问题四成因：一是公众对于科技类新闻报道的兴趣有限，媒体科学报道积极性不高；二是科技类媒体从业者科学素养有待进一步提升；三是科技类媒体平台建设还需强化；四是媒体与科技界的良性合作机制尚未形成。由于科学家往往很少在公众面前露面，媒体与科学家的接触机会不多，且与科学家深入沟通难免由于专业背景的影响而存在问题，缺少与科技界的良性合作机制，影响了媒体对科学家精神的宣传效果。

问题五：创新供给源动力不足，创新活力有待增强。突出表现有：一是新型创新主体建设滞后，创新主体多样性不足；二是创新资源流动不畅，优化配置有待实现。

问题五成因：一是创新主体定位不明晰，创新主体职能重叠；二是科技创新相关制度建设有待提高，不同部门间的政策协调性不高；三是创新主体未能建立起密切的合作共生关系，自组织能力较弱。

总之，创新文化应是创新生态的上层建筑，是维系创新生态的重要基础，对创新生态的建设起到指引和决定性作用，但是当前创新文化和科技创新尚未融合，创新文化有待进一步培育。我国创新文化与创新生态建设依然存在一定的局限性问题和系统性不足，创新文化与创新生态之间还有一定的不协调性，限制了我国创新文化与创新生态建设向纵深发展。

三、创新文化与创新生态建设的
国际经验及建议

（一）创新文化与创新生态建设的国际经验梳理

我们分析了美、英、德、日、韩等世界科技强国的创新文化和创新生态建设的情况，把握典型性创新国家的战略趋势，梳理出这些国家的主要经验。

第一，通过建设国家创新政策体系，营造鼓励创新的制度环境。一是通过制定国家战略引导促进创新文化与创新生态建设发展。二是科研资金支持和科技奖励制度共同激励科研创新动能释放。在科研资金的支持方面，德国的教育、科学和研发一直享有最高等级优先权；

美国科研资助来源于各种机构，丰富的资金供给为创新提供了充足的动力；英国政府提出了数十年来时间跨度最长的科研资产投资承诺，计划2016—2021年投入59亿英镑用于科研资产支出；日本和韩国作为世界科技强国十分重视对科技的投入，2017年日本的研发经费总额占到了国内生产总值（GDP）的3.48%，而韩国的研发经费总额更是在2012年就占GDP比重超过了4%。三是进行税收减免政策激励创新主体保持发展活力。四是强化专利制度，提高对创新者积极性的保护。

第二，注重科学共同体内部治理，营造良好学术生态。一是健全科研诚信和伦理制度体系，对科技创新主体进行诚信监督和伦理规制。二是完善科研治理结构，严惩学术不端行为。

第三，厚植科学文化土壤，培育创新友好的社会氛围。一是加强教育和注重培养科学思维。二是重视面向社会的科技传播，促进公众理解和参与。

第四，创新主体协作顺畅，创新活力充分激发。一是通过建立合作体系，加强各机构之间的协作。二是激发科技成果转化的积极性。

第五，大力投资建设科研设施，聚集创新要素。国家实验室，先进的、大规模的大科学装置，尖端研究设备资源共享平台，全球性大型科研基础设施等为国际科研活动作出巨大贡献。

（二）我国未来创新文化与创新生态建设的目标

我们研究提出了总体创新文化与创新生态建设的目标：到2035年，创新文化与创新生态的体制机制优化完善，科学精神价值引领，创新文化深入人心，创新主体活跃高效。可分成以下五个具体目标。

第一，科学精神充分弘扬。一是科技界风清气正；二是学术自律蔚然成风；三是形成以爱国、创新、求实、奉献、协同、育人为内核引领的核心价值导向。

第二，学术生态健康完善。一是科技创新活动诚信规范；二是科技伦理治理体系健全完善；三是学术道德建设国际领先；四是学术道德、科研诚信、科技伦理观念深入人心；五是科技工作者主动承担社会责任，形成自觉自发的自我约束和相互监督意识。

第三，舆论环境包容理性。一是各类媒体对科技创新的舆论导向发挥积极作用；二是宣传平台多元丰富；三是创新文化基础设施建设均衡有序；四是创新文化在中国特色社会主义文化中占据引领地位。

第四，社会氛围创新友好。一是科技创新教育体系建设完善；二是公众对科技创新的兴趣、理解、参与度和价值认同显著提升；三是科技工作成为有吸引力的职业；四是在全社会形成尊重知识、崇尚创新、热爱并献身科学的良好氛围。

第五，创新主体协同高效。一是建立全球领先的科技评价与奖励机制，让科技工作者拥有极大获得感；二是创新主体更加多元；三是创新网络运行顺畅；四是创新活力日益高涨；五是创新资源实现高效的开放共享，广泛吸引国际创新要素集聚；六是参与全球创新生态治理，走向世界创新舞台中央。

（三）创新文化与创新生态建设的重点任务

第一，大力弘扬科学家精神，建设良好学风和伦理治理体制。

实施以科学家精神为价值引领的铸魂工程。一是深入研究和提炼，形成中国特色的创新价值体系。二是深入总结历代科技工作者身上凝结的宝贵科学家精神和爱国主义情怀，重视宣传科学家事迹，使公众对科学精神形成直观认识，让科技工作者们尊重科研、热爱创新。

开展负责任的科技伦理治理体系建设行动。一是树立科研伦理意识，建立健全科技伦理与科研诚信制度体系。开展国内外研究，建立科技伦理共识，加强科研诚信、科技伦理方向的学科建设；促进科技工作者伦理意识的提升；从法律法规、部门规章、机构制度、行业准则、标准、规范等多方面，完善科技伦理与科研诚信政策法规，建立健全科研信用管理相关制度规范。二是加强科技伦理体系建设，完善治理体系建设。推动建立分级的国家科技伦理治理系统，完善各级科技伦理审查、监督机构建设，推进国家科技伦理准则、相关管理和实施细则等法律法规的起草颁布工作。

实施学风作风优化工程。一是充分发挥评价引导作用。完善高校和科研院所等单位的分类考核、多元评价、中长期绩效评价制度，发挥创新精神的价值导向作用；构建以科技创新质量、贡献、绩效为导向的评价体系。二是加强学术民主建设。减少行政干预。落实科研机构在人才使用和评价、经费使用、学术研究方面的自主权，落实职称审批权限的下放；鼓励学术争鸣，激发批判思维，提倡学术自由，尊重科学家个性。制定科技创新容错管理办法。三是建立完善的学风作风监测评估机制。健全科技创新全网络监测和治理的政策体系，成立国家层面的学术监督机构，持续开展良好学风作风建设。四是优化奖励制度，激发科技创新人员的积极性。鼓励社会机构和团体积极设立国际性的科技奖励，提高整个社会对科学的重视，提升中国在世界的影响力；完善保障科技奖项公信力和影响力的基本制度，建立公平规范的运作机制，重点突出科学共同体的作用，不断探索科技奖项的可持续发展模式。

第二，突出创新文化的重要地位，强化创新文化平台建设。

实施新时代创新文化培育工程。一是完善多样化创新文化基础设施的建设。加强全国创新文化教育基础设施均衡建设，建立完善创新中心、体验中心等新型创新文化载体；在现有博物馆、图书馆、文化馆等公共文化基础设施中增加科技创新要素；增加科技史和本土科技成果、科技名人等内容的展览展示，重视科技创新相关的纸媒、新媒体等多元渠道建设，培养创新文化传播人才。二是完善创新教育体系建设，增加科技创新要素在正规教育、社会教育、家庭教育中的比重。将科学精神、创新文化等课程列为高校必修通识课程；积极推广全民科学教育和创新教育等。三是在重大科技研发计划中增设创新文化培育专项，加强创新文化理论研究，准确把握创新文化时代需求。

实施科技创新宣传能力提升计划。一是加强创新文化宣传，扩大创新文化的舆论影响。积极动员各主流媒体、社会团体、高校、科研机构等主体，以"弘扬新时代中国科学家精神"为主题，全方位、立体化、多渠道加大科技创新报道力度，塑造中国科学家时代形象；定期开展巡讲活动，弘扬科学精神，建设创新文化；加大各类媒体报道科技创新的力度，保证媒体对科技创新的报道数量和质量，采用公众喜闻乐见的传播方式，注重对科技热点问题的追踪与关注；既要宣传科技界的正面典型，也要及时曝光反面案例，滋养全社会以创新为己任的文化氛围和民族自信，营造健康的创新文化氛围。二是对科技类报道实现全网络的监测。保障报道内容的真实性、客观性和准确性；建立有效的内容纠错机制，及时发现并纠正有误的报道。三是着重营造尊重人才、尊重创新的社会氛围。促进公众参与科技创新，让公众对待科技创新和科技工作具有浓厚的兴趣、正确的认识和端正的态度，使科技工作成为极具吸引力的职业。

第三，营造公平竞争的市场环境，增强创新生态内在活力。

实施创新环境优化工程。一是深化科技体制改革，充分发挥市场机制的作用，营造公平竞争的市场环境，激发各类企业技术研发投入的积极性。二是完善科研管理体制，赋予科研机构创新自主权。三是破除行政壁垒，鼓励要素流动和共享，提高创新系统间的耦合，促进创新生态互惠共生。四是充分利用现代信息技术，建立高效的信息传播机制。五是制定科技资源开放共享办法，提高科研机构开放科技资源的积极性，提高科技资源的扩散速度。六是参与全球创新生态治理，建设开放、共享的创新平台，积极推进国际创新合作交流，鼓励开展多种形式的国际科技创新合作。七是优化和切实落实激励制度，完善国民收入分配机制，增加创新要素的收入分配比重，激发科技创新人员的积极性。

实施创新活力激发工程。一是探索建立市场化科研体系，提高创新主体多样性，培育新型研发与科技成果转化机构，增强创新生态的内在活力。二是加快培育一大批复合型技术转移服务人才，鼓励高端人才进入创新领域，实现资本、人才和科技资源的优化配置。三是充分调动民营企业创新积极性，充分发挥政府资金的导向作用，设立民营企业创新基金，加大对民营企业科技创新的支持，鼓励民办高校、民营企业设立科研机构。四是完善创新创业政策，支持创新型创业企业发展。

（四）创新文化与创新生态建设的改革和保障措施

1. 在全社会大力弘扬科学家精神

一是稳步推进老科学家学术成长资料采集工程，树立优秀科学家典型。广泛而深入地开展学习优秀科学家精神活动，打造学界优良的精神面貌；建立科学家精神宣传长效机制，科技、教育、宣传等部门会同科技类社团、主要媒体加强联动，及时、充分宣传科学家感人事迹，加大对"人民科学家"等功勋荣誉表彰奖励获得者的精神宣传，大力表彰科技界的民族英雄和国家脊梁，激励和引导广大科技人员继承和发扬老一代科学家的光荣传统。二是凝练提出科技界广泛认可、共同遵循的价值理念。通过设立专栏、专刊，组织座谈会、研讨会，发布倡议书、公开信等方式，持续加强宣传，在科技界树立以爱国、创新、求实、奉献、协同、育人为核心的价值导向；以学会、科研院所、高校等机构为核心，塑造良好的科学文化氛围，强化科学家精神对学界的价值引领。三是稳定创新文化专项经费支持。在国家科技项目计划中明确3%—5%用于培育创新文化，支持创新文化理论研究和社会传播、科技伦理与科研诚信教育课程开发、促进公众参与活动等，推动创新文化的建设；注重科研院校创新文化建设，传承新时代科学家精神。

2. 建立健全的科技伦理治理体制

一是完善国家科技伦理委员会运行机制，逐步建立起上下联动、分层分级的科技伦理治理体系。强化高等学校、科研院所和医疗机构等相关单位的科技伦理治理主体责任，强化科技类社团、学术出版和研究资助机构等的协同治理；研究建立科技伦理治理制度体系；建设覆盖全国的科技伦理审查备案登记平台，对涉及科技伦理的科研活动及其科技伦理审查等情况进行备案登记，促进伦理审查规范化，提高透明度。二是建设若干科技伦理研究中心。培育研究队伍，加强科技伦理理论和国际治理前沿趋势研究，及时为科技伦理治理提供咨询建议；加强科技伦理宣传教育，培育科技人员伦理意识，促进负责任创新；在科研机构和高等院校的理工农医等专业普及科技史、科技哲学、科技伦理等相关课程和人文类课程，从教育阶段起塑造伦理意识；应以学会、科研院所、高校等机构为核心，形成自律原则，强化主体责任意识，建立并完善学会、机构、行业内的科技伦理建设机制。

3. 加强科研诚信源头治理，强化科技监督共治

一是全面落实中央关于科研诚信建设的改革部署。持续抓好自然科学领域和哲学社会科学领域科研诚信工作的统筹协调和宏观指导，完善工作机制、制度建设和责任体系；着力强化事前预防，加大对科研诚信建设相关研究的资助和激励，支持科研诚信教材、案例、视频等相关资料的编制、录制和传播，科研诚信教育全面纳入高校学生必修课以及科研人员和教师培训的重要内容；进一步压实科研单位的诚信建设主体责任；财政资助的科研项目全面实施科研诚信承诺和

审核；保持对科研诚信案件调查处理、严肃问责的高压态势，加大对科研失信行为的曝光和联合惩戒力度；建立完善科研失信行为的主动预警、主动发现、主动纠正机制；持续推进科研诚信信息化建设，做好诚信信息归集、共享等基础性工作；持续开展论文代写代投监测和"清网"行动，定期发布学术期刊预警名单，加强国内学术期刊诚信和伦理建设，强化科研诚信建设长效机制。

二是加强统筹协调，推动各部门协同共治，压实项目管理专业机构"一线"监督管理职责和项目单位日常内部管理监督职责。建立健全统筹协调、职责清晰、覆盖全面、规范有序的"大监管"机制，强化工作统筹、制度规范和追责问责；实行事前承诺和合同约定、事中随机抽查、事后绩效评估评价和诚信记录的全过监督，对参与科技计划项目管理、实施、评审等的人员和机构监督全覆盖，对科技政策、科技规划、科技计划项目、科研基地、科技人才、科研机构、科技奖励等各类科技活动监督评估全覆盖；充分利用大数据等现代信息技术，依托国家科技管理信息系统建立风险预警机制，抓早抓小，防范风险；建立对评审专家和第三方机构的责任追究机制；建立监督评估结果信息反馈机制，形成管理闭环。

4. 深化科技评价制度改革，建设良好的学术环境

一是深化科技评价制度改革。以激发科研人员的积极性创造性为核心，以构建科学、规范、高效、诚信的科技评价体系为目标，进一步优化科研项目评审机制、改进科技人才评价方式和标准、完善科研机构评估制度，统筹科技评价工作，优化科技评价机制，基本形成适应创新驱动发展要求、符合科技创新规律、突出质量贡献绩效导向的分类评价体系；发挥好评价指挥棒和风向标作用，为科研人员和机构松绑减负，营造潜心研究、追求卓越、风清气正的科研环境。二是落实科研机构在人才使用和评价、经费使用、学术研究方面的自主权。建立决策、执行和监督三位一体的管理体制，减少对科学研究的行政化干预；积极推动职称评审和职业资格准入改革，合理下放职称审批权限，尤其是高级职称的评审权。三是建立完善的学风和作风调查监测平台。依托科技工作者调查网络等调查平台对学界的学风作风形成有效的检测机制，及时了解科技界的文化氛围；相关监管机构根据其信息制定相应的政策与措施。四是鼓励学术争鸣，激发批判思维，提倡学术自由，学术研究中要尊重科学家个性；重视自由探索价值，建立鼓励创新、宽容失败的容错纠错机制。

5. 完善科技奖励制度，发挥创新价值的导向作用

一是鼓励社会机构和团体积极设立国际性的科技奖励，打造具有全球影响力的科技大奖。积极邀请和吸收海外评审专家，保障获奖者和获奖成果的国际认可度，提高和加强科技人员在中国甚至世界范围内的社会和科学界的地位，更要激发年轻人对科学的热爱、对科学的追求，提高整个社会对科学的重视。二是重点突出科学共同体的作用，引导和规范社会力量设奖。对于学会、科技社团等社会力量而言，在充分发挥科学共同体作用的前提下，合理发掘奖项发展空间和潜能，提高奖励质量，扩大奖项学术和社会影响力，不断探索科技奖项的可持续发展模式。三是建立公平规范的运作机制。保证奖励资金来源的多元化，行政力量和设奖机构不得干预奖励的评审和决定，保障奖励运行的独立性；获奖推荐人和评审委员会的产生和构成要符合规范性的原则，严格保密推荐人信息；扩展评审专家来源，扩大评审专家数量；突出小同行评审，将该环节作为奖励评审的核心环节，获奖候选人的产生要充分体现同行的认可，保障同行评议的权威性；完善推荐提名制，采取背靠背的同行推荐机制，减少奖励运作空间，保障奖励评审的公平性和公正性；为防止利益输送和保障奖励的公信力，应设立独立于评选委员会、平行或高于评选委员会的监督委员会，建立和完善监督和异议处理机制，行使监督的职责。

6. 厚植创新文化土壤

一是增进全社会对创新活动的理解，使科学技术工作者成为具有吸引力的职业，使人民理解创新，崇尚创新，并宽容失败。支持各类媒体打造科技精品栏目，积极选树、广泛宣传基层一线科技工作者和创新团队典型，营造尊重人才、尊崇创新的舆论氛围。鼓励科技工作者与媒体开展合作、与公众进行交流，促进公众参与、理解科学。

二是在自然科学领域研究项目资助中嵌入创新文化研究任务，提升科技创新的文化负载力。加大自然科学基金和社会科学基金等对创新文化研究的支持力度，重点支持科技创新与人文、社会科学等交叉学科领域的理论和实践研究，构建科学精神和工匠精神的理论体系和科学方法；支持开展创新文化监测评估；密切关注科技发展世界潮流和时代需求，紧跟发展动向，研究在人工智能、大数据、基因工程等科技发展背景下面临的新的科技伦理等方面的问题，并就创新文化相关问题进行前瞻性研究，随着科技创新的进步，引导公众了解科技发展趋势，树立科学的发展观、价值观。

三是加强创新教育体系建设。鼓励扶持有条件的媒体、高校、科研机构、企事业单位、全国学会协会等在全社会建设创新文化与科学文化教育研究基地；推动科学精神进校园、进课堂，引导学生正确认识我国传统文化与科学文化之间的关系，促进创新文化的自觉形成；加强公共文化基础设施免费开放力度，将承载和输出创新文化列为公共文化基础设施评估的重要指标；依托科技馆、国家重点实验室、大型科学装置进行创新文化的内容挖掘和公众传播，发展创新中心、体验中心等新型创新文化载体，建设一批科学家精神教育基地。

创新文化与创新生态建设要以习近平新时代中国特色社会主义思想为指导，认真落实习近平总书记关于创新文化与创新生态建设的重要论述和重要指示精神，统筹推进"五位一体"总体布局，协调推进"四个全面"战略布局，坚持创新是引领发展的第一动力，大力推进以科技创新为核心的全面创新。将加强创新文化与创新生态建设作为新时代科技发展战略要务。通过全社会长期的不懈努力，创新文化与创新生态的体制机制进一步优化完善，创新文化深入人心，创新主体活跃高效。科学精神得到充分弘扬，学术生态健康完善，环境包容理性，社会氛围创新友好。

以北京科创中心建设推进
国际科技创新合作

方力 *

* 北京市科学技术研究院党组书记，研究员。

习近平总书记在庆祝中国共产党成立 100 周年大会上发表的重要讲话中指出："以史为鉴、开创未来，必须坚持和发展中国特色社会主义。"同时强调，"新的征程上，我们必须坚持党的基本理论、基本路线、基本方略，统筹推进'五位一体'总体布局、协调推进'四个全面'战略布局，全面深化改革开放，立足新发展阶段，完整、准确、全面贯彻新发展理念，构建新发展格局，推动高质量发展，推进科技自立自强"。科技自立自强是国家进步和社会发展的根本动力，也是新时代推动经济建设、政治建设、文化建设、社会建设、生态文明建设的必然要求。在加快形成以国内大循环为主体、国内国际双循环相互促进的新发展格局背景下，推进国际科技创新中心建设是实现高水平科技自立自强和社会主义现代化强国的必经之路，有利于增强我国同世界各国和平合作、互学互鉴、互利共赢的精神境界，打造命运共同体和利益共同体，不断为推动全球经济复苏和促进世界经济发展提供"中国理念""中国机遇""中国方案""中国行动"。

习近平总书记在中国科学院第二十次院士大会、中国工程院第十五次院士大会、中国科协第十次全国代表大会上的重要讲话中明确提出："构建开放创新生态，参与全球科技治理。"这就要求我们以全球视野谋划和推动创新。而国际科技创新中心是攻克关键核心技术、加强原创性引领性科技攻关的力量核心区，推进国际科技创新中心建设则是落实以全球视野谋划和推动创新的关键环节。支持北京建设国际科技创新中心是党中央、国务院立足新发展阶段、贯彻新发展理念、构建新发展格局作出的重要战略部署，是新时代实现高水平科技自立自强、培育高能力国家战略科技力量、建设高质量科技强国的重要战略支撑。一方面，加快推进北京国际科技创新中心建设，着力提升全球创新力、竞争力、辐射力、凝聚力，打造世界科技人才新高地，切切实实支撑我国建设高水平科技强国，这是时代赋予首都北京的历史使命、历史责任、历史担当。另一方面，加快推进国际科技创新合作进程，不仅为世界各个国家和地区提供深受欢迎的国际公共产品和国际公共服务平台，还要为人类科技进步、世界经济发展贡献中国力量和中国智慧。

2021年11月24日，北京市人民政府正式发布了《北京市"十四五"时期国际科技创新中心建设规划》，该规划为北京国际科技创新中心建设绘就了发展蓝图，明确了发展目标愿景；为北京切实支撑好科技强国建设，更好地向世界展示科技创新"中国贡献"明确了发展方向；为全方位加强北京同世界各国科技合作交往，成为全球创新网络重要节点提供了发展动力。

一、北京国际科技创新中心建设的战略意义

习近平总书记在向2021中关村论坛视频致贺时指出："当前，世界百年未有之大变局加速演进，新冠肺炎疫情影响广泛深远，世界

经济复苏面临严峻挑战，世界各国更加需要加强科技开放合作"。强调"通过科技创新共同探索解决重要全球性问题的途径和方法，共同应对时代挑战，共同促进人类和平与发展的崇高事业"。科学技术是第一生产力，也是人类社会不断发展进步的第一动力。当代是各国利益休戚与共、命运紧密相连、人类社会团结合作共同应对其所面临全球性的挑战的时代，当今世界比以往任何时候都需要科学技术，只有坚持不断推动科技创新、提高科学技术水平，着力构建人类命运共同体，才能共同解决全球面临的不稳定性不确定性突出问题，共同解决世界经济增长动能不足、贫富分化日益严重、地区冲突此起彼伏等问题，共同解决网络安全、重大传染性疾病、气候变化等非传统安全威胁蔓延问题。

中国科技进步，则世界科技进步。据 2021 年世界知识产权组织（WIPO）发布《全球创新指数报告 2021》显示，中国排名全球第 12 位，较上年上升 2 位。报告高度评价中国在创新方面取得的进步，在世界创新水平增速普遍放缓之际，中国创新水平不断提高，创新韧性也不断增强。《世界知识产权组织统计数据库》显示，2008 年金融危机以来，美国等西方发达国家创新水平遭受较大负面冲击，而我国自党的十八大以来，国际 PCT 专利申请数量明显上升，在 2008—2019 年间，由 6119 件增至 59050 件，并于 2019 年超过美国跃居世界首位。同时，我国 PCT 专利申请量年均增长率高达百分之十几，也远高于世界其他国家，表明我国创新活力、动力十分充足，彰显了世界创新核心区域逐渐东移，凸显了我国创新水平、创新能力对世界创新的引领力、贡献力以及辐射力。因此，面向过去、面向现在，面向未来，中国一直同世界各国一道，为促进经济繁荣发展消除贫困，为维护和谐稳定消除分歧，为加强交流合作消除隔阂，不断推动建设新型国际关系和推动共建"一带一路"高质量发展，始终践行着努力构建合作共赢的伙伴关系，致力于推动全球科技创新协作，与全世界一道携手提高科学技术水平，推动世界科技进步。

《中国国家知识产权局（SIPO）专利数据库》显示，无论是北京市专利授权量还是专利授权量占比，均占据我国主要城市的首位。其中，2006—2019 年间，北京市专利授权量由 4019 件增加到 26030 件，北京市成为我国技术创新的中坚力量，占据我国创新的主要地位。近年来，北京在新技术产品（服务）认定、应用场景建设、助企惠企科技创新、国际科技创新中心建设等方面持续发力，科技创新综合实力显著增强。《2022 年北京市政府工作报告》显示，在 2021 年，北京市研发投入强度高达 6% 以上，每万人发明专利拥有量 183.1 件，位居全国第一；截至 2021 年年底，北京市高新技术企业高达 2.9 万家，占全国的 10.3%，科技创新对北京高质量发展的支撑作用进一步凸显；北京在国家实验室建设、综合性国家科学中心建设、新型研发机构建设、创新联合体建设等方面取得突出成绩，为打造国家战略科技力量贡献了北京力量。未来，北京还将打造以新一代信息技术和医疗健康为"双动能"的高精尖产业，为北京市数字经济发展注入新动能。因此，北京作为我国的首都，秉承着开放、包容、合作、共享的态度，以最为雄厚的科技基础、最为集聚的创新资源、最为活跃的创新主体的方式不断吸引全球创新资源，努力打造国际科技创新中心。

第一，新一轮科技革命和产业变革，有利于首都发挥促进国际科技创新合作先锋示范作用。当今世界正处于百年未有之大变局，全球问题纷繁复杂，新冠疫情暴发更是造成全球性的巨大影响，国际关系与国际秩序已面临解构与重构，国际社会的问题矛盾愈发凸显，不稳定、不确定因素激增，世界经济面临巨大风险挑战。面对经济下行压力，全球治理博弈愈演愈烈，单边主义、逆全球化在国际社会不断呈抬头之势，多边治理难以达成，世界和平与发展受到巨大阻力，美西方国家所挑起的贸易、科技、金融、文化、意识形态等领域的争端、冲突继续向更深层次、更广领域蔓延。新一轮科技革命和产业变革催生了新的国际格局，科技竞争更趋白热化，尤其是大国在科技领域竞争加剧。在"技术冷战"不断升温的局势下，面对如此复杂的国际形势，要应对好来自新一轮科技革命和产业变革的风险与挑战，我们必须加强国际科技创新合作。推进北京国际科技创新中心建设，着力加强原创性、引领性科技攻关，不仅是切切实实地支撑我国建设高水平科技强国的必经之路，还是首都发挥促进国际科技创新合作先锋示范作用的重要体现。

第二，新发展阶段，有利于首都笃定促进国际科技创新合作的国家站位。正确认识经济社会发展的历史方位和所处的发展阶段是科学分析社会主义初级阶段基本特征、深刻把握国内国际发展大势的重要方法，是坚持马克思主义历史必然性和发展阶段性相统一的基本根基，是科学分析社会主义初级阶段的动态发展过程的理论依据，是苦苦探索现代化和民族复兴之路的经验总结，也是经济快速发展和社会长期稳定的重要基础。新发展阶段面临新的发展环境。建设北京国际科技创新中心，笃定首都促进国际科技创新合作国家站位，将有力有效应对世界之变、时代之变、历史之变。新发展阶段面临新的社会主要矛盾。建设北京国际科技创新中心，笃定首都促进国际科技创新合作国家站位，从首都建设角度全面解决高品质高质量的美好生活需要和不平衡不充分的发展问题。新发展阶段面临新的奋斗目标。建设北京国际科技创新中心，笃定首都促进国际科技创新合作国家站位，从首都建设角度稳步开启社会主义现代化建设新征程。建设北京国际科技创新中心，笃定首都促进国际科技创新合作国家站位，是在新发展阶段深入认识和把握、遵循和运用发展规律创造新的更大奇迹的必然要求。立足中华民族伟大复兴的战略全局和世界百年未有之大变局，必须牢固坚持建设北京国际科技创新中心，笃定首都促进国际科技创新合作国家站位，充分和继续发挥好新型举国体制优势，激发和释放更为广泛的创造力、创新力和能动力，为推动经济社会全面进步、增加人类福祉作出新的更大贡献。

第三，新发展格局，有利于北京凸显促进国际科技创新合作的首都定位。建设北京国际科技创新中心，凸显促进国际科技创新合作的首都定位，是首都应对新的发展阶段、新的历史任务、新的环境条件、新的比较优势的重要手段，也是首都能更好地适应经济的需求结构、产业结构、技术体系和关联方式等发展变化的"重要法宝"，更是首都加快构建新发展格局的重要保障。习近平总书记指出："科学技术从来没有像今天这样深刻影响着国家前途命运，从来没有像今天这样深刻影响着人民幸福安康。我国经济社会发展比过去任何时候都更加需要科学技术解决方案，更加需要增强创新这个第一动力。"建设北京国际科技创新中心，凸显促进国际科技创新合作的首都定位，能够有效回应我国社会主要矛盾发展变化带来的新特征新要求新任务，能够有力应对错综复杂的国际环境带来的新问题新挑战新风险，能够重新塑造我国国际经济合作和竞争新优势。建设北京国际科技创新中心，凸显促进国际科技创新合作的首都定位，将赋能全面塑造发展新优势、加速破除制约经济循环的制度障碍，为推动系统性、全局性、深层次变革提供战略保障，为畅通以国内大循环为主体提供基础保障，为打开国内国际双循环相互促进提供现实保障。

第四，现代化建设新征程，有利于首都彰显促进国际科技创新合作的百善标准。当前，我国科技实力正在从量的积累迈向质的飞跃，从点的突破迈向系统能力提升，科技创新硕果累累、成效显著。在当今中国，创新驱动的重要性更加突出、意义更加重大。习近平总书记强调要"构建开放创新生态，参与全球科技治理""激发各类人才创新活力，建设全球人才高地"。在推进现代化建设新征程上，既要抓住有利机遇、乘势而上，亦应敏锐察觉其中充满不确定性不稳定性，立足开启社会主义现代化建设新征程，锚定原始创新能力、创新体系整体效能、科技创新资源整合、科技创新力量布局、科技投入产出效益、人才结构、评价体系等，坚定实施创新驱动发展战略。以建设北京国际科技创新中心，彰显首都促进国际科技创新合作的百善标准为抓手，紧盯重点、难点、卡点、堵点，下大力气、花苦功夫，着力推动国家创新体系完善、加快科技强国建设、实现高水平高科技自立自强。

二、北京国际科技创新中心建设的着力方向

支持北京建设国际科技创新中心也是党中央、国务院立足时代特征和现实需要，综合研判国内国际新形势新变化作出的重大决策，有着深刻的战略考量。一方面，我们要深入学习、认真领会，紧紧围绕党中央、国务院赋予北京的科技战略定位和发展目标，确保朝着科技自立自强正确方向前进。另一方面，我们必须深入贯彻习近平总书记向 2021 中关村论坛视频致贺的重要讲话精神，扎扎实实推进"以更加开放的态度加强国际科技交流，积极参与全球创新网络，共同推进基础研究，推动科技成果转化，培育经济发展新动能，加强知识产权保护，营造一流创新生态，塑造科技向善理念，完善全球科技治理，更好增进人类福祉"。

第一，突出国际交往中心功能，加强国际科技交流合作。推动强化国际交往中心功能建设是服务国家总体外交大局的重要载体，也是深化国际科技交流合作的重要桥梁。北京要以更加开放的态度建设国际交往中心，打造国际交往活跃、国际化服务完善、国际影响力凸显的国际交往之都。依托国际交往中心，推动建设北京国际市场体系、国际产品体系、国际科技体系，不断降低国际资本流动、跨境贸易结算、海外融资服务、国际科技交流的成本，加快首都同全球资金、信息、技术、人才等要素交流步伐，加快打造国际科技创新中心的步伐。《北京市国民经济和社会发展第十四个五年规划和二〇三五年远景目标纲要》提出："要适应我国日益走近世界舞台中央的新形势新

要求，强化中国特色大国外交核心承载地功能，优化国际交往环境建设，推动更高水平、更深层次、更高质量的开放合作。"这要求我们必须充分把握对外交往战略，拓宽对外交往渠道，创新对外交往方式，搭建对外文化交往平台，提升对外交流合作能级，推动建立全球互联互通伙伴关系，打造深化对外交流合作新局面。同时，要坚持优化国际交往空间布局，加强国际交往重要设施和能力建设，全方位营造国际化服务环境，全面提升国家的主场外交和重大的国事活动保障能力与服务水平。

第二，依托自贸试验区，嵌入全球创新网络。开放平台是打造特殊经济功能区的重要场所，也是嵌入融合全球科技创新网络的重要方式。北京要以开放平台为抓手，充分发挥中国（北京）自由贸易区试验区，开放平台优势，更好地发挥"试验田"作用，深入嵌入全球科技创新网络。依托开放平台，探索制度开放试点经验、寻求创新监管建设模式，积极推动国际科技创新中心建设，提升投资便利化程度及整体竞争力和影响力。《北京市国民经济和社会发展第十四个五年规划和二〇三五年远景目标纲要》提出："持续加强国际科技创新合作，深度融入全球创新网络，吸引全球优质创新资源，打造更加开放的创新体系。"我们要加快创新基地建设，打造国际化创新产业集群。依托创新基地，打造符合国际标准的核心组件、满足国际要求的高端产品、适应国际发展趋势的创新标准，以此提高产业集群国际分工协作程度，推动构建国际科技战略合作新关系。同时，要坚持"引进来"和"走出去"的战略方式推动开放创新、创新合作，开展国际化科技交流活动，鼓励和支持成立国际性学术自由联合组织，设立科技合作平台和非营利性科技研发机构，还要联合组建海外科技中心，打造创新型企业国际化发展服务平台。

第三，夯实科技创新主平台主阵地，共同推进基础研究。自主创新是建设国际科技创新中心的基本根基，而夯实创新主平台主阵地则是推动自主创新发展的重要基础。以加快国家级国际科学中心、实验室建设为抓手，牢牢夯实科技创新主平台主阵地，有助于促进全球人才、技术和资金等要素高度集聚、自由流动、优化配置，有序开展全球科技协同创新；有助于推动国际科学研究、学科体系建设、创新体系建设、创新治理体系建设的协同合作；有助于提升关键技术研发速度，共同推进基础研究。《北京市国民经济和社会发展第十四个五年规划和二〇三五年远景目标纲要》提出："落实'三城一区'规划蓝图，高举中关村创新改革旗帜，高质量打造科技创新中心主平台主阵地。"面向未来，我们要聚焦新型研发平台建设，强化基础前沿布局；加速推进科技创新功能区建设，提升科技创新生态效能；加快落地一流重大科技设施平台集群，强化创新要素集聚；联合创新主体开展前沿技术研究，加快突破重点领域技术创新。

第四，协调科技战略合作，营造一流创新生态。政府是实现协调科技战略合作的主体。一方面，转变政府职能有利于强化重大科技制度创新，推动科技创新合作政策无缝衔接。另一方面，创新政府服务管理方式有助于优化重大科技建设、投入、运行、转化机制，创造一流创新生态，推动国际科技创新合作新机制不断完善和发展。《北京市国民经济和社会发展第十四个五年规划和二〇三五年远景目标纲要》提出："加快建立与科技创新发展要求相适应的体制机制，着力破除制约创新的障碍和制度藩篱。"我们要强化科技创新中长期战略谋划，完善科技创新政策体系，畅通科技成果转移转化渠道，打造科技应用场景；也要完善国际科技创新中心时空联动机制，创新首都科技平台运行机制，健全国际科技创新中心建设统筹协调机制；还要优化立项、组织、申报、评审与决策机制，完善科技创新评价机制，形成更加灵活高效的科研项目管理机制。

第五，加强创新战略力量建设，提升全球科技治理能力。创新人才是推进国际科技创新合作的第一资源，是提升全球科技治理能力的基础保障。只有不断健全创新人才体制机制，不断完善创新人才支撑体系，不断优化创新人才制度环境，增强创新人才的国际竞争力、发现吸附力、引进塑造力、留用创造力，最大限度激发人才活力，加快形成多层次创新人才梯队，为我国科技事业发展、建设世界科技强国、推动全球科技治理能力现代化提供源源不断的智力支持和宝贵财富。《北京市国民经济和社会发展第十四个五年规划和二〇三五年远景目标纲要》提出："强化支撑政策，打造人才高地激发创新活力。"这要求我们健全人才发现机制，完善创新人才支持配套政策，集聚全球顶尖科研人才，也要求我们建立青年人才储备和支持机制，大力吸引培育青年人才，还要求我们完善科技人才评价体系，充分激发人才创新活力，更要健全创新人才服务体系，优化人才服务管理。

三、北京国际科技创新中心建设的重大举措

我们要认真深入学习贯彻习近平总书记在庆祝中国共产党成立100周年大会上的重要讲话精神，遵照党中央、国务院的重大指示，团结一心、共同奋斗，不断推进科技自立自强，全面构建新发展格局，实现全面高质量发展之大计。《北京市"十四五"时期国际科技创新中心建设规划》明确提出，推进北京国际科技创新中心建设是关乎"国之大者"，也是北京融入新发展格局"五子"联动的关键一子。为此，应当认认真真落实"五子"发展规划，要率先建设国际科技创新中心，推动北京在创新发展中勇当开路先锋；要着力抓好国家服务业扩大开放综合示范区和中国（北京）自由贸易试验区"两区"建设，打造北京改革开放的新高地；要全力建设全球数字经济标杆城市，培育壮大北京经济增长新动能；要以供给侧结构性改革引领和创造新需求，打造国际消费中心城市；要深入推动京津冀协同发展，打造北京具有国际竞争力的经济增长极。

第一，形成全球创业投资中心，打开建设国际科技创新中心新局面，彰显北京作为科技自立自强高质量的主场担当。矢志不渝推动共建"一带一路"高质量发展，继续健全"一带一路"双边和多边合作机制、畅通"一带一路"经济走廊、共创开放包容的人文交流新局面、加快提升投资自由化便利化、深化项目合作扩大产业投资，形成全球创业投资中心，不断提升企业"一带一路"参与度。同时，加强同"一带一路"沿线国家的金融合作、科技合作、贸易合作、货币合作、文

化合作、产业合作的力度，不断增强同"一带一路"与双循环融合区的紧密联系程度，为推进国际科技创新中心建设创造有利条件，为加强国际科技创新合作提供契机和创新生态。未来，北京应当强化以首都政治中心、首都经济中心、首都文化中心参与"一带一路"建设功能，北京作为推动"一带一路"倡议主场地区，结合四个中心城市定位和依托首都的特殊重要地位参与建设，打造新时代首都国际科技创新中心建设的重要主战场。

第二，试点数字经济试验区，打造全球数字经济标杆城市，彰显北京作为科技自立自强高水平的主流担当。重点面向云计算、大数据、区块链、物联网、智能设备、移动支付等新一代信息技术，面向集成电路、芯片、生物医药、发动机、精密仪器、人工智能、航天航空、高端装备、高精度机床、新材料等装备制造产业，面向金融投资、风险管理、科技服务等重要产业，着力打造数字经济试验产业区，形成数字贸易、数字文化、数字商务、数字医疗、数字物流、数字金融等核心功能区，打造经济创新引领示范区，从而提高产业之间的黏合度，推动优势产业链集群式发展，实现高水平的北京科技自立自强。未来，依托《北京市促进数字经济创新发展行动纲要（2020—2022年）》《北京市关于打造数字贸易试验区实施方案》《北京国际大数据交易所设立工作实施方案》等重要纲领性政策文件，立足中关村软件园、国家数字服务出口基地、朝阳金盏国际合作服务区、自贸区大兴机场片区，北京将分别打造"数字贸易港"和数字经济新兴产业集群、数字经济和贸易国际交往功能区、数字贸易综合服务平台，成为全国乃至全球数字经济发展的先导区和示范区，加快北京融入全球创新网络的步伐。

第三，以"两区"建设为重要抓手，打造国际创新基地，彰显北京作为科技自立自强高标准的主力担当。一方面，以"两区"建设为主阵地，塑造国际创新基地，对接北京国际科技创新中心建设基地需求。着力推进国家实验室建设，围绕基础前沿、关键共性、社会公益和战略高技术开展跨学科、大协同和全链条创新攻关，强化国家实验室创新引领力，打造原始创新突破的关键力量。布局一流、重大科技基础设施集群，成立重大科技基础设施联盟，构建国际科技合作交流网络，加快综合性国家科学中心战略步伐。持续在知识产权、经费使用等方面加大改革力度，建设世界一流新型研发机构。完善院所高校企业政府创新平台共建共享机制和常态化对接机制，促进重大科技成果产出并落地转化，全面提升院所高校创新能力，提升高校科技创新水平和创新资源溢出带动能力，从而推动基础研究水平迈向新的台阶。另一方面，创建全球科技创新实验室，形成自贸试验区全球创新智库。加快国家服务业扩大开放综合示范区和中国（北京）自由贸易试验区科技创新实验室建设，整合科技创新智力要素，为全球创新链构建提供咨询服务、研究报告和反馈服务，提升全球创新链建设的国内外影响力。

第四，践行科学技术体制机制创新改革先行示范区，引领供给侧结构性改革，彰显北京作为科技自立自强高效率的中心担当。全面推进科学技术体制机制创新和先行先试改革。一方面，加强科技创新体制机制改革顶层设计，建立科技创新体制机制改革协调小组，实现改革工作部门间、部门内有效联动，协调推进国际科技创新中心建设中的战略规划制定、重点任务布局、组织机构设置、运营管理机制、风险防范处置等跨层级、跨领域、跨部门重大事项。例如，扎实推进以怀柔综合性国家科学中心为核心的北京"三城一区"管理体制机制创新，依照权责利统一的原则，分区域、分步骤、分批次依法推进审批权限赋权和行政权力下放。另一方面，建立以信用为核心的新型监管机制，逐步推动实现科技创新的商品和要素向科技创新制度开放转变。同时，以大数据、物联网、人工智能、区块链等新技术为支撑，推动互联网＋政务的场景创新应用，为引导企业参与国际创新合作和全球创新链建设提供政务服务支持。此外，北京也要不断加强数字政府建设，争当创新政府治理理念和方式、打造数字治理新格局的试点城市先锋，为持续强化北京科技创新中心建设提供高效率高质量的政务服务。

第五，加快多层次创新人才队伍建设，强化科技创新战略力量，彰显北京作为科技自立自强高能力的主体担当。当前，在世界百年未有之大变局和新冠肺炎疫情全球大流行交织影响之际，我国新冠肺炎疫情防控和经济社会发展各项任务对科技创新的需求比过去任何时刻都更加迫切，对科技创新人才的渴求比过去任何时候都更加迫切，对科技创新战略力量的建设比历史上任何时期都更加迫切。面向未来，我们必须牢固树立人才是第一资源的理念，加快培养造就大批爱党爱国、坚持科研报国的创新人才步伐。以国际视野的战略眼光，以高校、科研院所为主要载体，健全引才引智机制和科技管理机制，完善绩效评价与收入分配激励机制，支持和鼓励培育造就战略科技人才、科技领军人才、卓越工程师、青年科技人才和高水平创新团队。首先，同国际科技创新合作人才需求相结合，集聚全球顶尖人才，对接北京科技创新中心人才队伍建设。建立高水平顶尖级科技专家信息系统，实现在全球范围延揽急需紧缺顶尖创新人才发现机制。设立创新学科研究基金，吸引高素质、高技能的创新学科专业人才从事科学研究，为科技创新发展提供研究人才支撑。建立创新实践基地，以联合培养模式，共建产学研实践应用基地，并委托开办定向专业和加强在职培训，建立创新人才储备库，为国家服务业扩大开放综合示范区和中国（北京）自由贸易试验区输送科技创新人才，实现在全球范围延揽急需紧缺顶尖创新人才培养留用机制。其次，不断推进科技人才评价体系和评价制度完善，不断建立健全创新人才收益分配机制，加大青年优秀创新人才选拔培养和支持力度，充分激发人才创新活力，增强自主创新主动性和积极性。同时，不断完善创新人才发展监测评价指标体系，为加快形成多层次创新人才体系提供服务保障。最后，抓住北京塑造国际中心城市契机，牢牢锁定来京出席主场活动的国家政要、高端智库、国际科技创新组织与国际学术研究组织及负责人等主流机构和人群，精准开展国际科技创新合作交流，吸引来华来京的各国主流科技创新学术研究与社会实践人群，发挥来京外国科技创新工作者数量多、层级高、影响大的优势，提升北京国际科技创新中心战略力量能级，使其成为国际科技创新合作最重要的主体之一。

科学技术与健康——在何处发力？

韩启德[*]

* 中国科学技术协会名誉主席，中国科协—北京大学科学文化研究院院长，中国科学院院士。曾任全国人大常委会副委员长、九三学社中央委员会主席等职。

现阶段医疗技术（注意不是科学技术）的发展对全民健康的贡献相当有限。图 10-1 体现了世界人均期望寿命和人均 GDP 的变化趋势。下面的线反映了从 1870 年到现在的人均 GDP，上面的线则反映了从 1770 年到现在的人均期望寿命。由此可见这两条曲线非常匹配，是相伴相行的关系，说明全人类的健康和经济社会发展密切相关。大家也已经取得共识，经济社会的发展，尤其工业革命以后，与科学技术的发展紧密相关。

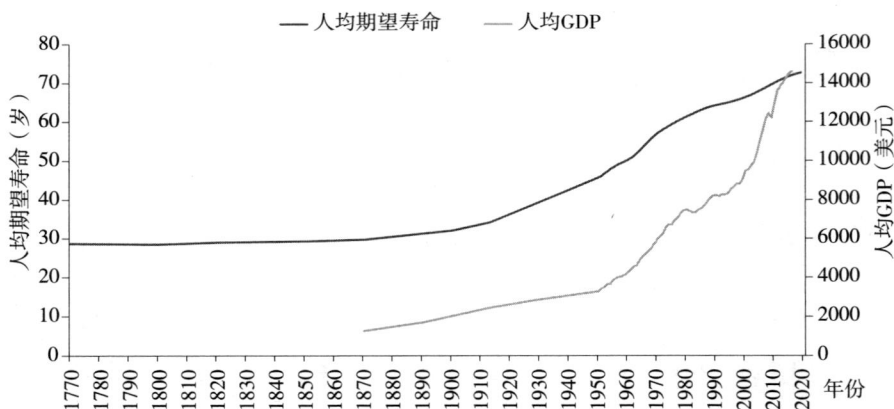

图 10-1　世界人均期望寿命与人均 GDP 变化趋势（1770—2020 年）

图 10-2 显示的是自人类文明以来，即从农牧文明到现在，科学技术发展和全球人口变化的情况。从第二次农业革命到工业革命之

后，全球人口数量急剧上升。

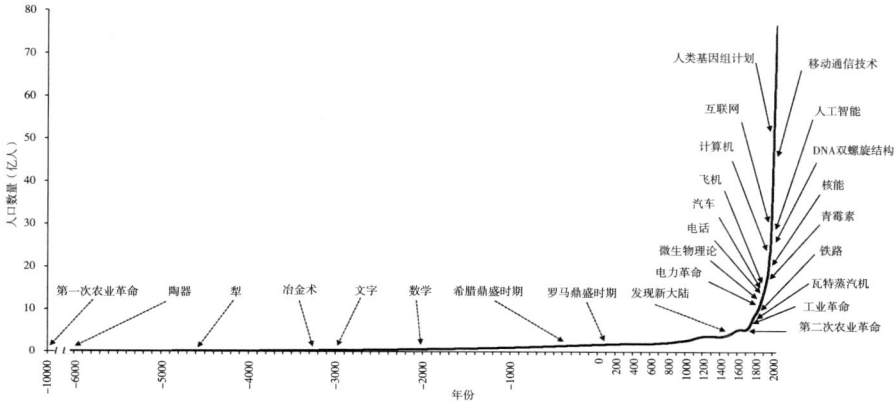

图 10-2　从第一次农业革命到 2000 年，科学技术发展和
全球人口变化情况示意图

　　这张图是诺贝尔经济学奖获得者福格尔（Fogel）提供的，展示了人类主要的科学技术节点，特别是技术发展的关键节点。人口增长越来越快，也在很大程度上反映了我们的健康状况。他甚至用了"技术胜利演变"这个名词，即第二次农业革命、工业革命使得我们人类的平均体型（包括身高、体重）从 1880 年以来增加了 50%，平均寿命延长了 1 倍，1800 年以后人口的增长是历史长河中总数的 4 倍。科学技术，包括医学技术、医疗，在 19 世纪 70 年代以后取得了爆发性的进展。这为提高人类的健康水平和减轻人类的疾病痛苦发挥了巨大的作用。

　　从 1796 年发明的第一个疫苗——天花疫苗到现在，大量疫苗的成功研制、不断发展减少了传染病（见表 10-1）。此外，影像技术的发展提高了诊断技术。从 X 射线的发现到现在 CT、PET、PET-CT、磁共振等，人类可以透过体表看到内部的脏器结构及其变化。

表 10-1　自 1796 年以来大量疫苗研制成功

时间	疫苗名称	时间	疫苗名称	时间	疫苗名称
1796	天花疫苗（牛痘）	1926	百日咳疫苗	1962	脊髓灰质炎口服疫苗
1879	霍乱疫苗	1932	黄热病疫苗	1964	德国麻疹疫苗
1881	炭疽疫苗	1937	伤寒疫苗	1967	腮腺炎疫苗
1882	狂犬病疫苗	1945	流行性感冒疫苗	1970	玫瑰疹疫苗
1890	破伤风、白喉疫苗	1952	脊髓灰质炎疫苗	1974	水痘疫苗
1896	伤寒热疫苗	1954	流行性乙型脑炎疫苗	1977	肺炎疫苗（肺炎双球菌）
1897	鼠疫疫苗	1957	腺病毒疫苗	1978	脑膜炎疫苗（脑膜炎双球菌）
1921	卡介苗	1960	麻疹疫苗	1981	乙型肝炎疫苗

与之相应的是外科技术的发展。自从麻醉和消毒问题解决以后，外科不断地发展。我们发现身体里面有疾病的所有地方都可以通过外科手术切除、更换甚至移植。显微外科、器官移植、微创外科，一直到现在开始用机器人手术，科学技术不断地推动治疗技术的进步。

对内科来讲，进步主要是用药。从水杨酸与阿司匹林开始，即从 19 世纪末开始，人类可以使用化学手段制造药物。青霉素在第二次世界大战时被制造成功并广泛推用，由此开启了生物制药的阶段。因此，现在新药、好药不断产生。

包括人工瓣膜、透析等在内的生物工程技术也飞速发展，人类生殖都可以进行干预，比如利用试管婴儿技术辅助生育。利用干细胞技术可以定向产生我们需要的组织、器官和细胞等，甚至还可以改变人类的基因——不仅是测序，还可以对基因进行消除、转移乃至编制，这些都有望被运用到医学上面。基因诊断、癌症的靶向治疗和免疫治疗都在蓬勃发展中。

在一个多世纪里，这些医学的进步减少了疾病给我们带来的痛苦，为挽救我们的生命发挥了重要作用，这是大家都能够感受到的。但是对于全民健康，这种医疗进步到底占了多大比例、发挥了多大的作用呢？下面我们稍微展开一点讨论。

我选择了最近的时期。2019 年世界各国平均期望寿命代表我们的健康状况，人均 GDP 代表经济社会的发展（见图 10-3）。把世界上的主要国家列出来的话，这条曲线非常漂亮。该曲线分成两个部分，第一部分是人均 GDP 在约 1 万美元以下时，随着人均 GDP 的升高，健康状况急剧改善。人均 GDP 超过 1 万美元以后，这条曲线就变得比较平缓。对此，有很多文章和资料进行了说明。

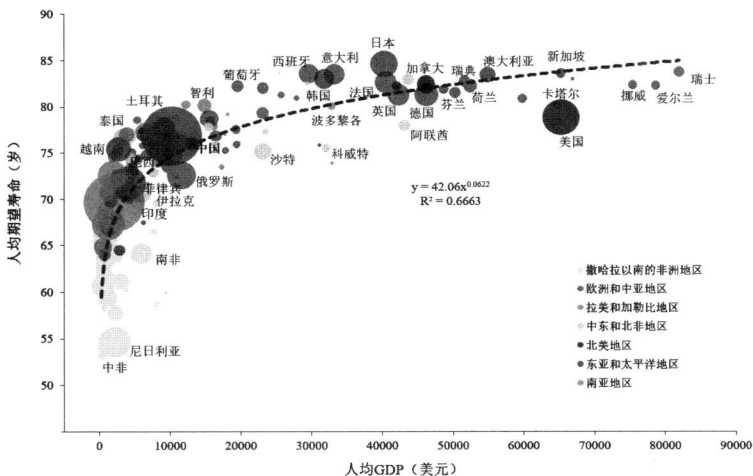

图 10-3　2019 年世界各国平均寿命与人均 GDP 的关系

也就是说，在一定的经济发展范围里，早期由于婴儿、儿童死亡率的下降和传染病的控制，人口的死亡率大大下降，因此平均期望寿命升高。这个过程中，疫苗的接种、抗生素的应用对传染病的控制起了相当大的作用。但是等经济发展到一定阶段的时候，婴儿的死亡率达到 3‰~5‰时，医学技术对婴儿死亡率已经没有多大影响了，这时候主要影响平均期望寿命的是老年人的慢性病。现在的医学技术已经在老年人慢性病的控制方面取得了成效，但相当有限。因此，在人均 GDP 超过 1 万美元以后，技术特别是医疗技术对健康状况的影响要少很多。

还有一件有意思的事。大家可以看到，这是一条拟合曲线，在人均 GDP 达到相当高以后有很多例外。比如大家看一下日本和美国，人均 GDP 美国比日本高一倍，但是日本的平均期望寿命明显高于美国。说明这里面有别的因素在起作用，也就是说社会因素、医疗制度、医疗服务的体制等在发挥相当大的作用。我们挑出美国来看，美国在生物医学研究领域的投入是非常大的，对 NIH（美国国立卫生研究院）的资助经费提高得非常快，维持在很高的水平。在美国，人均医疗支出费用达 9536 美元（2018 年数据），医疗费用总支出占其庞大 GDP 的 19.8%。但是其健康数据，包括平均期望寿命、孕产妇死亡率、儿童死亡率、新生儿死亡率都低于 OECD 国家平均水平。那么高的投入，为什么健康收获那么低呢？如果以人均医疗支出和平均期望寿命的关系来看，美国完全"飞"出了一般规律。因为健康不仅仅取决于医疗卫生服务，很大程度上还取决于生活方式、生活环境、社会环境、经济环境等。

美国在哪些地方做得不够呢？第一，美国的肥胖症人口占总人口的 34.9%，其健康状况就会相应出现问题。第二，青春期性行为。美国未成年少女的怀孕率为全世界最高，是其他国家的 3.5 倍。这不仅会影响其本人的健康，还会给整个社会的健康状况带来影响。第三，过量使用鸦片类的镇痛药。药物依赖造成的死亡和健康问题在美国非常突出。

这是费城不同社区居民的平均期望寿命（见图 10-4）。有富人社区和穷人社区只相差 5 英里（约合 8 千米），也就是几站地铁的距离，但是两个社区居民的平均期望寿命却相差 20 年。可见，贫富差距、社会生活对健康的影响是非常大的。

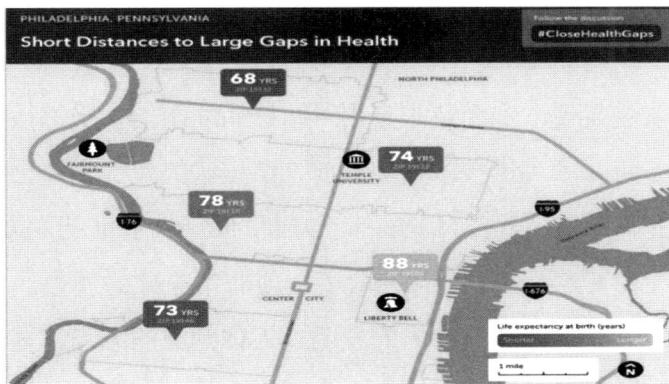

图 10-4　费城不同社区居民的平均期望寿命

图 10-5 对比了一些医疗举措和社会因素对健康的影响。子宫颈涂片检查的频率对预期寿命差异的影响最小，是否筛查乳腺癌对预期寿命差异的影响稍微大一点，血脂、血压、血糖正常与否对预期寿命差异的影响又大一点，但这些因素的绝对影响都不怎么大。影响最大

的都是社会因素，即就业、吸烟、教育、贫富差距。所以从这张图看来，社会因素对健康的影响远远超过生物医学的干预。

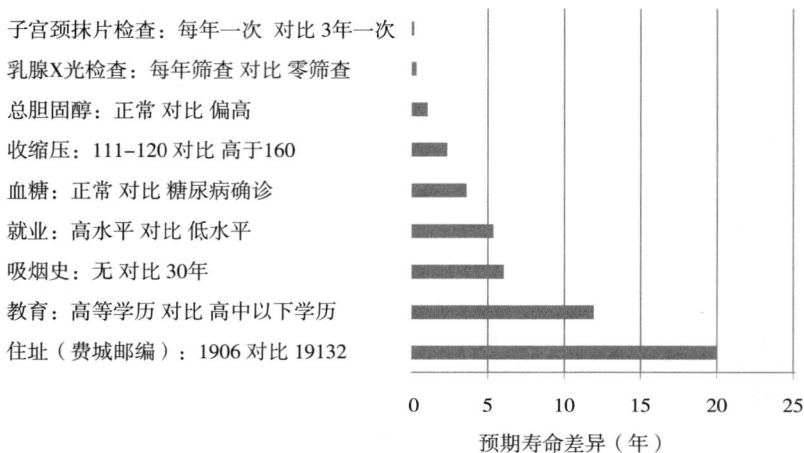

子宫颈抹片检查：每年一次 对比 3年一次
乳腺X光检查：每年筛查 对比 零筛查
总胆固醇：正常 对比 偏高
收缩压：111–120 对比 高于160
血糖：正常 对比 糖尿病确诊
就业：高水平 对比 低水平
吸烟史：无 对比 30年
教育：高等学历 对比 高中以下学历
住址（费城邮编）：1906 对比 19132

0   5   10   15   20   25

预期寿命差异（年）

图 10-5　医疗、社会因素对健康的影响对比图

链霉素的发现、卡介苗的应用对结核病的防治似乎都很有效，但实际上，在每一项关键技术发明以前，结核病的死亡率都已经在明显下降。因此，可能是营养因素或其他方面的因素发挥了更主要的作用。

2007年，《英国医学杂志》做了一项非常充分的调查。他们调查了一个世纪以来所有医学技术的发明对人体健康的影响，发现最重要的因素是卫生，包括营养、饮水、粪便污水处理、居住条件、蚊子的消灭等，个人卫生和生活习惯的作用远远超过其他医疗技术的改进。

总之，在当今时代，不能把提升全民健康水平的希望都依托在医学技术的发展和医疗服务的提供上，全民健康水平更加取决于经济、社会、生活环境和个人生活方式。

从医疗本身、医疗技术来看，值得讨论的是，我们应该把力量放在什么地方。我们要把握正确的医学技术发展方向。

如果把人生看作一个旅途，我们从出生开始登上这趟车，到死亡下车，本来一生都是在这个车里面度过的。每分钟诞生的那么多人，都要在车上经历婴儿、儿童、少年、青年、壮年、老年，然后到死亡下车。这本来是一个正常的旅途，但是这趟车是在风景如画的公路上行驶的，有些人就会禁不住诱惑下车游玩，这就相当于某些不健康的生活方式吸引有些人下了这趟"生命之车"。当然，其中还有部分人会掉在河里面，也就是生病，甚至淹死。当然，这并不能和我们的人生完全吻合，打这个比方主要是想说明，我们现在的医疗把主要力量都放在这条河里了，去救奄奄一息的病人。我的主张是一定首先要把我们的力量用在保障车辆的安全、为车内人服务上面，其次才是不让那些在河边的人掉到河里。所以我觉得重点是要保障车内服务，也就是保障基本医疗。主要包括哪些内容呢？

第一，孕产妇的保健，其中特别重要的是围产期的保健。在北京好医院建档特别难。为什么？因为这些医院对胎儿、产妇的保障跟普通医院真的有差别，包括孕妇叶酸和铁的补充等。分娩镇痛在我国的使用率还没达到 20%，在农村地区更低。分娩疼痛是十级疼痛里面的第十级，痛感是最强的。我们现在完全可以做到减轻疼痛，但是没有得到推广。

第二，不孕不育、出生缺陷。2021 年，5 岁以下的儿童中存在缺陷的还占 5%。这么多年其他方面都在改善，这点却没什么变化。

第三，婴幼儿和儿童的保健，包括合理营养、关注食物过敏、视力健康。

第四，传染病、慢性病、精神疾患的防治。目前我国在阿尔茨海默病、抑郁症、自闭症、帕金森综合征这四大疾病上投入的力量非常少。

另外还有灾难性救护、职业病防治、老年照护，这些都应该列到我们最主要的基本医疗中，但恰恰在这些方面，我们投入的力量是最少的。其中关键的一点就是基层医疗机构的落后。我们医疗服务的体制是不完善的，大家看病都到三级甲等医院，当然这些基本医疗、这些车内服务就无法做好。

接下来是可选择性的"岸边服务"。现在下车的人越来越多，我们没有能力把所有人都看管起来，所以我们只能把快掉到河里的、危险的人劝回去。什么意思呢？举个例子，有高血压的人就是在河边上容易掉下去的那些人。他们得了高血压，虽然没在河里，但有危险。那么，是不是所有有高血压的人都危险呢？我们现在所有有高血压的人都要治疗，都要把血压降下来，不仅医疗成本非常高，还难以全覆盖。高血压人群的冠心病和卒中10年发生风险率要比血压正常的人高3倍，而降压治疗可以降低30%的冠心病和卒中发病率。所以我们现在把降血压作为一个全面的措施。实际情况是，我国高血压人群的冠心病和卒中10年发生风险率是5.6%（非高血压人群为1.4%），降低30%即由5.6%降到3.9%。从绝对数来说，实际意义就是100个高血压患者服用降压药物控制血压，10年内只有1.7个人受益。其他人不仅不受益，还可能存在药物副作用，并加重经济负担。那么，不采用这个措施是否可行呢？事实证明，虽然它的效益不高，但是也没有比它更好的办法。如果从大人群角度来看，降低1.7%也是相当一部分人，所以我们目前还是采用这个办法。

我国高血压患者有 2.9 亿人，高血脂患者有 4.3 亿人。我们的医疗经费有限，效率也很低。我认为，一个办法是提高诊断门槛。美国是降低诊断门槛，原来是高压 140mmHg 以上、低压 90mmHg 以上被诊断为高血压，现在是高压 130mmHg 以上、低压 80mmHg 以上就被诊断为高血压，即高压在 130mmHg 以上就应该治疗了。经过数据调查，我觉得我们千万不能跟随美国。那么，我们是不是可以考虑再适当地提高诊断门槛？但这是很困难的，老百姓不会同意。另外还有一个办法，就在是科学技术上发力，去进一步辨别风险程度。如果把 100 个血压升高者中挑出 90 个风险并不高的人，这 90 个人就不一定要吃药了。其实，吸烟的风险不知道要比高血压高多少，我们又花了多少精力在劝人家不要抽烟呢？总而言之，我的建议是，在目前我国经济社会条件下，我们不一定要把所有在岸边的人都管住，而是要防住最危险的人群。

还有关于癌症筛检。我们人人害怕癌症，所以现在提倡早发现、早诊断、早治疗。如何早发现呢？那就是筛检——健康人群筛检。但健康人群筛检是极其浪费资源而且极其有害的事。癌症有很多种，只有最上面那一种是发展迅速、会导致人的死亡的（见图 10-6）。另外一个极端是癌症发生了以后最终会自己消除，就是最下面这条曲线。还有两种，一种是发展到了一定程度就不发展了，跟人体共存；另一种是发展非常缓慢，到人因其他原因病死了，都没来得及出现症状。也就是说，在这么多情况中，只有在第一种情况下可能有早发现的意义，但是这里面相当一部分人再早发现都已经来不及了，比如胰腺癌，再比如非常恶的脑癌。

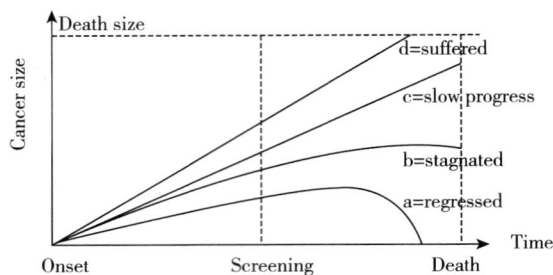

图 10-6　对实施癌症筛检以求早发现早诊断早治疗方针的考量示意图

表 10-2 是一张统计表。用 CT 筛检查出来肺部肿块，烟民 96% 是不致命的，非烟民 99% 是不致命的。筛检出肾脏、肝脏、甲状腺里面的肿块百分之九十九点几都不会在身体里面发展。1993—2011 年韩国开始推广超声检查，甲状腺癌病人增加了 15 倍，但是死于甲状腺癌的人数一点没变，同时却因为手术治疗导致了对健康的伤害。再比如宫颈癌，英国数据显示它的发病率是下降的。但这个下降不是筛检带来的，而是因为人们生育孩子的数量减少了，生育卫生条件也好了。

表 10-2　50 岁男性意外检出的肿块为致命性癌症的概率

器官	CT 扫描意外发现肿块的比例（a）	癌症死亡的 10 年风险（b）	意外检出肿块为致命性癌症的机会（c=b/a）	意外检出肿块不是致命性癌症的机会（d=1-c）
肺脏（吸烟）	50%	1.8%	3.6%	96.4%
肺脏（从不吸烟）	15%	0.1%	0.7%	99.3%
肾脏	23%	0.05%	0.2%	99.8%
肝脏	15%	0.08%	0.5%	99.5
甲状腺（通过超声手段）	67%	0.005%	<0.01%	>99.9%

因此，基于刚才显示的一部分证据，我不主张在健康人群中开展癌症筛检。在人群研究取得一定证据的前提下，可以在适当人群范围内开展癌症筛检，比如 40 岁或 50 岁以上的女性可以定期检查排除乳腺癌。结肠癌到目前最好的一个治疗手段就是早期发现、早期手术，但效率也是相当低的，所以也只需要在危险人群里面开展筛检，比如一定年龄以上，或者有其他家族遗传史等因素。当然，我们不反对临床指向的诊断性检查。这是什么意思呢？就是你察觉有什么地方不对劲，去看病。诊断性的检查，那当然是应该进行的。

生病的人应当如何？早诊断、早治疗，推广适宜技术。如果到了生命不可挽回阶段，就要让人有尊严、尽量少痛苦地离世，要大力发展安宁疗护。

还有非常重要的一点是，我们要区别科学研究和技术应用。现在大量的基因诊断、靶向治疗、免疫治疗、基因治疗等，都还处于研究阶段。我们不能限制研究，要大力发展科学研究。但是当技术应用到人群的时候，我们一定要多方面衡量，包括卫生经济学和伦理，在这些方面进行充分研究后才能推广。

最根本的还是在于要正确地理解生命和医学的本源。要理解人都是要死的，"向死而生"。所谓"永不言弃"和"优雅地跨越生命的终点"是非常不同的。我们要认识疾病和衰老，比如我到了 75 岁不断地出现功能的丢失，这不是病，是衰老，是不可抗拒的，只能乐观对待。我国老年人用药不得了，很多人每天服药七八种，甚至十几种。药物都存在可能的副作用，必须慎用。我们还要区别疾病和疾痛，不是所有的病都痛苦，不是所有的痛苦都是疾病带来的。医学技术还带来非常多的伦理困境需要我们去处理，人的生命和其他生命都要受到正确对待。因此，我们现在提出"one health"（全健康、一健康）。不仅对人的生命，对病毒的生命、野生动物的生命，我们都要正确地对待，对环境给人类健康带来的影响，也要给予更大的重视。

总之，要不忘医学初心。医学是对人类病痛的回应，是情感和人性的表达，其根本任务在于维系人类自身价值和保护自身生产能力。科学技术会大大推动医学技术进步，是必不可少的，但是医学不仅仅是科学技术。我们在应用医学技术的时候，一定要多考虑人的价值，考虑社会的公平。

现阶段医疗技术发展对全民健康的贡献相当有限，要把握正确的医学技术发展方向。实际上，《国务院关于实施健康中国行动的意见》已经给我们指出了非常明确的原则，它非常明确地指出要从广泛的健康影响因素入手，以普及健康生活、优化健康服务、完善健康保障、建设健康环境、发展健康产业为重点，把健康融入所有政策，全方位、全周期保障人民健康，大幅提高健康水平，显著改善健康公平。这是高瞻远瞩、正确的决策，我们要全面正确地理解，把它融入我们对健康的所有观点和所有政策中去。

高新产业篇

科技创新与国际生物医药发展

詹启敏[*]

[*]　中国工程院院士，分子肿瘤学家。现任北京大学国际癌症研究院院长、健康医疗大数据国家研究院院长。

一、中国医学发展的时代背景

2020 年年初暴发的新冠肺炎疫情给全球 200 多个国家和地区、整个世界的公共安全带来了巨大的威胁和挑战。这场全球性的公共卫生危机是对世界各国的综合实力和国家治理体系的一次检验，从健康和医学的角度来讲，更是对世界各国健康治理能力、医学发展水平和医学教育质量的一次考验。

自 2020 年疫情暴发以来，中国政府采取了一系列社会应急和公共卫生干预措施，疫情迅速得到了遏制。这坚定了广大中国人民抗"疫"的信心，也为其他国家抗"疫"提供了很好的经验和模式。疫情暴发以来中国政府采取的公共卫生干预措施取得了很好的效果，在一定程度上体现了我国社会应急体系决策的科学化，以及公共卫生应急体系和社会治理体系的有机协同，这一点非常重要。西方发达国家的医疗救治体系、公共卫生应急突发事件体系以及医学教育体系长期以来都是我们学习的典范。中国的医学教育、人才培养相关体系的建设很多是在借鉴西方的医学经验。那么为什么有些西方国家的抗"疫"措施在很长一段时间里没有起到应有的效果？我们认为原因就是其公共卫生应急体系和社会、政府的治理体系是脱节的。在中国，这两个体系高度、有效结合，所以获得了巨大的成果，很好地体现了中国的政治优势、制度优势和文化优势。

这次疫情在很大程度上也让人们重新认识健康，全方位、多维度地看待健康。过去大家认为健康只是单纯地与民生相关，但是今天我们意识到，健康与国家安全、社会稳定、国际政治、国际关系、经济发展都是密切相关的。

第一，要从人类命运共同体的角度来关注健康。人类命运共同体不仅意味着经济的全球化，更意味着健康的全球化。一百多年来，全球经历了多次大瘟疫：黑死病、天花、1918 年的流感、霍乱、SARS、禽流感、中东呼吸综合征、寨卡病毒、埃博拉……这些都严重地影响了全球人民的健康。直到今天，很多国家的新冠肺炎疫情仍然非常严重，我国虽然取得了抗击新冠肺炎疫情斗争的重大战略成果，社会经济发展有序恢复，但是"外防输入、内防扩散"仍是我们的工作重点，绝对不能掉以轻心。

第二，全球的健康安全经常会碰到风险。2019 年，有国际组织抽查了一部分国家对全球性传染病的准备和应对能力，最后得出一个结论——没有一个国家能够对流行病和疫情做好万全准备。人类会经常面对新发、突发的流行病，好比这次的新冠肺炎疫情，或是在未来某一时刻、某一地点、某种原因导致的新发或突发流行病。一旦遇上就像是一场"遭遇战"。我们能不能主动把"遭遇战"变成"阻击战"，然后取得胜利，就看在流行病没有暴发的时候我们有没有把工作能力培养好，在流行病暴发时可以快速反应、拿出应对措施。

第三，人口老龄化和非传染性慢性疾病仍然是很大的挑战。在聚焦新冠肺炎疫情的时候，我们丝毫不能淡忘重大、非传染性的慢性疾病。这些疾病发病率高，涉及人群广泛，长期、持续地影响着人们的健康。新冠肺炎的易感人群是慢性病、基础性疾病患者，他们也更容易变成危重症患者，甚至死亡。如今，包括中国在内的很多国家逐渐进入老龄化社会，重大慢性疾病的发病率普遍提高。

第四，人类目前新发、突发的传染病 70% 以上都是人畜共患病，是其他动物传染过来的，这也是我们目前研究的一个方面。国际上有个概念"One Health"，我们把它翻译成"人体健康"或"全健康"。这个概念不仅仅关注人类本身的健康，还关注人类生存的环境和其他物种的健康。中国政府一直在提倡尊重环境、尊重其他生物，这种协调发展的模式和理念非常重要。

第五，新冠肺炎疫情影响了人类的发展，延缓了人类发展的进程。新冠肺炎疫情基本上对每个国家的经济都产生了不同程度的冲击，也给国际关系带来了很大的改变。整体来讲，国际贸易减少了，国际交往减少了，关于病毒溯源等敏感问题的争执增加了，全球发展正面临复杂挑战。

就中国而言，早在新冠肺炎疫情暴发以前，"健康中国"就已经成为一项国家战略。如今，中国的健康事业正处在发展的最佳历史机遇期。2014 年，习近平总书记在江苏调研时指出，"没有全民健康，就没有全面小康"。2016 年 8 月，习近平总书记出席全国卫生与健康大会并发表重要讲话。2016 年 10 月，中共中央、国务院印发《"健康中国 2030"规划纲要》。2020 年 9 月 11 日，习近平总书记在科学家座谈会上指出，科学技术发展要"面向世界科技前沿、面向经济主战场、面向国家重大需求、面向人民生命健康"。

今天"健康"的概念与过去是不一样的。过去的"健康"将疾病的诊断、治疗作为工作重点和中心，而今天的"健康"是要全方位、全生命周期、全链条地来保障人民的生命健康。不仅要关注患病人群，还要关注健康人群、亚健康人群、有高危因素的人群；不仅要关注疾病的诊断、治疗，还要关注疾病的早诊断早治疗、治疗之后的康复、慢性病管理以及老年人的健康。这是新时代"大健康"理念上的一次升华。

"健康中国 2030"的目标非常美好，但是我们也面临很多挑战。其一，恶性肿瘤、心脑血管疾病、糖尿病、慢性病、风湿性疾病、阿尔茨海默病、出生缺陷等重大疾病。总的来讲，中国的人口基数比较大，各方面仍处在发展的进程当中，所以各种疾病的患者数量也比较大。面向民生当中的痛点问题，我国正在考虑开展针对重大疾病的科技攻关，主要针对癌症、心脑血管疾病、呼吸性疾病、代谢性疾病，因为这些疾病导致的死亡几乎占到我国总死亡人数的 80%。我国癌症治疗的五年生存率大概是 40%，而美国是 67%，英国、法国、德国等发达国家甚至能超过百分之七八十。可见与发达国家相比，我国还存在一些差距，还需要通过科学技术创新来弥补差距，提高各种疾病的治疗效果。其二，在医疗需求层面，大部分临床药物的专利归外国所有，虽然如今我国能够生产这些药物，但要等到专利保护期限结束，而老百姓的健康等不起这么长时间；很多大型医疗装备，特别是大医院的大型医疗项目所用设备，包括核磁、彩超、CTSCT 加速器、手术机器人、微创器械等，也都需要进口；临床上很多标准、规范、指南也是借鉴国外经验。我们需要通过科技创新来解决对临床药物，大型医疗装备，临床标准、规范、指南以及临床路径的需求，因为中国发展到今天，需要在科技上自立自强，并引领国际医学科技的发展。其三，我国生物医药产业的发展速度很快，但是与中央的要求、老百姓的期待相比，还有很多不足。需要提高创新能力、调整产业规模、突破产业化的关键技术，以及把科技创新与市场、社会效应连接起来，让更多社会资本进入生物医药产业。这也是目前我们工作的重点。我国生物和医药的创新技术还没有成为经济社会发展的强大驱动力，还有很大的发展空间。

生物医药的发展还有它的特点。生物医药开发应用的周期比较长，关键技术研发难度比较大，还涉及伦理、法律、人文和道德等复杂问题。但是一旦研究成功，公众受益面会很宽，社会需求量会比较大，可以对社会的可持续发展发挥重要的作用。因此，我国积极把生物医药、健康事业作为重大战略性领域进行支持。

生物医药发展的第一个显著特点是科技创新。

我国要实施创新驱动发展战略，习近平总书记强调，"科技是国家强盛之基，创新是民族进步之魂，要着力把科技创新摆在国家发展全局的核心位置上"。在科技创新中，要把关键核心技术掌握在自己手中，正如习近平总书记所说，"关键核心技术是要不来、买不来、讨不来的"，一定要自立自强才能够得到。同时，中央要求科技要面向人民生命健康。这就明确指出，应对健康领域出现的问题和挑战，一定要有科技创新。

生物医药的科技创新一共有五个属性。民生属性，要面向人民健康；社会属性，对社会的可持续发展起到重要的支撑作用；经济属性，是经济发展的重要引擎；前沿属性，例如生命科学，可以了解生命甚至改造生命；安全属性，比如我国重视的生物安全。

生物技术是继信息技术之后，一个科学革命的制高点和产业变革的新引擎，在人类解决人口、资源、环境等方面的问题中可以发挥重要作用，甚至可以重塑世界。我国政府一直以来就高度重视生物医药的创新，出台了一系列政策来引导、支持生物医药创新。国家的政策非常清晰，这些年生物技术的发展与国家长期、持续地支持和一系列战略层面上的重大举措是密切相关的。

生物医药发展的第二个显著特点是学科交叉。

从诊断（比如 X 线诊断、核磁诊断、超声诊断、CT 诊断等）到治疗（比如加速器治疗、医疗装备的治疗）都体现了学科交叉，我们称为医工结合、医理结合。医学和光学、电子、纳米技术和大数据的结合，推动了医学的发展。我们可以清晰地看到，前沿技术的每一次突破都为医学发展提供了支持和帮助，推动了医学新技术、新装备、新药品的发现，也增强了我们救治生命、提供优质医疗服务的能力。

在药物研究中，过去我们认为一种药物可以"包打天下"，这也是过去人们的一个美好期望。但是在今天，由于人和人之间的个体化差异，药物研究朝着更加个性化、精准的角度发展，在研发过程中运用了大数据和计算机模拟，对药物的活性、有效性、靶向性、安全性和副作用进行临床结果的评估。这也是学科交叉。

在临床技术方面，过去临床技术手段很少，100 年前医生看病是特别简单的，但今天有了各种各样的技术，如控制治疗、加速器治疗、质子重离子治疗、微创手术、器官移植、心脏外科介入治疗，以及基因治疗、细胞治疗和靶向治疗等生物治疗，可以更好地服务于临床需求。学科交叉也可以帮助我们更好地完善临床技术。过去因为临床技术手段很少，在治疗过程中主要依靠医生的实践经验来进行判断，而今天有各种各样的检查检验，比如免疫学的、生理学的、血清学的、病理学的、分子层面的、影像学的，可以帮助我们。另外，电子病历产生了大量的临床的大数据，可以帮助我们制定出符合临床治疗需要、在提高治疗效果的同时能够降低副作用的治疗方案，帮助我们优化临床决策。

在临床治疗之外，健康管理也是非常重要的预防手段。健康管理重在两个层面。一是对疾病风险的识别。人们生活在这个世界上，生病和出现健康问题的风险是不一样的；一批人生活在同样的环境里，患病的风险也是不一样的。比如，并不是每一个吸烟的人都会得肺癌；人乳头瘤病毒（Human Papilloma Virus，HPV）感染会导致一小部分女性得宫颈癌；乙肝病毒（HBV）感染也会导致一小部分人得肝癌；生活在同一个城市，同样面对大气污染、环境污染，有些人会发展成慢阻肺或者哮喘，但是有些人问题就比较少。这就是每个个体的遗传背景不一样，神经、内分泌系统不一样，导致患病概率不一样。从关口前移的角度来讲，我们希望人民不生病、少生病，或者生小病、晚生病，这也是健康管理的目的。二是患病之后的健康管理。一旦患病，好好治疗，治疗后也需要很好的健康管理，包括慢病管理。

在医学发展中，学科交叉还能够帮助我们更好地了解人类本身。在长期的医学发展中，医生，包括医疗工作的对象主要还是外因。外因包括什么？包括细菌、病毒、寄生虫、恶劣的生活环境、不健康的饮食卫生等。到今天，我们认识到，很多疾病的发生不仅仅是外因的作用。从辩证法的角度来讲，每个疾病的发生发展都是内因和外因共同作用的结果。我们不仅要理解外因——这些病源的影响，还要关注人体内部。我们要从生命组学、分子生物学、大数据、人工智能等方面来了解人体，开展生物学研究。

医学的进步完全离不开科技创新和学科交叉。100 多年前医生看病只有一个听诊器、一把手术刀、几把止血钳和几种简单的药物。1928 年才发现青霉素；20 世纪 30 年代初期出现 X 光诊断，我们得以看到体内的变化；20 世纪 70 年代发明了 CT，随后又发明了核磁、SCT 等。这些研究让我们对很多疾病能够看得比较清、看得比较准、看得比较早，极大地促进了医学的进步，包括带来了临床实践模式的改变。如今，除了要用好临床经验，还要用好科学研究数据提供的信息。医学发展到今天，很多临床问题光靠经验无法解决，一定要靠科学研究。过去的医学研究需要基于证据，我们称之为"循证医学"（evidence-based medicine）；现在又提出了"精准医学"，在循证的基础上，整合多学科的力量来解决现代医学的发展问题，避免单一学科的片面性，让治疗更加精准，提高诊疗效果、降低副作用。

二、国际生物医药技术发展的趋势

总的来讲，医学和生物医药领域有一个共识，就是生命科学和生物技术的创新是 21 世纪科学技术发展的鲜明标志。生命科学的发展和生物技术的创新推动了生物经济的发展，与生物、医学、医药相关的经济发展正在引起全球经济格局的深刻改变和利益结构的重大调整。生物技术可以解决当前人类面临的很多问题，对人口问题、生育问题、健康问题、农业问题、资源问题、环境问题、能源问题等具有深远的影响。目前而言，这些重大问题只有依托生物技术才能解决得比较好，生物技术能够很好地应对人类在这些领域面对的挑战。

第一，生物医药技术是 21 世纪科技发展的制高点。我们谈到的生命组学，包括基因组学、蛋白质组学、微生物组学、代谢组学、表型组学等，是人类和所有生物生命的基石，简单来讲就是由 DNA 到 RNA 到蛋白质的过程。DNA 基因组学的一个转录组学就是 RNA 蛋白质组学，再加上干细胞组织工程、抗体和疫苗、生物信息、创新药物、传统药物、合成生物学、微创技术等，这些技术面对的都是生命科学研究的热点和前沿，这就是制高点的问题。人类健康要发展，首先要解决生命科学中的热点和前沿问题。生命科学中还有一些基础性问题，比如人是怎么衰老的、免疫是怎么调控的、记忆是怎么形成的又是怎么失去的、为什么会出现出生缺陷、肿瘤是怎么形成的、衰老怎么调控……另外，生物医药技术的进步还带来了人类重大传染病防控和疾病诊疗模式的革命。

其次，生物经济将成为 21 世纪经济发展新的增长点。其一，过去的工业制造带来了很多的污染、能源消耗、资源消耗，如今我们强调的绿色发展、绿色制造可能会很好地解决这些问题。其二，全球生物经济年年快速增长，即使是在 2020 年新冠肺炎疫情暴发、全球经济受到重创的严重情况下，生物医药领域仍然呈现正增长。在整个经济体系中，农业经济、海洋经济等都与生物经济相关，其中医药产业在生物经济中占比最大，因为人民群众有巨大的需求。其三，世界各国都在快速发展生物技术和生物医药产业，从一些跨国公司的行动中就可以看出。其四，中国生物技术产业的发展速度高于世界平均水平。

再次，生物技术将成为解决人类重大问题的突破点。这些重大问题包括哪些？从以人为本的角度，一是健康问题，二是农业粮食安全问题，三是生物能源、绿色环保问题。这是人类可持续发展的未来思路，与生物技术有密切的结合。怎么提高农业产量？怎么减少病虫害？直到目前，石油都是不可复制也不可替代的能源，我们要开发生物能源，通过生物技术来解决环保的问题。因此，生物技术是解决人类重大问题的突破点。

最后，生物技术是生物安全的支撑点。科技是一把双刃剑。比如，在研究基因编辑、干细胞、基因治疗、转基因技术等的过程中，还要研究病原体、病毒；在病原微生物研究中也可能会出现实验室安全、生物技术被滥用等问题，此时生物技术就可以提供帮助。当出现新发、突发的传染病时，怎么快速鉴别诊断、怎么更好地发挥生物防护的作用等，都要靠生物技术来解决。这是国际发展的一个趋势。

目前大部分国家，特别是比较发达的国家，都有与生物技术相关的国家规划，比如美国的《国家生物经济蓝图》。欧盟、英国、日本、中国、俄罗斯、巴西、印度等国家和地区，都把生物经济、生命科学、生物技术作为国家战略中的一个重要领域。美国的《国家生物经济蓝图》首先要解决其面临的能源环境、经济问题、生物技术和生物产业问题，更重要的是要保持它在生物经济的领先地位，这是它的目标。其次要发展生物技术，通过跨学科领域的结合，比如"IT+BT"（互联网技术＋生物技术），拥有核心的生物经济技术，然后通过政府和社会资本对交叉学科前沿技术进行投资，来保持美国在生物经济、生物技术、生命科学上的优势。除此之外，国际上很多传统企业过去从事化工、石油行业，现在也纷纷成立与生物技术、健康相关的子公司；或在化工、石油生产过程中引进生物技术进行生物制造，而不是用过去的工业制造来解决资源问题和环保问题。另外，一些大的IT公司，尽管可能是在其他行业起家，但现在正利用它们在生命科学、生物信息领域的巨大优势融入生物技术领域，像阿里巴巴、华为都有与健康相关的产业。

经过分析不难看出，美国的生物医药产业、生物技术毫无疑问是全球最领先的，有四个方面的特点：第一，依靠基础和创新研究来支撑生物技术的发展。我在美国待了十七八年，在加利福尼亚大学旧金山分校医学院、得克萨斯大学西南医学中心、美国国立卫生研究院、匹兹堡大学，从西海岸一直到东海岸，都做过教授，对美国的整个发展情况也比较了解。举个例子，硅谷附近有斯坦福大学、加利福尼亚大学伯克利分校、加利福尼亚大学旧金山分校医学院等，都是美国顶尖的学院，在硅谷建设的过程当中，有一批公司（不仅仅是电子产业的公司，也有生物产业的公司）在这些高校附近，有利于成果的转化和科技人员的交流。第二，除了联邦政府，地方政府在资金和政策上对生物学的支持也是比较明确的。以干细胞的研究为例，最早美国联邦政府对干细胞研究并不是很支持，因为涉及伦理问题，压力比较大，但是加州政府支持干细胞的研究，并把它作为一个重点，后来联邦政府也把干细胞作为一个重要领域进行发展。第三，与信息技术相融合。尤其是生物技术，从过去以解剖结构学为主体、解剖形态学作为医学研究重点，到现在信息科学、生命组学的大数据，信息技术变得越来越重要。尤其是人类基因组测序完成之后，人们对这本"天书"有了更好的认识。读懂这本"天书"不仅仅是一个兴趣，更多地还是要服务于人类未来发展的需求，包括生命的奥秘、生命的本质、疾病的发生发展、肿瘤的形成、怎样找到更好的靶向药物、怎样特异性地治疗一些疾病……这些问题在生物信息学里面可以找到答案，所以生物技术要融合信息技术。第四，利用社会风险资金。美国已经形成了一个适应市场机制的投资和融资环境，而我国目前还在发展和优化过程中。过去几十年里，我国社会资金比较多地投资向房地产行业，当然也投向了一些基础领域。现在，我国的经济发展模式正在改变，房地产行业已不复当年的辉煌，大量社会资金需要寻找新的投资机会，生物医药领域正是其中之一。政府考虑到生物医药领域有研发风险，给予一些高科技创新项目特有的资金，也叫风险资金。美国有这个体系，但美国在新冠肺炎疫情防控中的表现让人大跌眼镜。美国的医疗救治能力、公共卫生体系、医学人才培养在全世界来讲应该是最好的，但是这种科技体制、医疗体制、学术体制无法与国家治理体系联系起来，无法发挥效益。尽管我国目前在学术、科技等方面可能略微逊色，但是我们能最大化地利用起来，所以我国的疫情防控做得很好。

除了美国之外，其他国家也有各自的特点。英国与美国是比较接近的，也是生物医药研发领域的强国，在这个领域里有几十位诺贝尔奖获得者。英国的生物医药研究主要分布在伦敦、牛津、剑桥等高校、科研院所、科研机构高度密集的地方，就像美国的旧金山湾区、华盛顿等地。印度虽然在新冠肺炎疫情防控中的表现非常不理想，但是生物信息学是其一大优势。日本在生物技术领域起步比较晚，但是发展比较快，甚至提出了"生物技术产业立国"的口号，建了很多的产业园区。我国也有很多产业园区，在北京、上海、苏州、杭州、广州等地都有与生物技术、生命科学、生物工业相关的产业园区。

三、生物医药技术的前沿

生物技术的第一大服务重点就是人类的健康，首先就是疾病的防治。但是科学技术发展到今天，我们对生命的了解是非常有限的，对疾病的了解也是非常有限的。临床上的疾病可以被看作是一座冰山。病人感到不舒服、表现出来的体征以及一系列诊断的指标确定的是这座冰山露出水面的这一部分。把疾病诊断出来之后，用一系列的办法进行治疗。总的来讲有放射治疗、化学药物治疗、生物治疗，当然在中国还有中医药治疗。既然有这么多治疗办法，为什么我国每年还会有300万左右的人死于肿瘤？这就是因为目前我们对肿瘤还没有很好的治疗办法。新中国成立初期，影响我国人民身体健康的一些传染病，包括鼠疫、霍乱、天花、血吸虫、结核等，已经不再是大问题，因为已经有了很好的诊断、治疗手段。但是现在针对肿瘤、心血管疾病、神经退行性疾病、代谢性疾病，诊疗手段还不是特别多。对于这些疾病，对露出水面的部分最基本的了解，就是我们经常讲的冰山一角。正因如此，很多人确诊的时候已经是中晚期，早期发现不了，等到感觉非常不舒服了，都不能工作了，已经进入中晚期了。在治疗过程中也有很大的被动性和盲目性。举个例子，临床上 10 个同期的病人，诊断是同一类肿瘤，给他们比较规范的、相同的治疗，效果是不一样的，副作用也是不一样的。有些人两个疗程化疗的效果很好，有些人效果不太好。因此，要研究疾病这座冰山，就要了解冰床——遗传背景，遗传变异，神经内分泌改变导致的细胞分子的改变、组织器官的改变，最后导致临床上的疾病。只有搞清楚水下看不见的那一部分，对整个疾病才有了解，才能做出更有把握的临床诊断，才能找到更好的标志物和分子靶点。这样在治疗过程中，也可以有更多的药物创新和精准治疗。这个过程其实就是一个科技创新的过程，也就是为什么科技创新引领、支撑了医学、卫生健康事业的发展。

在生物医药领域，有几项科技创新是需要高度关注的。

第一，生命组学。前面已经谈到了，生命组学包括基因组学、蛋白质组学、代谢组学、微生物组学、表观组学等，这些都非常重要，因为它们能够让我们了解生命的奥秘。2018 年，我邀请了被称为"人类生命制造之父"的国际知名专家来北京。多年前，他用不同的基因片段组装成一个新的细胞，从技术层面上形成了一个新的生命。他当时来到北京大学，成立了一个基因组公司，希望用技术实现从一个人体内抽出一毫升血进行 DNA 分析之后，就可以得出他刚出生时长什么样子、3 岁长什么样子、13 岁长什么样子、33 岁长什么样子、53 岁长什么样子、83 岁长什么样子。也就是说，其实我们每个人长什么样子已经在遗传信息里是被储存好了，虽然在后天的生活过程当中可能会有一些改变，但是不会有根本性变化。我们称之为"power"，也就是遗传的力量。正是因为遗传的力量非常强大，世界上的物种才能可持续发展，这是基因的稳定性。老百姓讲的"种瓜得瓜，种豆得豆"，就是基因组本质的基本理念。根据遗传学中心法则，遗传信息贮存在 DNA 中，DNA 转录成 RNA，RNA 翻译成蛋白质，蛋白质是功能执行单位。在这一整个过程中就出现了代谢组学，还有与人类共存的微生物组学。这些都是生命科学的前沿问题。

第二，干细胞与再生医学。干细胞与再生医学涉及很多敏感问题，比如伦理问题，现在很多人需要肾移植，但是肾源不够稳定，远远满足不了需求。未来能不能利用干细胞与再生医学提供有效的器官组织？现在一些小型组织再生技术已经发展得很好了，但功能比较复杂的大型器官再生还面临很大的挑战。

第三，抗体和疫苗。从新冠肺炎疫情暴发开始，中国就开始积极研发疫苗，也是全球最早研发出疫苗的国家之一。疫苗不仅仅可以用于传染病，还可以用于疾病预防，包括高血压等。抗体分为两类：一类针对重大慢性疾病；另一类针对肿瘤，比如 PD-1、PD-L1 免疫检查点抑制剂，其他针对细胞重要信号通路的抗体，治疗肿瘤效果都很好。目前，各国也在研究能够针对新冠病毒的综合抗体。

第四，生物治疗和个性化治疗。长期以来，西医在治疗过程当中主要使用的是化学药物，用于诊断和治疗的有临床分析、影像学分析，未来在这个基础之上会逐渐加入分子分析，分子诊断，细胞治疗、免疫治疗、基因治疗等治疗手段，现在发展也非常快。很多中国企业在研究细胞治疗、免疫治疗，包括基因治疗。如何让这些技术更好地应用到临床，还要做好伦理、法律法规层面的研究与支持。

第五，医疗器械。医疗器械是医学中不可或缺的重大平台和装置，相当于军事上的武器。对于很多疾病，医疗器械可以帮助我们看得清、看得准、看得早，在治疗过程中提高效率、减少副作用。如果没有 CT、核磁，现在很多手术是无法完成的。近些年在医学领域，医疗器械体现出了典型的学科交叉，正朝着数字化、遥测化、微创化、网络化、智能化、小型化的方向发展。过去，如果北京的医生要对贵州、云南等边远地区的疑难杂症进行诊断，需要患者在当地拍好片子之后寄到北京，医生看了以后才能告诉患者结果。而现在，患者在当地做检查的时候，比如胃镜检查，北京的医生实时就能看到检查情况。手术也是一样。北京积水潭医院是著名的骨科医院，医院的专家人在北京，却可以同时做分别位于浙江嘉兴和山东烟台的两台骨科手术。如果没有医疗装备，能实现吗？所以医疗器械是现代医学发展的一个重要方面。

除此之外，大数据和智能医学最近发展得特别快。人工智能如何进入生物医药领域？如何利用大数据来帮助医学发展？可以涉及很多方面。从政策制定看，过去政府制定政策有时候靠经验，虽然也会头脑风暴，但数据有限只能"拍脑袋"；而今天会采用更加科学的循证方式。比如，我国在疫情防控中利用大数据快速追踪行程轨迹，甚至计算出病毒扩散的风险。由此可以预判感染的规模、预测传播的速度，知道需要投入多少人力、物力，让我们走在病毒的前面。从临床决策方面，临床决策过去主要也是靠经验，现在都可以利用数据进行计算。未来在数据足够丰富的情况下，人工智能可以提供参考意见，帮助我们做决策（但不是决定治疗方案）。人是有局限性的，想记住所有的信息不太可能。但假设要使用一种药物，把病人的所有情况输入电脑，人工智能就会判断出这个病人能不能吃这个药，病人有没有肝功能损害、肾功能衰竭或肾功能不全等。人要在最大限度地发挥自身潜能的同时，相信科学并发挥科学的作用，做好临床决策、药物研发等。从医院管理方面，如何提高医院的运营管理效率、用好医务人员。从健康管理方面，比如穿戴式设备。心脑血管疾病发病后，留给医生的抢救时间只有 10—15 分钟，但是基本上这 10—15 分钟是很难利用好的，特别是在家里，及时得到抢救的可能性太小。但我们可以把配备人工智能的穿戴式设备放在有风险的老人身上，监测他在发病前的一些微小的生理变化（可能会出现房颤、心律失常，大部分心梗发作之前可能会出现心脏调节功能紊乱的情况），并进行分析处理，将结果发送给医院的慢病管理部门，告诉医生这个人已有发病征兆，需要及时进行治疗。这就叫关口前移。从医疗保险方面，我国是医疗、医保、医药改革联动的"三医联动"医改模式，其中医保是最重要的一环。人工智能可以从政策层面、运算层面、监控层面，帮助我们使医保费用也就是纳税人的钱获得更大效益，让更多有需要的人用好医保。从远程医疗方面，以后边疆地区的一台手术，可能主刀的是边疆的医生，但通过某个设备，北京的医生也可以像站在手术台旁边一样，非常清晰地看到病情，指导主刀医生；甚至有些手术直接由上海、北京的医生进行远程医疗。诊断也是这样,过去需要拍好片子拿着片子会诊,现在做检查的同时就可以看诊。

但是我们也面临很大的挑战。一是数据的问题。首先要确保获得高质量的数据。数据质量一定要高,数据质量不高就会影响后面的分析。其次是数据的分享。海量的数据能不能集中起来共享?中国人口基数大,数据是我们的优势,把它用好是关键。二是大家如何理解人工智能医学、能不能接受,可能还要通过教育、科普。在人工智能应用方面也有很大的伦理与法律问题,因为只要涉及个人的数据,就会有人权和隐私的问题要解决。

人工智能、大数据领域的问题不是科技行业或者卫生行业可以解决的,一定需要政府提供支持甚至牵头,需要行业协会达成共识,需要大学、科研院所进行研究,需要企业和医院进行应用。只有全链条的合作才可以很好地实现人工智能在医学健康领域的应用。

四、我国生物医药技术发展的重点任务

中国是非常讲究战略战术的,我国每五年都要做一次国民经济和社会发展规划。"十四五"规划划定了一些重点研究领域。

(一)生物医药技术的重点发展方向

第一,源头创新,对生命科学的基础理论进行深入研究,夺取我国在相关领域的制高点。针对很多生命科学中的疑难问题,要形成我

国的认识和解释。首先就要在技术理论和前沿技术方面加大投入。这里列了很多关于生命科学研究的基本问题，世界各国都在这些领域展开竞争，各国要利用自己的研究队伍和方式来进行研究。这是基础。

第二，用于治疗，因为今天谈生物技术主要谈的是生物治疗。一是预防，使用疫苗预防突发、新发的传染病和慢性疾病。二是诊断。重大疾病的早期诊断特别重要。很多肿瘤，比如乳腺癌、直肠癌、肺癌，早期发现之后的治疗效果都会很好，肿瘤 5 年生存率可以超过90%，但一旦进展到晚期，特别是转移之后，治疗效果就会特别不好。精准诊断，也就是要把目前临床的分期分型进一步进行分子分型、分子分期，使医务人员对疾病的治疗更有把握。

包括基因治疗、蛋白类药物、细胞治疗药物、免疫治疗药物，都属于生物治疗。从全方位来讲，治疗还包括再生医学、组织器官的替代修复。这首先要有组织器官的生物制造。目前，我国医药企业的研发分为几个阶段：高水平仿制，解决可及性问题。针对一些疾病，患者有重大需求，首先要解决药物的可及性问题，需要我国的医药企业进行高水平、高质量的仿制。跟踪性创新，英文的"me-too, me-better"就是这个意思。针对一些前沿技术，我们在国外研究成果的基础上进行创新。这里除了有重大需求、涉及可及性问题，还要解决知识产权的问题，有些技术可能要授权（license）给中国。源头创新，创造出全新靶点、全新结构，形成我国在生物医药技术领域的制高点，引领国际生物医药的发展，同时为人类做贡献。但是如果没有前面的基础性研究，根本不可能创造出全新靶点和全新结构，因此我国要加强基础性研究。

我国医药企业发展的定位，一是"以医药企业为主，向健康企业发展"。过去的医药企业都是针对生病吃药的企业，但如今不止于此，还要让人民不生病、少生病、晚生病。从医疗器械、健康装备到保健产品等各个方面，我国医药企业发展面向的是一个全生命周期链条。二是"从普药为主，向仿制药和创新药为主的创新型企业转变"。在过去，我们首先要解决很多需求，以普药为主，但是现在我国需要更多的创新型企业，国家在相关的政策、制度上已经做了很好的安排来支持创新型企业的发展。三是中国的企业要走向世界。总体来讲，现在我国的医药企业还是区域性企业，主要满足我国人民的健康需求，未来无论是从国家经济发展，还是从人类健康命运共同体的角度，都希望企业能够"走出去"，成立更多的跨国企业。四是企业要通过改制、改革向适应社会主义市场经济的现代企业转变。

（二）化学药物的重点发展方向

首先是针对重大慢性病的药物。心脑血管疾病、糖尿病、肿瘤、代谢疾病、神经退行性疾病、风湿免疫病、肾病等疾病长期、持续地危害中国人民健康。重大慢性病是民生痛点。在精准扶贫过程中我们也关注到一个明显的特点，50%以上的贫困家庭都是因病致贫。一个家庭本来经济情况还可以，一旦患上重大疾病，比如肿瘤、白血病、先天性心脏病、脊柱侧弯等，就会把一家子都拖进贫困的泥坑。所以我们尤其要在药物研发领域找到更好的治疗手段。精神系统疾病与老龄化进程相关。根据第七次全国人口普查结果，我国的老龄化程度还是比较高的，所以这也是个重点。年纪大了之后，很多人会出现神经退行性病变，但不仅是我国，全世界对这个问题的技术性研究都不够，也没有更好的药物。自身免疫性疾病，像类风湿关节炎、凝血病、多发性硬化症等，给老百姓的生命健康和生活质量带来很大的影响。还有经常碰到的耐药性病原菌的感染、耐药性的结核等，都是研究的重点。

其次是中医药。主要有三个方面：第一，中医药优势病种的创新药物的研发。中药是我们的宝库，几千年来很好地守护了中华民族的健康，在临床救治过程中也发挥了作用。包括在这次新冠肺炎疫情中，特别是在防止轻症患者转成危重症的治疗过程中，有效配合了西药的治疗，因为西药特别是激素药用量大会带来很多副作用，会导致骨质疏松、部位纤维化等。除此之外，中医治疗还有很多优势。比如针对顽固性咳嗽、过敏、失眠、抑郁症等的治疗，以及在运动创伤治疗方面，中医的针灸、推拿、按摩等都有很大作用。我们要选择中医药的一些优势领域并将其用到有需要的地方。第二，经典复方的开发。中国古代的名医如张仲景、孙思邈等流传下来一些名方。我们需要把对某些疾病效果特别好、长期使用疗效特别确切的药方开发出来，在用好现代化手段的同时也要尊重中医的特点。中医中并不是所有药方都是单体结构，复方就是"君臣佐使"，多种药物有不同的分工，相当于一支足球队中有前锋、有后卫，还有守门员，是一个团队的工作（team-work）。这是中医的特点。这一点我也和很多国际组织包括美国食品药品监督管理局（FDA）沟通过，他们都能够接受。只要我们在开发过程中，把每一个步骤、每一个环节科学化，做好临床循证实验，我想中医可能就走向国际了。现在有很多中药已经在西方国家进行临床实验，甚至上市使用了。第三，中医药的国际化。从人类命运共同体的角度，希望中医不仅仅守护中华民族的身体健康，更能守护全世界人民的身体健康。

最后是生物药：第一，疫苗。疫苗包括新型疫苗佐剂在应对突发公共卫生事件中非常有效。在新冠肺炎疫情暴发的时候，全世界人民都在等什么？就是在等疫苗。中国已经消灭了很多疾病，降低了很多疾病的发病率，像我国计划免疫中的乙肝疫苗、脊髓灰质炎疫苗、卡介苗等多种疫苗，很明显地提高了人们的健康水平和生活质量。治疗性疫苗包括治疗传染病等的疫苗。第二，抗体，像综合性抗体、抗体—小分子偶联药物、干细胞药物、免疫治疗药物、基因治疗药物。生物治疗中，靶向药物，特别是基因治疗药物等都会涉及释药技术，包括药物的转运系统（deliver system）和 relisten，即药物是如何转运的，如何特异性地到达需要发挥药效的地点以减少药物的副作用，并把药效控制在一个比较稳定的水平。2019 年，世界销售排名前 10 的药物中有 7 种与生物技术相关，其中 6 种是抗体类药物，充分说明生物药发展得不错。

高科技产业发展的创新实践

刘忠范 *

* 北京石墨烯研究院院长、中国科学院院士，发展中国家科学院院士，全国政协常委、北京市政协副主席、九三学社中央副主席和北京市委主委。

一、走近石墨烯

石墨烯是一种新材料，号称"新材料之王"。它是最薄的材料，只有一个原子层那么厚；也是强度最大的材料，理论上比钢强百倍；还是导电性、导热性最好的材料。能够集这么多的卓越性能于一身，现在也只有石墨烯材料。石墨烯是纯碳材料，100% 由碳原子构成。所以跟现在特别时髦的"低碳"概念不同，它是"高碳"材料。当然，相信这种"高碳"石墨烯材料能够为"低碳经济"做贡献。

石墨矿属于天然的石墨。石墨是一种层状材料，层与层之间的结合力很弱，用胶带轻轻一撕就可以撕下来很多层。如果有足够的耐心对其反复对折撕，最后可以撕出一个原子层厚度的石墨片，这就是石墨烯。早期的石墨烯实验研究就是用这种笨办法撕出来的，所以大家常常开玩笑地讲，石墨烯这个诺贝尔奖是透明胶带撕出来的。

安德烈·海姆和康斯坦丁·诺沃肖洛夫是石墨烯研究的先驱，他们非常有耐心，真的是用普通胶带一层一层地撕出来了石墨烯，并且首次测量了这种单层石墨片的性质，论文发表在 2004 年 10 月 22 日的 "Science"《科学》上。这应该是石墨烯领域的第一篇热点文章。6年后两位先驱斩获诺贝尔物理学奖。这里我要强调的是，从零到一的原创性基础研究突破常常是"无心栽柳"的结果，源于科学家们强烈的好奇心和求知欲，很难进行规划和重点攻关。基础研究不是简单地规划和用钱砸出来的。没钱不行，光有钱也不行，基础研究有其自身的规律。

石墨烯作为一种神奇的新材料，拥有极为广阔的应用前景。可以想象的应用场景很多，尽管大部分尚处于研发阶段，比如电子信息、能源、功能材料、生物医药、节能环保、航空航天以及国防军工领域等。第一个是石墨烯改性锂离子电池。原理上讲，石墨烯用作锂离子电池正极材料的导电添加剂，比当前主流炭黑导电剂拥有更大的优势。锂离子电池正极材料导电性差，需添加大量的非活性、轻组分导电剂，导致能量密度降低。高性能石墨烯导电添加剂可显著降低用量，从而提升能量密度并实现快速充电。石墨烯的高导热性也有助于快速充放电时的散热，提高电池的安全性和稳定性。需要指出的是，单节电池的快充和整车快充不可同日而语，更须考虑充电枪和充电桩的功率限制。因此，部分商家所谓的"充电八分钟，能跑一千公里"的说法仅仅是广告而已，不必当真。

石墨烯涂料是人们关注最多的另一个话题。超薄石墨烯微片比传统玻璃鳞片（3—5微米厚）提供更好的物理屏蔽，延缓腐蚀介质的渗透。研究表明，绝缘性的氧化石墨烯或石墨烯衍生物添加量0.5%左右，氯离子的渗透即可降低一半，效果显著。在含有金属锌的重防腐涂料中加入0.3%左右的粉体石墨烯，锌的利用效率会更高，从而显著降低锌粉用量，实现降低成本的目的。需要指出的是，比金属更稳定的高导电性石墨烯会加剧金属的电化学腐蚀，而石墨烯提供的物理屏蔽效应仅满足短期防腐需求。因此，不能过度夸大石墨烯涂料的神奇效应。统计资料显示，2017年全球防腐涂料市场规模约250亿美元，其中石墨烯涂料市场规模约八亿元。目前中国从事石墨烯涂料业务的企业约700家，主要分布在江苏省和广东省。

石墨烯在热管理和大健康领域承载着人们巨大的期望，也是目前最活跃的应用市场。石墨烯是理想的远红外辐射材料，也是导电性和导热性最好的材料。从发射频谱上看，石墨烯远红外线频谱与人体发射的远红外线频谱高度重叠，这也是所谓石墨烯发射"生命光波"的由来。利用石墨烯材料制造的电热转换设备，具有电热响应快、驱动电压低、发射率高，以及电热转换效率高等优点。国内市场推出很多此类石墨烯电热产品，电暖画、电热服装、电热毯、加热眼罩、红外理疗房、地暖墙暖、护颈护腰等，都是这方面的例子。

二、石墨烯的发展历史

回顾一下石墨烯的发展历史。从2004年年末至今，石墨烯已经走过了将近20年的历史。其中有几个非常重要的事件和时间节点。2010年10月5日，石墨烯研究的两位先驱获得诺贝尔物理学奖，进一步推高了石墨烯的热度。2013年，欧盟启动为期十年的"石墨烯旗舰计划"，每年投资一亿欧元，推动石墨烯材料走出实验室，打造新兴石墨烯产业。2014年，国家发展改革委、工信部等部门发布《关键材料更新换代实施方案》，石墨烯位列其中。同年，首家以石墨烯为主营业务的公司"第六元素"登陆新三板。2015 年 3 月，英国曼彻斯特大学——两位诺贝尔奖得主的东家成立国家石墨烯研究院（NGI），同年 10 月 23 日，习近平总书记参访 NGI，继而诱发了国内延续至今的"石墨烯热"。2018 年 10 月 25 日，北京市成立北京石墨烯研究院（BGI），全力推进首都北京的石墨烯新材料研发工作，我担任首任院长。同年，华为发布采用石墨烯散热技术的 mate 20X 手机。2018 年 12 月 10 日，英国曼彻斯特大学又成立"石墨烯工程创新中心"（NEIC），致力于基础研究和工程化齐头并进，抢占石墨烯新材料产业的先机。

在我国，石墨烯已成为家喻户晓、妇孺皆知的存在。2010 年成为诺贝尔奖级的新材料之后，中国就掀起了"石墨烯热"，互联网上的石墨烯产品广告可谓是铺天盖地，石墨烯相关企业如雨后春笋般冒了出来。截至 2020 年年底，国内号称从事石墨烯业务的企业超过 2 万家。这个数字可以说是全世界最庞大的，估计比其他国家的总和还要多。据不完全统计，目前中国拥有石墨烯产业园 30 个、石墨烯研究院 54 家、石墨烯产业创新中心 8 个。第 30 个石墨烯产业园在深圳落地，我参加了揭牌仪式。全国 20 多个省和直辖市的十三五规划中，都有石墨烯板块的产业布局，并出台了一系列支持政策。2016 年，北京市也启动了石墨烯科技专项，致力于把研发资源优势转化为石墨烯产业发展优势。许多上市公司密切关注石墨烯产业发展，据不完全统计，目前有 60 多家上市公司涉及石墨烯业务，涵盖了石墨烯产业链条的各个环节，其中以新能源相关企业居多。在基础研究方面，2011 年开始，我国学者发表的石墨烯相关学术论文就已领跑全球，占比达到 34%。在石墨烯相关专利申请方面，中国更是遥遥领先，全球占比达到 68%。可以肯定的是，从统计数字上看，中国的石墨烯行业是居国际领先地位的。

我们用高德纳技术成熟度曲线来对标一下石墨烯材料。与其他新材料和新技术一样，石墨烯材料从实验室走向产业化也需要经历五个阶段：技术萌芽期、期望顶峰期、泡沫谷底期、爬坡期、稳定应用期。对石墨烯来说，2004 年年底算是技术萌芽期，随后迅速得到人们的广泛关注，期望值越来越高，几乎成了无所不能的超级材料。2015 年、2016 年左右是炒作的高峰期，那时候石墨烯仿佛无所不能。但是现在大家渐趋冷静，过了炒作高峰。实际上，实验室里的材料和技术绝大部分很难走到最后，会中途夭折。

三、石墨烯的产业化进程

对于石墨烯产业来说，制备决定未来。材料是产业的基石，如果没有规模化制备技术的突破，就不可能有石墨烯产业。同样，如果没有扎实的制备科学基础研究，就会失去核心竞争力，所以也不能着急。还需要强调的是，缺乏针对性的基础研究也很难带来制备上的真正突破。如果我只是在北京大学实验室里带领学生做基础研究，尽管可以发一大堆论文，申请无数的专利，但是很难对石墨烯材料的产业化落地有帮助，这是我现在的切身体会。尤其需要指出的是，石墨烯材料的质量提升是一个循序渐进的过程，需要不懈的努力和耐心。石墨烯材料的产业化不可能一蹴而就，尽管并非把材料做到尽善尽美才能形成产业，这是一个发展过程，没有例外。

我经常开玩笑地把石墨烯分成两大类：男石墨烯和女石墨烯。男石墨烯对应于石墨烯粉体材料，属于傻大黑粗型的材料；女石墨烯对应于石墨烯薄膜材料，属于白富美和高大上型的材料。当然，这只是玩笑而已。两种石墨烯材料的制备方法不同，用途也完全不同，不可同日而语。

现在离产业化比较近的、国内研究比较多的是粉体石墨烯材料。粉体石墨烯材料的制备现状是什么样呢？2018 年，新加坡国立大学的研究人员发表了一篇文章，认真检测了来自全球 60 家企业的粉体样品，发现大部分材料的石墨烯含量低于 10%，也就是其中有 90% 不是石墨烯。而且，作为纯碳材料的石墨烯，竟然碳含量不足 60%。可以想象，这样的材料怎么可能肩负起石墨烯产业的未来。我们必须在材料上狠下功夫，制备决定未来。

高温炉子里烧制出来的薄膜材料也是一样。2018 年，我们写了一篇 60 多页的综述文章，总结了我们团队十年来的石墨烯薄膜生长工作。实际上，对于石墨烯薄膜而言，理想和现实之间同样存在巨大的鸿沟。理想很丰满，现实很骨感。理想的石墨烯薄膜是完美的二维单晶材料，而现实的石墨烯薄膜是由单晶碎片堆积起来的富含缺陷的多晶薄膜，就像一件缝补起来的破衣服。道理上也不难理解，石墨烯薄膜的高温生长过程非常复杂，涉及诸多基元反应步骤。真正完美的石墨烯生长，必须设计和控制好每一步，现实中是很难做到的。其实做大不难，提高产量并不难，但是做好很难，这就是现状。

我们从 2008 年开始进入石墨烯领域，至今已经 13 年了。早年我本人研究的是石墨烯的姊妹篇——碳纳米管，二者的制备方法、性能检测方法非常类似，基础是相通的。这样算起来，我已经从事 20 多年的石墨烯相关研究了。进入石墨烯领域之初，主要关注基础研究，用化学气相沉积方法生长石墨烯薄膜，研究其好玩的性质，探索其可能的应用。后来由于"阴差阳错"的诸多原因，下决心做点真正有用的东西，发展石墨烯薄膜材料的规模化制备技术，这是石墨烯产业的基石。从实验室样品到规模化产品，是一个重要的跨越，越做越兴奋，最后在北京市政府的支持下，成立了北京石墨烯研究院。有了更大的平台和更大的舞台，可以做实验室所不能做的事情。

四、体制机制创新下的北京石墨烯研究院

北京石墨烯研究院是由北京市政府和社会资本共同出资，北京大学牵头建设的新型研发机构，2018 年 10 月 25 日正式揭牌。研究院落地中关村北区翠湖科技园，距离北京大学 15 公里，十年规划总投资 20 亿元，现在人员规模已经达到 240 人。研究院的定位是：石墨烯产业核心技术策源地、高端石墨烯材料生产和装备研发基地，面向全球企业的"研发代工"平台、高科技人才汇聚地和创新创业基地，以及政产学研协同创新机制探索基地和新型研发机构示范区。研究院重点关注三大业务板块：（1）石墨烯材料规模化制备技术和装备研发；（2）面向未来石墨烯产业的核心技术研发；（3）面向当前市场的

企业研发代工。

体制机制创新是研究院走向成功的重要保障，我们用"鸡蛋模型"来描述总体发展战略。"蛋黄"代表研究院的核心技术研发团队，规模约 200 人，重点发展石墨烯材料的规模化制备技术和装备，以及"撒手锏级"的应用技术，确保在未来石墨烯产业竞争中的核心竞争力。"蛋清"代表若干个"研发代工中心"，针对企业的特定需求，研究院成立专门的研发团队，开展"一对一"的研发代工服务。一方面解决企业研发能力不足的问题，同时为研究院的可持续发展提供市场支撑。从另一个角度讲，研究院为企业打工做研发，而企业则为研究院打工做市场，优势互补，互利共赢。最外层的"蛋壳"代表应用市场，研究院绝不停留在基础研究和技术研发层面，而是全力以赴推进技术的市场化落地。我们的战略目标是，打造一个千人左右的开放式石墨烯研发平台，创造一个千亿级的石墨烯产业。

给大家介绍几个过去三年来已经实现规模化和产业化的明星产品。第一个是领跑世界的 A3 尺寸石墨烯薄膜，年产 1 万平方米。每张 A3 尺寸的石墨烯薄膜售价 2 万元，还很贵。第二个是单晶石墨烯晶圆，4 英寸晶圆年产 10000 片，6 英寸晶圆年产 12000 片，每片售价 3000 美元以上。第三个是超洁净石墨烯薄膜，目前只有我们能够生产这种最高质量的石墨烯薄膜。石墨烯在高温炉子里"长"出来的时候非常脏，我们率先实现了超洁净生长。这种超洁净石墨烯的性能接近理论极限，代表着石墨烯薄膜制备的最高水平。第四个是超级石墨烯玻璃，我们自己发明的技术，年产 5000 平方米。我要强调的是，这些石墨烯材料的生产装备都是我们自己研制的，BGI 拥有自己的石墨烯装备研发中心，已经研制出一系列新型石墨烯生长装备。

北京石墨烯研究院的优势在于，我们拥有三大协同创新团队：（1）基础研究团队，依托北京大学高水平的研究生和博士后队伍；（2）专业的工艺研发团队；（3）装备制造团队。三个团队协同作战，缺一不可，快速推进着石墨烯材料的规模化生产工作。显而易见，单纯在北京大学做基础研究，没有后两个团队，则很难实现规模化生产；而只有后两个团队，没有强大的基础研究支撑，也很难有竞争力。对于石墨烯新材料来说，规模化是一个重大的跨越，也是推进材料产业化的关键。现实情况是，大部分的人都是在实验室里做研究，做出来的是石墨烯样品，谈不上是石墨烯材料。做材料规模化制备的团队很少，相比做样品来说难得多。在石墨烯材料研发方面，基础决定实力，工艺决定质量，装备决定胜负。基础研究至关重要，没有扎实的基础研究做支撑，就没有实力和竞争力。2021年9月，国家自然科学基金"石墨烯制备科学"基础科学中心正式获批成立，依托北京大学和北京石墨烯研究院。这是石墨烯领域的第一家基础科学中心，是对我们过去十几年来工作的认可，也是我们继续前行的信心和基础。只停留在基础研究阶段，没有规模化制备工艺的研发，就不可能生产出高质量的石墨烯材料。与此同时，自己做装备非常重要，装备是工艺的"固化"，先进的制备工艺需要新的装备来实现。当然，自行研发装备也是保护自主知识产权的重要举措。

从基础研究走向产业化时，必须转变思维方式，实现从研究思维到工程思维和产业思维的跨越。这一点极为重要。研究思维是什么？研究思维是好奇心驱动，是发散性的思维方式。新奇特很重要，创新性来源于此，这是科学家的思维模式。工程思维是什么呢？工程思维是聚焦一个特定的东西，造出一个具体的东西来，比如一座桥梁，不能满足于搞花样，这是工程师的思维方式。产业思维是什么呢？产业思维是必须考虑市场因素，考虑成本、价格和可竞争性。实际上，并非最好的技术和最好的材料才能进入市场、占领市场。对于石墨烯新材料来说，光有研究思维肯定不行，要有工程思维，还要有产业思维，三者有效结合才能真正推动产业发展。我认为，产学研协同创新的关键是让科学家、工程师和企业家有一个公共平台、共同的抓手和利益共享机制，三者缺一不可。

现在大家经常讲的科技与经济"两张皮"的问题，实际上就是产学研协同创新机制还没有理顺，还有很大的提升空间。目前，存在两种截然不同的产学研协同创新模式：一个是单一主体内的协同创新模式；另一个是多个主体之间的协同创新模式。像华为这样的大型高科技企业就是典型的单一主体协同创新模式，他们自己拥有科学家团队、工程师团队，以及市场运作团队，在一个统一的目标和利益链上协同创新。另外，多主体的协同创新模式涉及大学、科研院所、新型研发机构或创新中心，以及企业等独立实体，希望在共同的目标牵引下，步调一致地协同创新。两种模式哪一种更高效，其实一目了然，前者就像一台高速运转的机器，而后者则像多台同步运转的机器群，难度完全不同。在当前情况下，我们国家不知不觉地、更多地重视多主体的协同创新模式，让一大堆机器顺畅地协同运转，选择的是一条难度极大的路径，值得深思。我国应该更多地推进单一主体的协同创新模式，让千千万万个具有内部协同创新能力的企业成长起来，这才是解决产学研协同创新难题的根本之道。大家的共识是，工程化研发是基础研究成果走向产业落地的必经之路，也是当前我国产学研协同创新链条的薄弱环节，而企业才是一切基础研究和技术研发成果转化落地的关键所在。没有企业机制，没有企业家的担当，"卡脖子"技术永远解决不了。发展石墨烯产业绝非一朝一夕的事情，需要国家意志和市场意志的有机结合，需要长期不懈的努力和不屈不挠的坚持，而可持续发展能力是走向未来的关键所在。我的团队也在布局长远，寻找石墨烯材料的"杀手锏"级应用。事实上，目前的石墨烯应用场景基本上都是"工业味精"和"添加剂"的角色，石墨烯并非不可或缺，甚至只是噱头而已。石墨烯的"撒手锏"级应用仍在探索之中，这种应用具有不可替代性，将带来传统产业的升级换代，甚至创造出全新的产业来。下面举几个我们正在探索的实例。我们尝试把石墨烯跟 LED 照明技术结合起来，利用石墨烯作为第三代半导体材料的外延缓冲层，效果很不错。这种全新的技术路线使得 LED 发光效率提高 35%，深紫外 LED 波长已达到 280 纳米。我们还发明了"烯碳光纤"，把石墨烯直接生长在传统光纤表面，用以制造电光调制器、光纤探测器、锁模超快激光器等。我们的研究表明，"烯碳光纤"技术有望把石墨烯新材料和光通信技术巧妙结合起来，开辟出全新的下一代光纤产业。最令人兴奋的是石墨烯玻璃纤维材料，这是北京石墨烯研究院开发的全新的石墨烯材料。这种材料具有极高的电热转换效率，达到 94% 以上，远远超过广泛使用的电阻丝，而且升温速度极快，有望成为传统电热产业的颠覆者。石墨烯玻璃纤维材料已经在军工领域获得实际应用，这是我们团队的一个重大突破。这些都是未来的技术，可能会彻底改变一个行业，我们充满期待。

北京石墨烯研究院还提出了一个"研发代工"的概念，致力于打造"研发代工"新模式，让科学家和企业家同乘一条船。这是一个全新的产学研协同创新模式，针对企业的研发需求，在北京石墨烯研究院成立"研发代工中心"，开展一对一的研发代工服务。通过全过程利益捆绑，长期稳定地服务于企业的高技术研发，与企业一道打造品牌产品。一个成功的例子是"BGI 神州轮胎研发代工中心"，与神州轮胎公司合作，把石墨烯用到航空轮胎中，解决国产航空轮胎使用寿命过短的难题。我们还与中蓝晨光化工研究设计院有限公司合作，成立"特种纤维联合实验室"，共同推进石墨烯—芳纶复合纤维材料的研发工作。

我们追求目标是，孵化一个以石墨烯材料研发、生产和销售为主体的石墨烯高科技企业，向全球提供最具竞争力的石墨烯材料及其制造装备和相关检测设备，打造一个千亿级的石墨烯产业帝国。这是我们团队的宏伟目标，也是我们的中国梦，我们坚定不移，我们坚信不移。

新兴石墨烯产业呼唤全球合作。石墨烯新材料产业尚处在发展的初期阶段，机遇与挑战并存，全球范围的紧密合作至关重要。制备决定未来，BGI 拥有强大的规模化制备能力和装备研发能力，可向全球客户提供最具竞争力的石墨烯材料和装备，也愿以"研发代工"模式为全球客户提供石墨烯相关的技术研发服务，助力产业升级和新兴产业的开拓。我们愿与全球同道们携手前进，打造石墨烯产业的光明未来。

新科技浪潮之下智能世界
产业的未来发展

舒骋 *

* 随锐科技集团创始人。现任随锐科技集团董事长兼 CEO。

一、科技创新发展的重大意义和趋势

习近平总书记在党的十九大报告中，清晰描述了全面建成社会主义现代化强国的时间表、路线图：在 2020 年全面建成小康社会，实现第一个百年奋斗目标的基础上，再奋斗 15 年，在 2035 年基本实现社会主义现代化；从 2035 年到本世纪中叶，在基本实现现代化的基础上，再奋斗 15 年，把我国建成富强、民主、文明、和谐、美丽的社会主义现代化强国。

到 2035 年，我国基本实现社会主义现代化之际，我国经济和科技实力要大幅度提升，从而跻身全球创新型国家前列，以科技创新驱动社会经济各个方面的持续发展，更要为实现第二个百年奋斗目标奠定持久驱动力的基础，这进一步明晰了中国科技创新 2035 的目标与路径，以及实现该目标的重大现实意义。

中国各类科技企业作为国家创新系统的主要载体，承载着上述重大职责和使命。对那些有抱负的中国科创企业而言，在这关键的历史转折时期，必须强力打破对传统科技创新路径的依赖，加快科技创新的转型，面向全球需求从引进、模仿升级至集成、整合和原创，最后实现创新引领，确定自己在国家创新发展背景下的战略定位，坚持以科技创新驱动公司发展，推动产业发展升级。

今天中国面临着以人工智能、生命科技、区块链、新材料和5G/6G"天地空一体化"通信技术为代表的新一轮科技革命带来的巨大机遇，同时也要面对科技革命带来的重大挑战。

在全球创新格局、贸易体系和地缘政治格局加速变革的百年未有之大变局背景下，对于企业、政府、高校等各类机构来说，究竟应该如何迈出正确的科技转型之路？又该怎样高效实现融合创新下的快速发展？这是一个需要长期探索与实践的命题。对企业而言，应考虑立足当下，针对中国国家战略和路线图，制定面向未来2035年以及2050年两大阶段企业自身的奋斗目标。从科技发展的角度进行判断，未来产业界的发展方向究竟如何，未来世界又将变成怎样？这是需要我们认真研究和探索的重要课题。

第一，智能制造成为世界各个强国，尤其是全球制造业大国的竞合焦点。在全球自动化工厂到智能工厂的转变过程中，智能制造是基于新一代信息通信技术与先进制造技术的深度融合，贯穿于设计、生产、运营、管理、服务等制造活动的各个环节，具有自感知、自学习、自决策、自执行、自适应等功能的新型生产方式。未来，主要发达国家和地区经济体，将纷纷聚焦新一代的智能制造，制定制造业中长期发展战略，抢占先进制造业发展制高点。各国将竞相推进智能制造发展，针对关键共性技术、智能制造系统平台和工业互联网加以布局。而在这个过程中，大范围的产业合作将是必然趋势。中国作为世界第一制造业大国、第一工业产值大国，在这个智能制造新趋势下，具备相当好的产业基础和开局优势。

第二，科学技术创新发展和应用融合在加速，从多点突破迈向系统集成。以物联网、工业互联网大数据、云计算、边缘计算、人工智能为代表的新一代信息技术，以 3D 打印、机器人、人机协作、精密基因工程等为代表的新型制造技术，将与新能源、新材料以及生物科技汇聚形成多点突破、交叉融合的趋势，这将推动科学技术创新加速发展，并将改变人类的生产生活，改变世界。

第三，全球产业融合在加速跨界创新和新业态创新，智能装备被广泛应用。信息科技类企业和互联网企业，将充分发挥自身信息技术领域的优势，投资到各个领域的实体经济；传统制造企业也在大力投资智能制造以实现产业改造升级。

随着智能化进程的加快推进，以工业机器人为代表的智能装备将会被更广泛应用。随着信息技术的进步，工业机器人将更有效地接入网络，组成更大的生产系统，多台机器人协同实现一套生产解决方案成为可能，"机器换人"已经成为工业生产的一大趋势。

通过上述对产业发展趋势及新技术创新发展方向的研判，我们正在走向一个万物互联的智能世界（Intelligent World），这个智能世界的发展态势，将极大改变人类生活与工作的方方面面。而在现阶段，全球信息科技产业的一个重要趋势就是：建设及运营一个全新的智能世界基础平台。随着未来万物互联的智能世界到来，人类的各类产业与生活需求也将更加复杂化、多元化和多维化。有实力、有抱负的科技公司在这个过程中要抓住机遇，要结合产业趋势、国家态势、世界大势来挖掘和发挥企业优势，满足未来智能世界里人们的需求，从而寻求赢得在智能世界产业的竞争。

二、智能世界及其趋势

未来 20 年的世界，一定是一个富有特色的智能世界。智能世界不同于 IBM 在 2003 年提出来的"智慧的星球"理念。"智慧的星球"理念着眼点在基础设施层面，而智能世界强调实体基础设施和信息基础设施不应分开建设，而是要建设统一的智能基础设施。在当下智能世界中，智能的覆盖面将在广度和深度上给人类带来巨大的变化。相比于过去 20 年提出的所谓"智能互联"和"智慧星球"等概念体系来讲，全新的智能世界是全方位的，有着更深的内涵和更广泛的外延。

那究竟何为智能世界（Intelligent World）？

通过对未来智能世界发展趋势的深度解析，我们对智能世界的构成维度进行了多方面的综合分析论证。

从广义上讲，"智能世界"是一个以数据为驱动，结合通信技术、大数据、人工智能、云计算、边缘计算、区块链等领域的创新技术，通过连接政府、企业、家庭和个人的海量终端与应用，通过人工智能全方位深度应用提升各行各业的生产力水平和人们生活中的智能体验，形成一个万物感知、虚实交互、万物智联的智能综合生态平台。

智能世界，未来首先是万物互联，而且人和装备会有机融合。例如，到 2035 年和到 2050 年前后，我们可能会看到人的身上会装配很多 IoT（物联网）物件。就像小孩子出生要接种疫苗，未来人类的身上会注入许多的智能芯片，来保障我们的生活品质和健康体系，来提升我们个人的人身安全。所以智能世界是包罗万象而且主题突出的，未来在科技领域，一切都将面向智能世界完成升级和换代。

从普通大众的感知体验方面，万物互联的智能世界有四个特征：拓展人类感知边界，提高信息联通效率，从数字到数智，万物智能。而这四个特征将从衣食住行当中融入我们生活的方方面面，融入各行各业。

拓展人类感知边界：从人的智能到机器的智能。以前我们是通过自己的触觉、听觉和视觉去感受这个世界，未来将突破人类感知的极限，利用智能传感设备通过计算机感知能力去感知世界。

提高信息联通效率：通过全球化的高速互联网络，将机器感知到的信息，实时上传到云端进行处理，形成物和物的快速连接。

从数字到数智：通过云端或者边缘节点，将接收到的数据进行实时处理，变成可量化的信息和可计算的知识，实现自决策和自执行，提升数据的价值。

万物智能：任何设备都将接入互联网，将人类带入"万物智能，互联计算"的物联新世界。

在智能世界里，传统行业将被改变。

以下从旅游、物流、智慧城市管理、体育四个领域来举例说明：

在旅游业，未来将通过大数据对很多旅游景点实现人流预警、预测，帮助园区提升游客的满意度和舒适度，比如基于 IoT 的电子导游，基于语音的客服产品等。游客刷脸识别，享受 AI 实景、智能行程规划、智能停车等全方位的智能服务。未来的旅游景点和博物馆也会更多应用基于虚拟现实技术的线上旅游服务，让更多人在线参与文化类数字产品的设计与交易。

在物流业，智能订单识别技术已经推广，3 个小时能识别 2000 万张的手写订单，极大地降低物流成本；大部分的物流企业开始建设智能仓库，智能仓储可以将仓库的出库管理、车辆的轨迹调动相结合，从而实现整体效率数十倍的提升；未来智能配送机器人的普及，将改变传统物流行业的运行模式。

在智慧城市管理方面，城市的内涵正在不断丰富和延伸，逐步成为物理世界和数字世界融合的综合体，今天的城市也将被赋予前所未有的含义。随着数字技术深度融入政府管理、百姓民生、公共安全和产业发展等城市活动中，源于信息通信技术的创新力量正改变着人类的生活方式，智慧城市是数字技术驱动下的必然发展方向，也是工业化、城镇化和信息化之后新的发展阶段，将为人类创造更美好的生活带来新的愿景。

关于体育，在智能世界当中的体育一定是智能化的，无论是运动员成绩的采集收集，还是运动员的训练，都将通过科技手段进行。比如在训练当中，无论是技能型训练还是力量型训练，智能技术的应用，都将更加科学地矫正运动员的训练动作，或者是矫正运动员的训练强度。所有这些都将大量应用在体育场景当中。

未来的智能世界里将需要满足各行业、各场景的大量信息科技产品与信息解决方案，还需要芯片、操作系统和云平台的基座型技术。

三、智能世界大趋势下的产业发展机遇

在智能世界的建设与运营当中，大概有 30 多个一级大类，有 300 多个二级小类。面对如此众多的领域和行业门类，只有真正具备硬核科技实力的企业，踏实做好硬科技基础能力和基础生态的研发，才有可能乘势而起，为中国及全球的智能世界生态建设和运营贡献力量。在智能世界里，各类产业机遇是很多的，对有能力参与的企业而言，任何单独一家公司的能力和力量都是有限的，所以企业要找准自己的定位，在智能世界的建设过程中，把底层核心技术聚焦做深、做透，才能真正地参与智能世界的建设。

从云计算的角度来看，以通信云和行业管理云为例，只有具备从 IaaS（基础云）到 PaaS（平台云），再到 SaaS（应用云）的完整支撑能力的企业，才能真正发挥价值。而从智能机器人的角度，如果按照行业属性，可以宽泛地分类为工业机器人、商业服务机器人、生活服务机器人、军事机器人等。每一个类别，未来都将是千亿甚至万亿级别的市场。事实上，不同类别的机器人应用场景差别很大，而在底层技术支撑又有相通性。智能机器人只是人工智能这一大门类当中的一个小类。未来随着智能产品种类越来越丰富，无论是机器人还是智能终端，它们之间的互联互通又形成了在智能世界当中的物联网能力。

对于智能世界当中的硬件门类，可以简单概括为"端管云边网智"泛终端，端是涵盖了智能传感、智能设备的各类智能终端，是智能互联网及物联网设备的终端类产品；管是智能管道，是互联互通的网络连接管道产品与方案；云是智能云的云平台、云架构和云应用，是云计算类产品与方案；边就是智能的边缘计算和边缘安全网络，是边缘计算类产品与方案；网是以 5G/6G+ 星链网为基础的数据传输网络管道产品与方案；智是行业级智能融合的解决方案。而伴随智能化泛终端的普及，对于运营的要求将越来越高，运营不仅仅是终端运营，还包括数据运营，再有就是客户需求的整合和运营。所以未来在智能世界当中，智能制造技术和产品体系将会越来越庞杂。因此产业割裂、技术脱钩是没有发展前途的，智能融合整体解决方案将是产业发展的必然趋势。

列举几个未来智能世界当中的核心技术：人工智能（AI）、物联网（IoT）、工业互联网（Industrial Internet）、云计算（Cloud Computing，含通信云 Communication Cloud）、大数据平台（Big Data Platform）、边缘计算（Edge Computing）、信息安全（IT Security），最有价值的必然是技术的融合应用，一体化发展。

笔者所在的随锐科技集团就在这些领域做了一些类似的布局。

5G/6G、云网、IoT（物联网）、AI（人工智能）等技术的融合应用，正在塑造一个万物感知、万物互联、万物智能的世界，它将比我们想象中更快地到来。随着万物互联的智能世界到来，人们日常生活、工作的很多路径、方法以及解决方案都要升级，客户的需求将会更加复杂多变。而任何一家科技公司想要在这个过程中抓住机遇，就必须结合产业趋势、国家态势、世界大势来挖掘和发挥企业优势，满足未来智能世界里人们的需求，才能在智能世界产业竞争中赢得先机。

在最近产业界兴起了一个新概念——"元宇宙"。实际上，元宇宙就是智能世界的一个重要的构成部分，智能世界涵盖面更大，元宇宙的则要小一些。通俗地讲元宇宙，就是用增强现实、混合现实和虚拟现实等多维度综合技术能力，把各类终端设备和现有互联网技术结合起来，构建一个除了现实世界以外的一个虚拟混合的网络世界（Cyber World）。未来，会让人们在数字世界——元宇宙当中找到自己新的身份、新的定位和新的社会角色。

在未来十年，中国应该不会再有传统的企业，只会有数字化武装和数字神经网络支撑的企业。如果还有传统企业，它一定就会面临被淘汰或者倒闭。覆盖全行业、全领域的数字化建设将是产业发展的必然趋势。

第一，数字化是指企业无论是从生产制造到接触客户，从市场调研到市场反馈，从把产品和服务交付给客户，到后续跟进拓展新的市场；在整个闭环中，都是以数字化平台来做支撑。生产制造环节、物流环节、交付环节等整个大闭环，都是数字化架构及云网平台支撑。第二，数字化的企业，首先是一家企业，其次才是一家数字化的企业。企业存在的目的是要为自己的目标对象（客户）和目标市场提供有商业价值的服务，如此才能称其为企业，企业再进一步才是有价值的企业和能长期生存的企业。所以作为一家数字化的企业，实际上是通过数字化的手段，通过智能化的"装备"（这个"装备"未必是某一款硬件设备，而是全方位的能力），以提升企业服务目标市场和目标客户的效率，从而提升客户的获得感。提升效率的本质就是提升竞争力，提升竞争力自然可以提升企业的收入和利润，这就是企业数字化的价值。

第三，传统企业的痛点与传统企业数字化转型的效率有密切关系，痛点越大的传统企业，往往数字化转型的效率是最高的。举例说明，现在几乎所有流通类的商贸企业已经基本实现了数字化转型，这是痛点最大的行业之一。为何如此？因为当电商平台出现以后，如果传统的商贸企业不做数字化平台建设，就会面临倒闭。如果经营方式没有完成数字化改造，也将面临倒闭。所以我们可以看到这样一幅景象：很多县城里的服装店、化妆品店逐渐濒临倒闭，本质原因是它们距离客户越来越远，因为原本属于它们的客户现在只要鼠标轻轻一点，就可以在网上下单买到更加便宜且更有品质保障的服装和化妆品，不满意还可以退货。所以传统行业里，在商业流通领域开店、卖货的那些人，他们最早完成了数字化改造。

人们之所以愿意到这些大平台上开店，是因为大电商平台掌握了流量，他们改变了人们的消费习惯。"得客户者得天下"，这是企业经营亘古不变的真理，同样的案例延展开，相信未来在工业生产类企业当中将会同样发生，比如：生产贵金属的企业（或者是生产黑色金属，抑或者是生产某种原材料的企业）以及生产发电机、发动机或者生产某一个零件的企业，将会存在同样的问题。他们的传统客户会要求从采购到质量评估到交付全流程数字化，客户会要求看到实时库存有多少，看到从下单开始，产品的生产周期和交付周期，当客户需求升级以后，唯有实现顺势转型的企业才能生存。

以上所述这些案例，我们把它定义为不仅是商业产品数字化，更要有生产环节数字化、设计环节数字化、交付环节数字化、运营环节数字化，所有这些数字化五位一体融合在一起，企业未来才能够生存发展。所有无法实现数字化改造的企业，都将在未来 10 年里消失不见，就像县城里逐渐消失的服装及各种生活消费品实体店一样。

未来，企业数字化能力的支撑、云网能力的支持是企业实现数字化的关键，企业的服务要通过"云＋网"来进行支撑，但是云网支撑能力对客户来说是隐形的。在智能世界当中，产业技术感知层面的发展趋势就是：越落后的技术，越能进入客户的视野；而最先进的东西，往往只是让客户体会到了方便，企业后台云网支撑能力便是如此，虽然不需要被客户看到，却关系企业生死存亡。

四、智能世界的建设与运营

如果用一句话对智能世界的建设与运营方向进行系统的阐述，就是：用产品与方案，打造智能世界基座，构建数字融合的智能世界。

而智能世界业务板块涵盖：高速通信、泛在感知、智能载体、信息安全及独立数字生态，信息与数据被赋能后，将成为取之不尽的生产与生活资源。未来在智能世界领域的业务范围非常广泛，以云计算（含通信云）、大视频、AI（人工智能）、5G/6G、IoT（物联网）、全云化网、信息安全、数字生态等领域为例，在智能世界当中，上述每一个领域都蕴含超万亿的市场规模。智能科技必将服务于每个组织、每个企业、每个家庭、每个人。

对于企业而言，奋斗的方向应该是为客户提供安全可信赖、有竞争力的产品、解决方案与服务，与产业内数字生态伙伴开放协作，为客户创造价值，激发组织创新、丰富家庭生活、释放个人潜能。企业唯有突破智能世界在能力、连接、商业、体验、生态协作等方面壁垒与边界，才能真正促成数字融合的智能世界。

如今，科技的发展速度远远超越想象。以 5G/6G、云、AI 为代表的数字技术，不断突破边界，实现跨越式发展。技术的创新正从单一学科到跨学科交叉，从单点技术到跨技术协同，从垂直行业到跨行业融合发展，数字化、智能化的未来正在加速到来。

展望未来，2035 年是中国发展的一个重要节点，党的十九大报告指出，2035 年中国将基本实现社会主义现代化，智能世界也一定会在这一国家发展大趋势下逐步实现。目前我们隐约可以看到智能世界 2035 年的商业原型和技术雏形。预计到 2030 年，人类将进入 YB 数据时代（YB 为计算机计量单位，1YB=1 千万亿 GB），随着量子计算等新技术的出现，全球通用计算算力、AI 计算算力也将出现数百倍的增长，各行各业，如新型通信、元宇宙、生物科学、新能源、智能家居、数字城市、双碳产业等，都将面临新的发展机遇，而所有这些都离不开信息技术的支撑。

有市场就会有竞争。对科技公司而言，只有不断地创新，坚持"以创新科技产品驱动公司发展"的基本方针，科技企业才能够在未来的智能世界市场格局和竞争格局中取得重要入场券。

随着 5G/6G+AIoT 时代的到来，在中国鼓励先进制造、硬科技、新基建、数字经济这一大背景下，通过聚焦智能世界的建设与运营，科技企业要以客户为根本，以提升客户体验为永恒追求，发展成拥有超大规模客户群的智能世界建设者和运营商，面向全球用户提供高效智能的各类科技服务。

面向未来十年的技术发展趋势，基于高稳定性、大进发的云计算能力，目前，各类科技企业在布局的产品已覆盖人工智能、物联网、工业互联网、云计算、大数据平台、边缘计算、信息安全等各大领域。

在"智能世界"的蓝图中，新技术将帮助人与人、人与物之间的沟通变得更加顺畅，将又一次彻底地改变人类的生活方式。

而随着智能终端越来越多，科技将服务于每个组织、每个企业、每个家庭、每个人，与业内的云网生态伙伴一起开放协作，突破智能世界在能力、连接、商业、体验、生态协作等方面的壁垒与边界，共建数字融合的智能世界。

随着数字经济的快速发展，各行各业的数字化转型需求日益迫切。对于企业尤其是传统行业的企业而言，数字化转型已经不再是一道选择题，而是一道生存题。为有效助力企业特别是传统企业实现数字化转型，推进数字经济与实体经济的深度融合，科技企业与传统企业融合创新，科技企业的优势是数字化能力，而传统企业对于业务的认知深度同样至关重要，两相融合，已经形成了一系列的经典案例。

以通信云行业为例，技术的迭代升级，让人与人之间的交流更加通畅，通过云视频会议解决方案为各类生产型企业赋能，让沟通变得更加高效便捷，诸如产品生产计划、销售数据分析报表等都可以进行远程实时共享，身临其境并且可以进行标记和注释，在有效拉近产销端距离，节约时间和人力、差旅费用的同时，极大地提高了效率。

在中国政法系统的协同办公领域，法院的协同办公平台早已实现了全流程网上办公精细化管理，统一公文流程管理规范和全国四级法院公文贯通，科技极大地助推了我国"智慧法院3.0"建设进程。跨网、跨终端桌面掌上同质化办理，实现了一体化应用，数据实时同步和交互。到目前为止，最高人民法院的非密纸质公文全面电子化已达到80%，人均流转数的覆盖率100%，日行文数超过310件，日流转数超过2700次，显著降低行政成本，让办公更高效便捷，让管理更精细规范。

全球瞩目的北京2022冬奥会已在2022年3月胜利闭幕，在这届北京冬奥会当中，各类新型科技元素随处可见，智慧体育已然成为现实。早在北京2022冬奥的筹办之初，国家科技部就联合相关部门研究制定了《科技冬奥（2022）行动计划》，围绕"零排供能、绿色出行、5G/6G共享、智慧观赛、运动科技、清洁环境、安全办赛、国际合作"8个方面开展工作。在冬奥会期间，无论是闭环区内的主运营中心、新闻中心，还是各比赛场馆，各类科技企业的技术保障人员随处可见，为五大保障系统、六大应用场景中提供专业的技术保障，这在推进冬奥会低碳管理、助力冬奥组委实行低碳办公和运行方面发挥了较大的作用。

这些都是基于智能世界的大方向进行社会与产业生态建设的一些现实案例。

未来已来！一个全新的智能世界，已然呈现在我们面前。中国正在走向民族复兴，然而在许多的硬核科技和基础科技领域，我们中国的科技能力和产业生态还是相对落后的，科技界和企业产业界唯有保持清醒头脑，看准方向，继续保持艰苦奋斗。

道阻且长，行则将至！我们欢迎新型智能世界，我们拥抱新型智能世界，我们一起规划和建设全新的智能世界！

环境篇

生态文明时代大气环境
治理的变革与转型

张远航　戴瀚程 *

*　张远航，大气环境专家，中国工程院院士，北京大学环境科学与工程学院教授。

　　戴瀚程，气候环境政策专家，国家优青，北京大学环境科学与工程学院研究员、环境管理系主任。

伴随着大气污染防治攻坚战和蓝天保卫战的全面扎实推进，我国空气质量已取得阶段性显著改善，更多的蓝天白云取代了灰霾天气，越来越多的城市空气质量实现了达标。但近年来，臭氧污染成为大气环境管理的新难题，大气复合污染问题仍然突出。与此同时，在国内高质量发展转型需求和国际应对气候变化行动的共同推动下，我国加快减污降碳的决心和信心也在不断增强，提出了"二氧化碳排放力争于 2030 年前达到峰值，努力争取 2060 年前实现碳中和"的战略目标（简称"双碳"战略）。在经济发展转型关键期和环境质量优化攻关期叠加的当下，如何抓住新一轮科技革命和产业变革这一前所未有的历史机遇，同时实现空气质量根本改善和碳达峰碳中和的目标，其关键是推动生态文明理念下的减污和降碳的深度融合。本讲将梳理我国大气污染特征与防治历程的演变，分析大气复合污染与气候变化的关联，考察"双碳"战略推动减污降碳深度融合的机制和潜力，探讨生态文明理念下实现碳中和与空气质量根本改善的转型之道。

一、任重道远：我国大气污染特征及其治理历程

改革开放以来，我国经济发展步入了快车道，城镇化和工业化进

程取得了举世瞩目的成就。2021 年，我国人均 GDP 超过 1.2 万美元，是 1978 年的 77 倍，即将步入高收入国家行列，城镇化率也从 1978 年的 18% 增长为 2021 年的 64.72%。但与此同时，我国的经济发展模式过度依赖投资和出口拉动，形成了以煤炭为主的能源结构、以高能耗高污染为主的产业结构、以公路为主的运输结构，大气污染排放远超环境承载力。

我国从 20 世纪 70 年代就开启了环境保护工作，强调环境与经济协调发展。然而，在相当长的时间里，环境保护处于边缘化的地位，从属和让位于经济发展，环境治理能力远远滞后于社会经济发展，本该在不同阶段解决的污染问题逐步叠加，发达国家经历了上百年的大气污染问题在我国集中爆发，煤烟型污染、灰霾污染和光化学烟雾污染同时存在并相互耦合，形成了显著区别于发达国家的大气复合污染，形成机制十分复杂，呈现出区域性和复合型的污染特征。在京津冀、长三角、珠三角、成渝地区等重点城市群显现得尤其突出，20世纪末，这些地区的年平均灰霾天数通常在 100 天以上，对大气污染防控提出了极大挑战。

自 1944 年美国洛杉矶光化学烟雾事件和 1952 年英国伦敦烟雾事件以来，西方发达国家对大气污染问题进行了长期探索和有效管控，早期集中在燃煤烟气治理、80 年代关注酸雨污染和光化学烟雾污染控制、20 世纪末强调 $PM_{2.5}$ 达标，随后转向 $PM_{2.5}$ 与臭氧协同控制，并探索大气污染与气候变化的相互影响。可以说，西方发达国家的工业化过程长达百年，在此期间，虽曾发生过短期的污染公害事件，但总体而言，这些国家的污染治理工作得以在较长时间范围内有序开展，逐步形成了以环境空气质量标准为导向、多污染物协同多目标统筹为策略、联邦—州—城市跨部门协同应对的污染联防联控体系，实现了环境污染问题分步骤、分阶段的有效解决。

相比之下，我国长期积累的污染问题尚未解决，新问题接踵而来，且相互耦合、集中爆发，污染治理攻坚期与经济快速发展期高度重合，污染治理的难度更大，公众期待空气质量改善的时间窗口期更窄。2013 年以来，为尽快遏制大气污染日益严重的趋势，国家"重拳"出击，相继启动了《大气污染防治行动计划》和《打赢蓝天保卫战三年行动计划》，以 $PM_{2.5}$ 和 PM_{10} 浓度下降、优良天数提升和重污染天气控制为导向和约束，推行能源、产业、交通和用地等四大结构调整，组织重大专项治理行动，强化燃煤锅炉整治、散煤清洁化替代、落后产能淘汰、"散乱污"企业整治、电厂超低排放改造、非电行业治理、工业提标改造、移动源排放管控、扬尘综合治理等有效措施，使 SO_2、PM_{10}、一次 $PM_{2.5}$ 排放量显著下降，环境空气质量快速改善（见图 14-1），灰霾天数显著减少。2020 年，337 个城市 $PM_{2.5}$ 年均浓度由 2015 年的 $46\mu g/m^3$ 下降至 $33\mu g/m^3$、北京降至 $38\mu g/m^3$、珠三角区域平均降至 $23\mu g/m^3$ 并连续 6 年达标，取得了大气污染治理历史上的重大突破。

同时，也必须清醒地认识到，我国空气质量的根本改善任重道远，大气复合污染治理的前行道路依然崎岖。一方面，$PM_{2.5}$ 污染负荷还很高，全国 43% 的城市 $PM_{2.5}$ 年均浓度未达到现行国家空气质量标准（$35\mu g/m^3$），若按照 WHO-IT2（$25\mu g/m^3$）和 WHO-IT3（$15\mu g/m^3$）来衡量，全国分别仅有 107 个城市和 17 个城市达标。此外，北方冬季重污染问题依然突出。另一方面，多污染物控制策略实施不均衡，NOx 减排成效不显著，VOCs 治理薄弱，导致近年来我国臭氧（O_3）污染问题日益突出（图 14-1），且污染程度、污染范围和持续时间有扩大的趋势，在空气质量超标天中的占比也逐步增加，成为制约城市和区域空气质量改善的瓶颈。然而，当前我国缺乏清晰的针对 O_3 污染控制的约束目标和路线图，现行空气质量标准对推进 $PM_{2.5}$ 与 O_3 协同治理尚显动力不足，污染治理中仍普遍存在重 $PM_{2.5}$ 轻（畏）O_3 的现象。要冲破这些约束和困境，应着力推动和完善多污染物协同控制策略，构建空气质量精细化管控技术体系，既要强化一次污染物高效减排、降低一次污染物的浓度水平，更要强调大气氧化性在二次污染形成中的驱动力，开展以大气氧化性调控为核心的多污染物非线性减排，支撑 $PM_{2.5}$ 和 O_3 协同治理的区域实践。

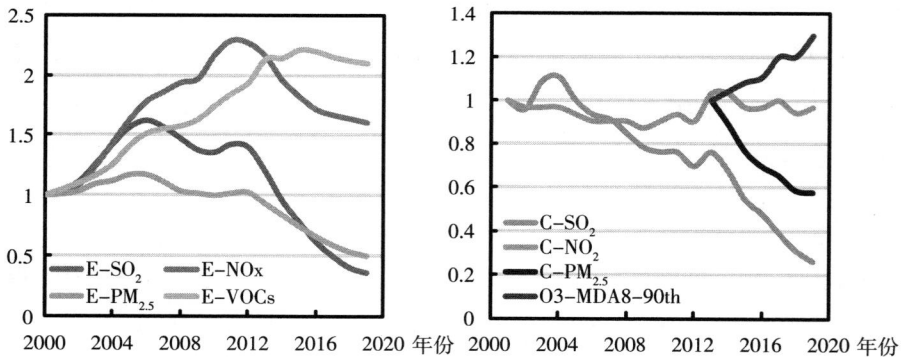

图 14-1　近 20 年我国大气污染主要指标变化趋势（2000 年或 2013 年指标值为 1）

左：排放量；右：环境浓度（$PM_{2.5}$ 和 O_3 为 74 城市平均）

二、破解难题：大气污染与气候变化的内在关联

工业革命以来，人类活动对环境的影响已远远超过自然变化，尤其是大气污染、气候变化和生态退化的不利影响日益严重，受到越来越多科学家、政府和公众的关注。在全球经济和人口增长驱动下，人为温室气体年排放量快速增加至 600 余亿吨，二氧化碳（CO_2）、甲烷（CH_4）、氧化二氮（N_2O）等温室气体的大气浓度屡创新高，联合国政府间气候变化专门委员会（IPCC）最新的第六次评估报告（AR6）更是指出，2021 年全球平均温度相比前工业化时期上升了 1.12 ℃。遏制气候变暖趋势、实现碳中和已成为国际社会的广泛共识。与此同时，我国正处于工业化、城市化进程的关键时期，偏重化石燃料的经济发展模式使我国成为世界上最大的碳排放国，面临着碳减排的巨大压力。

气候变化与大气污染是存在相互影响的，在全球气候变暖背景下，我国大气污染控制难度加大，而大气污染反过来也是全球变暖的驱动力之一。大气污染的变化主要由三个因素驱动：人为排放、气候气象和大气化学。尽管空气污染的长期趋势由人为排放主导，但气候气象条件也与大气污染物浓度的短期和年代际变化密切相关，并显著影响了污染物在大气中的化学转化过程。随着全球变暖趋势进一步加剧，我国中东部冬季大气扩散条件转差的局面可能会持续较长时间，导致边界层风速减小、相对湿度增加、大气层结更加稳定，从而更易于发生雾霾污染天气。反过来，以气溶胶为代表的大

气污染物是仅次于温室气体的第二大气候强迫因子，不同大气污染物种又会对全球气候造成不同的影响。联合国政府间气候变化专门委员会第六次评估报告（IPCC AR6）指出，由于气溶胶在大气中的寿命较短，改善空气质量的措施会导致大气中气溶胶浓度在短期内快速下降，从而快速对气候系统施加额外的增暖效应，进一步放大温室气体增温效应主导下的全球变暖。2006—2014年中国人为气溶胶排放减少导致中国东部年均有效辐射强迫增加0.7Wm^{-2}，特别是夏季平均有效辐射强迫增加2.5Wm^{-2}，进而导致这段时间内年均地表空气温度增加0.18℃。

实际上，导致大气污染和气候变化的主要污染物同根同源，二者具有协同治理的重要潜力。随着对大气污染与气候变化过程相互作用认知的加深，多污染物协同治理越来越成为世界各国应对大气污染和气候变化问题的重要策略。美国加州是最早对空气污染与气候变化进行协同治理的地区之一，其提出的《2017年湾区清洁空气计划》是北美第一个协同改善空气质量和应对气候变化的区域性规划。该规划针对不同来源（如交通、能源、工业、水资源等）设立了部门减排目标以及多污染物减排目标（包括CO_2等温室气体），并相应地对不同行业提出了针对性措施。其中，主要针对交通、电力和工业这三个主要排放源采取了一系列减排措施，包括推广先进清洁乘用车和卡车，制定更加严格的燃料效率标准、低碳燃料标准、可再生能源配额制，更严格的发电厂温室气体绩效标准，更严格的能效项目和建筑节能，以及针对工业部门的碳排放总量控制与交易。通过这一系列政策工具的实施，加州的传统空气污染物与温室气体协同治理取得了阶段性效果，也因此积累了丰富的治理经验。

20 世纪 90 年代，在总结国内外不同阶段大气污染特征、来源成因和环境影响研究成果的基础上，我国科学家就提出我国存在区别于发达国家的"大气复合污染"（见图 14-2），其在现象上表现为大气氧化性物种和细颗粒物浓度增高、大气能见度显著下降和环境恶化趋势向整个区域蔓延，在污染本质上表现为物种之间的交互作用及互为源汇、物种在大气中转化的多种过程的耦合以及污染环境影响的协同或阻抗效应。这一理论还指出，当大气中某种物质的浓度超过了正常水平，而对人类、生态、材料或其他环境要素（如大气性质、水体水质、气候等）产生不良效应时，就构成了大气污染。考虑到大气污染与气候变化同根同源的基本属性，大气污染概念已在关注大气污染及健康影响的传统范畴基础上进行了多方面拓展，例如 CH_4 和 CO_2 的环境影响。美国环保署（EPA）在 2000 年前后也将污染物的概念从常规污染物拓展到 CO_2 及其他温室气体；排放源已从人为排放源拓展到天然源的排放，如农林、绿地等排放 VOC 将造成局地高浓度臭氧，稻田、牲畜等排放甲烷将造成全球气候变化；研究范畴拓展为对大气性质、水体性质等环境效应和气候变化的影响。在城市和区域尺度，大气复合污染重点关注一次污染及二次污染及其对人体健康、生态系统及大气能见度的影响，在区域及全球尺度则主要关注 NOx、CO 和 CH_4 对大气氧化能力以及 CO_2 和短寿命辐射强迫污染物对气候变化的影响（见图 14-2）。

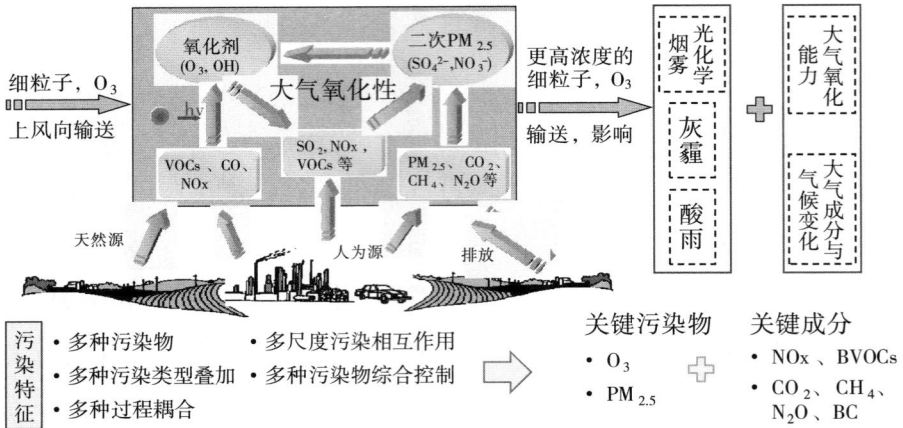

图 14-2　大气复合污染形成机制及环境与气候效应

三、协同共赢：减污和降碳两大战略的深度融合

2015 年，《巴黎协定》确定了本世纪末温升不超过 2℃、力争低于 1.5℃ 的气候目标，要求全球于 2050 年左右实现温室气体净零排放，即碳中和。毋庸置疑的是，碳中和是遏制全球气候持续变暖的广泛共识，迄今为止，全球已有 130 多个国家和经济体相继提出了碳中和目标，其温室气体排放量占全球排放超过 70%，经济总量在全球的占比超过 50%。欧盟、英国、日本、韩国等地区纷纷提出"绿色新政"，美国也将气候变化置于国内外政策的优先位置。中国政府于 2020 年提出"碳达峰、碳中和"的"双碳"目标，即二氧化碳排放力争于 2030 年前达到峰值、2060 年前实现碳中和。2021 年，中国政府组织制定并发布了"1+N"政策体系，涵盖了能源、工业、交通运

输、城乡建设等分领域分行业碳达峰实施方案，强调"上下联动""跨部门协同"，向世界展现其强大的气候治理能力。

近十年来，全国污染物排放负荷总体呈下降趋势，其中 SO_2、一次 $PM_{2.5}$ 排放量快速下降、NOx 缓慢下降、VOCs 和 NH_3 在高位稳中有降（图 14-1），并初步实现了与 CO_2 的协同减排，污染物减排成效主要来自农村清洁取暖、非电行业治理、燃煤锅炉整治、高污染排放企业错峰生产限产等措施。《打赢蓝天保卫战三年行动计划》实施以来，国家在能源、产业、交通、用地四大结构调整和专项治理行动方面实施了一系列重大举措，取得了一定成效，但以污染防治和空气质量目标为牵引的四大结构调整没有取得根本性突破，亟待寻求转型的新抓手与新动力。中国工程院《〈打赢蓝天保卫战三年行动计划〉实施情况评估报告》认为，我国大气污染末端治理的污染减排空间将大幅缩窄，需尽快释放四大结构调整的污染物削减潜力，助力空气质量持续改善和基本消除重污染天气。实际上，温室气体和大气污染物存在"同根同源"的特征，主要来自化石燃料和生物资源能源化与产品化，"双碳"战略在加速社会经济绿色转型和四大结构低碳化的同时，也将促进 $PM_{2.5}$、NOx、VOCs、CO_2 等污染物同步源头高效减排。据分析，粤港澳大湾区"双碳"战略到 2030 年对 NOx 和 VOCs 减排可提升 15%—25%，有望助力实现 O_3 达标；在全国层面，碳达峰可推动全国 $PM_{2.5}$ 平均水平下降至 $25\mu g/m^3$，碳中和将实现 $PM_{2.5}$ 下降至 $7.6\mu g/m^3$，达到 WHO 第四阶段过渡目标；因此，"双碳"战略和减污降碳协同增效，为我国加速实现空气质量根本性改善创造了前所未有的契机。

空气质量的根本改善，需要实现 $PM_{2.5}$ 和 O_3 协同防控，形成结构减排为主、末端减排为辅的新格局，推进 VOCs 与 NOx 科学减排，NOx 排放降至千万吨以下，环境空气质量满足"美丽中国"的建设目标。在现行环境管理框架下，减污和降碳两大计划仍然相对分离，协同增效作用不突出，特别是对 O_3 污染控制缺乏清晰的约束目标和路线图。要根本解决这些问题，迫切需要实质性地推进"空气质量改善行动计划（2021—2025）"与碳达峰碳中和实施方案的深度融合，聚焦污染物与温室气体的同根同源性，建立两大战略协同推进机制，包括目标协同、路径协同和政策协同，有效落实四大结构调整对污染物的源头大幅减排，显著提升"双碳"战略背景下 $PM_{2.5}$ 与 O_3 污染协同治理成效（见图 14-3）。

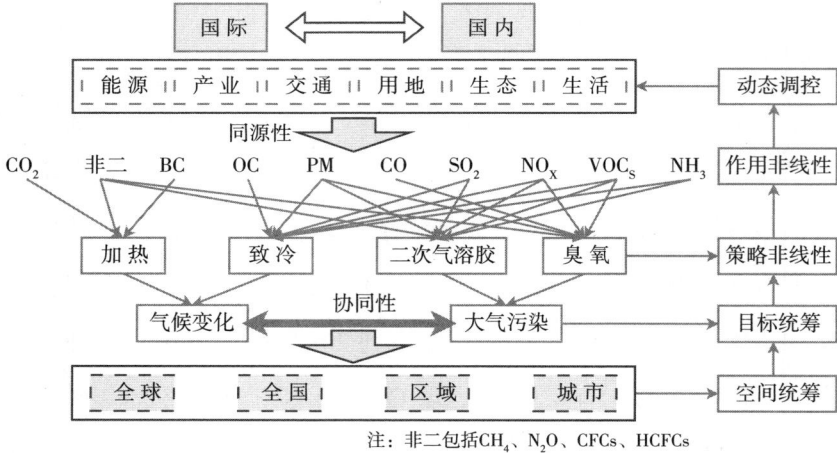

注：非二包括CH_4、N_2O、CFCs、HCFCs

图 14-3　减污降碳协同增效的精细化调控技术体系

减污降碳协同增效的核心是多污染物协同、多目标统筹及精细化综合调控。大气污染物与温室气体排放具有同源性，减污与降碳在减排路径上具有高度一致性，这就意味着实现碳中和与改善空气质量可以统筹谋划、有序推进、协同实施。具体体现在：

（1）目标指标上，无论是空气质量改善或温室气体减排，本质上都是为了在城市、区域、国家到全球不同空间尺度上促进人类社会绿色可持续发展，在不破坏环境质量的前提下推动社会发展，维护生态平衡，实现人类社会高质量发展的和谐统一与人民群众的健康保障。

（2）管控对象上，产业结构、能源结构、交通运输、用地类型、生态系统、居民消费等都是空气质量改善和温室气体减排所共同需要调控和管理的对象，除 CO_2 和非二气体以外，SO_2、NOx 及气溶胶和臭氧等大气污染物也是具有增温或致冷效应的气候辐射强迫因子，需要准确识别能同时对污染物和碳排放产生巨大影响的关键部门、关键能源和关键技术，从而有利于同步推进污染物减排和碳减排。

（3）监管主体上，2018 年以来我国生态环境保护步入了"大一统"时期，在减污和降碳两大计划深度融合过程中，需要建立减污降碳协同增效跨部门推进机制，统筹大气污染物和温室气体减排，实现空气质量和应对气候变化的闭环管理。

（4）管理手段上，大气污染物和温室气体管控所采取的方式都包括传统的行政命令控制指标、逐步推广的市场手段和多样化的经济激励政策，如总排放量控制指标、能效排放标准、排放权交易市场、绿色节能补贴等。同时，也要注重充分调动社会各界力量与公众参与的积极性。

（5）任务措施上，能源生产与消费、产业与用地过程排放是大气污染物和温室气体的主要共同来源，应当作为协同控制的关键抓手，并以此推进四大结构动态调整和生态生产生活绿色转型，将碳排放纳入大气污染治理的评估和审核体系，从空间统筹和部门协同的角度促进安全有序地减污和降碳。

四、时代守望：生态文明、"双碳"战略与蓝天常驻

在漫长的人类历史长河中，若以生产方式的阶段性特征划分，人类文明已经历了依靠简单采集渔猎的原始文明、以农耕和畜牧为主的农业文明和以机器大生产为主的工业文明三个阶段。然而，快速工业化也引发了生态环境危机这一全球性的严重副作用，造成了人与自然关系的高度紧张，而生态文明致力于把人类活动限制在生态环境能够承受的限度内，并对生态环境进行一体化保护和系统治理，进而根本解决工业文明带来的矛盾和问题。此外，生态文明不单单停留在自然保护和环境治理层面，而是要实现以人与自然、人与人、人与社会和谐共生、良性循环、全面发展、持续繁荣为基本宗旨的社会形态，必将成为引领经济可持续发展转型的一种新文明形态。

在"十四五"时期，我国生态文明建设进入了以降碳为重点战略方向、推动减污降碳协同增效、促进经济社会发展全面绿色转型、实现生态环境质量改善由量变到质变的关键时期。由此可见，"双碳"战略是践行生态文明理念的重要抓手，而在生态文明引领下实现碳中和，既是着力解决我国发展资源环境约束突出问题、实现中华民族永续发展的必然选择，也是我国积极承担国际社会责任、构建人类命运

共同体的重要体现。因此，必须充分把握历史机遇，将"双碳"目标与生态环境目标进行整体布局，更快地推动社会全面绿色转型和环境质量的根本性改善，更好地实现人与自然和谐共存的现代化目标与可持续发展。

在生态文明建设引领的"双碳"战略新格局下，实现减污降碳战略目标不仅仅是单纯要解决减碳、零碳和负碳的技术问题，也不能仅靠由政府主导自上而下强力推动的传统管控模式，而是要建立在理解自然过程、人类活动与社会结构三个系统内在关联与演变互动的基础上，深入研究驱动这些系统运行的科学技术、经济规律、社会伦理、哲学价值等方面的内在逻辑与基础理论（见图14-4）。在自然过程方面，需要认清大气污染物与温室气体在水、土、气、生多介质跨圈层的相互作用关系；在人类活动方面，需要把握好多污染物的近零排放

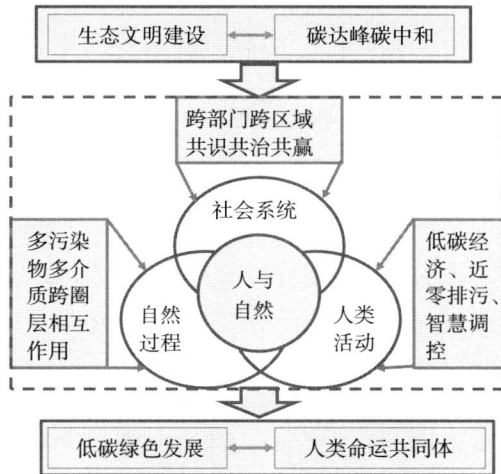

图14-4　生态文明引领下空气质量根本改善与碳中和的融合发展

与产业低碳经济增长的互动关系；在社会系统方面，需要社会各阶层不同利益相关方充分沟通达成共识，广泛参与共建低碳社会与践行低碳生活方式。在此基础上，需要探索驱动社会经济发展大变革大转型的实现方式和实践路径，构建绿色低碳循环发展的经济体系，形成清洁低碳安全高效的能源体系，发展市场导向的绿色技术创新体系，倡导简约适度绿色低碳的生活方式。同时，还需借助智慧调控等精细化新兴管理技术手段，形成跨部门跨区域跨行业的共治模式，最终实现碳中和与蓝天常驻、人与自然和谐相处的共赢局面。

实现生态文明与碳中和目标有赖于社会经济与产业结构的深度转型与重大变革。我国已经步入碳中和与高质量发展双约束下的新发展阶段，实现减污降碳需要兼顾减排与发展双重目标。不适宜的减排路径不仅可能会干扰到我国经济发展目标的实现，还可能由于经济社会的负面效应倒逼部分地区重新回到高污染高耗能的发展老路上去，反而不利于减污降碳目标的实现。因此，要实现蓝天常驻和"双碳"目标，应当统筹考虑经济、能源、产业、科技、金融、社会等各方面的发展现状和需求，识别和培育新的增长动力、发展模式和转型路径。需要在生态文明引领下，通过理念和技术创新，不断拓宽发展理念和发展模式的边界，在供给端和消费端分别设计合理的降碳技术方案与政策措施，鼓励绿色技术的开发和应用，推动生产模式和消费模式绿色化，避免"高碳"锁定效应，促进经济与产业的变革转型与绿色高效，最终实现创新、协调、生态、开放、共享的低碳高质量发展。

减污降碳需要探索如何以更低的经济成本实现环境治理和生态改善目标，以便从新的发展模式中获得更大的经济和环境双重红利。据估算，我国要实现"双碳"目标，未来40年累计将形成百万亿元人民币体量的投资需求，会带来巨大的新增长机遇。因此，减污降碳的实施路径与方案毫无疑问将对GDP增长、行业分布、就业市场以及全要素生产率等经济增长指标产生深远影响，需要提前谋划布局。在宏观层面，需要探寻减污降碳的关键节点行业，识别碳和污染的关键产生网络，进而转化为有效适宜的满足多目标发展需求的行动路径和实施方案，进而引导资源配置，形成事半功倍的效果。在微观层面，需要改进企业管理与生产方式，以实现在不影响企业效率的前提下达到减污降碳的目的，要为每个行业寻找与碳中和相契合的行业商业模式，包括生产方式、工厂配置、能源来源等。

实现空气质量根本改善和"双碳"战略目标更需要在消费端促进家庭与个人消费实现绿色低碳行为方式的深刻转变。通过信息公开共享等宣传教育手段，发挥社会各阶层不同主体的积极性，促使公众自发转变行为模式和消费模式，践行低碳生活方式，从最终需求端倒逼生产端降低碳排放和污染排放，让减污降碳协同增效具有广泛的公众基础和持久动力。

我国大气污染防治经历了50余年的艰辛探索，先后针对煤烟型污染、酸雨、灰霾、光化学烟雾、大气复合污染等开展了大量工作，在经济社会快速发展过程中，实现了大气污染与经济发展明显脱钩，城市和区域空气质量逐步得到改善。特别是近十年，"大气十条"和"蓝天保卫战"强有力地推动了大气污染的高效治理，环境空气质量明显好转，重污染天气显著减少，取得了大气污染治理历史上的重大突破。同时，也应该清醒地看到，我国$PM_{2.5}$污染负荷依然较高，区域臭氧污染日渐突出并有恶化趋势，大气污染进入 $PM_{2.5}$ 与 O_3 协同控制的新阶段。此外，大气污染与气候变化存在显著的相互作用和叠加效应，进一步增加了大气复合污染治理的复杂性、艰巨性和长期性。在空气质量目标的牵引下，传统的污染末端减排潜力日渐收窄、四大结构调整的减污潜力很难释放，而碳达峰碳中和为破解这一难题提供了新动能和新机遇。大气污染与气候变化问题具有同根同源性，也具有协同治理的重要潜力，"双碳"战略将加速社会经济绿色转型和四大结构低碳化，同步推进 CO_2 等温室气体和 $PM_{2.5}$、NOx、VOCs、CO_2 等大气污染物高效源头减排。更加重要的是，生态文明和"双碳"战略将引发一场广泛而深刻的经济社会系统性变革，将显著改善社会的生产方式、生活方式和生态方式，提升企业和公众的自觉社会行为，形成自上而下和自下而上的广泛共识，提升减污减碳协同增效的经济红利和环境效益。因此，在生态文明和"双碳"战略的引领下，推动"空气质量改善行动计划（2021—2025）"与碳达峰碳中和实施方案的深度融合，聚焦污染物与温室气体的同根同源性，建立两大战略在目标协同、路径协同和政策协同等方面的协同推进机制，有效落实四大结构调整对污染物源头大幅减排的效用，将显著提升 $PM_{2.5}$ 与 O_3 污染协同治理的成效，助力空气质量根本改善和碳达峰碳中和目标的早日实现。

第十五讲

环境污染治理助力"双碳"目标下经济社会的高质量发展

侯立安　姚宏[*]

* 侯立安，环境工程专家，中国工程院院士。曾获何梁何利科学与技术进步奖等。

　姚宏，北京高校卓越青年科学家项目负责人，北京本土战略科技人才。曾获中国环境科学学会科学技术一等奖（第一获得者）等。

2017 年 10 月，党的十九大首次提出"高质量发展"，并着眼于经济领域，明确提出"我国经济已由高速增长阶段转向高质量发展阶段"的重要战略论断。2020 年 9 月，习近平主席在第 75 届联合国大会一般性辩论上宣布，中国将采取更加有力的政策和措施，二氧化碳排放力争于 2030 年前达到峰值，努力争取 2060 年前实现碳中和（以下简称"双碳"）。2020 年 10 月，党的十九届五中全会审议通过了《中共中央关于制定国民经济和社会发展第十四个五年规划和二〇三五年远景目标的建议》，提出"十四五"时期经济社会发展要以推动高质量发展为主题，习近平总书记在会上强调："经济、社会、文化、生态等各领域都要体现高质量发展的要求。"2021 年 3 月，习近平总书记在参加十三届全国人大四次会议青海代表团审议时进一步指出："高质量发展不只是一个经济要求，而是对经济社会发展方方面面的总要求。"2021 年 11 月，党的十九届六中全会通过的《中共中央关于党的百年奋斗重大成就和历史经验的决议》强调，必须实现创新成为第一动力、协调成为内生特点、绿色成为普遍形态、开放成为必由之路、共享成为根本目的的高质量发展，推动经济发展质量变革、效率变革、动力变革。

双碳目标的实现与高质量发展的推进高度协调。高质量发展是我国应对百年大变局的战略部署，适应新发展阶段的现实选择，解决社会主要矛盾的必然要求，建设现代化强国的重要路径。双碳目标是推动我国构建低碳、零碳社会的基本方略，是我国在经济发展高质量转型期的重大战略安排与战略任务，也是我国提高国际社会影响力、着力构建人类文明共同体的战略举措。在国内和国际双循环的大背景下，双碳目标是我国践行创新、协调、绿色、开放、共享的新发展理念和实现高质量发展的内在需要，也是推动构建人类命运共同体的必然选择。2020年9月和10月，《关于完整准确全面贯彻新发展理念做好碳达峰碳中和工作的意见》（以下简称《意见》）和《2030年前碳达峰行动方案》（以下简称《方案》）先后印发，作为碳达峰碳中和"1+N"政策体系中最为核心的内容，《意见》和《方案》进一步明确我国实现碳达峰总体目标，部署重大举措，明确实施路径，标志着我国双碳行动迈入了实质性落实阶段，同时也代表着我国社会经济高质量发展迈入了新的台阶。

实现双碳目标是一场广泛而深刻的经济社会系统性变革，是所有行业义不容辞的责任。环境污染治理行业一方面承担着继续改善生态环境质量的重任，另一方面需要应对提升人民群众对生态人居环境满意度的重大挑战。加强生态文明建设、打好污染防治攻坚战、有效控制温室气体排放、推动形成绿色低碳的消费模式和生产生活方式、更好满足人民对优美生态环境的需求、构建绿色、低碳、循环发展的经济体系、构建优美的生态环境，不仅是经济社会高质量发展的意义，也是实现双碳目标和高质量发展的重要支撑和动力。在双碳目标背景下，环境污染治理要通过绿色低碳技术的优化及研发，做到提质增效，以全新系统观对传统末端治理模式进行改造，做到源头加末端双管齐下，从而更好地应对双碳目标的机遇与挑战。

本讲围绕双碳目标下中国经济社会高质量发展的要求，从污水处理、室内空气污染治理和工业企业减污降碳协同增效三个维度综述了近年来我国在环境污染治理领域取得的理论及实践成果。在此基础上，提出了环境污染治理行业在双碳目标背景下的高质量发展路径，从而为双碳目标的实现开拓新空间、奠定新基础。

一、绿色低碳污水处理助力经济社会高质量发展

（一）城市污水处理

1. 我国城市污水处理行业的发展现状

污水收集、处理及资源化利用设施已经成为城镇环境基础设施的核心组成部分，对实现污染防治、改善城镇人居环境，发挥了非常重要的作用。自第一次工业革命以来，随着城市化进程的不断加快以及随之相伴的城市人口的迅速增加，城市水环境问题愈见突出。1914年，活性污泥工艺在工业文明的发起地英国诞生，标志着现代污水处理行业的兴起。1984 年 4 月 28 日，我国第一座大型城市污水处理厂——纪庄子污水处理厂于天津正式竣工并投产运行，该污水处理厂的成功运行填补了新中国污水处理厂建设的空白。在接下来的 30 余年，中国污水处理事业飞速发展。截至 2020 年，我国覆盖城市—县城—乡镇的城镇污水处理厂总处理规模已达 2.5 亿 m^3/d 以上，从而超

过美国成为全球污水处理量最大的国家。

　　然而，为获得更高质量的出水或满足更高要求的指标，工艺单元的层层加码和技术方法的升级等导致污水处理过程能耗投入不断攀升。同时，由于长期遵循污染物分解矿化和简单自然有机物的彻底氧化或复杂人工化合物的有效降解的基本原则，污水处理过程中温室气体（Greenhouse Gases，GHGs）的排放也随着污水排放量的骤增而与日俱增。虽然自 20 世纪 80 年代以来，污水处理行业就已树立"污水资源化利用"的理念，并积极推进，但真正意义上基于宏观路径和微观研究的全过程资源化利用工艺技术的开发和应用却是踟蹰不前。此外，我国污水处理行业长期秉持"重地上、轻地下"、"重水轻泥"、重污水处理厂建设而忽略可持续发展转型和相关技术进步的模式，导致我国污水处理系统存在一系列先天不足和技术上的重大缺陷，如普遍面临管道施工质量差、渗漏现象严重等现实问题；大量采用高能耗延时曝气等工艺和取消初沉池的设计，与国际主流技术不一致；缺少对污泥资源化处理处置的系统考虑，污泥厌氧消化项目占比很低（不足 3%），短期内无法实现碳减排的要求；在国外已经开始进入工业化阶段的氮磷资源回收在我国目前还没有特别明确的顶层设计。

　　综上，我国污水处理厂的主要关注点还停留在污染物的控制和处理水的达标排放，缺少对污水处理功能性和系统性的思考，甚至由于过度关注高标准排放，导致污水处理行业普遍出现能源消耗和资源浪费等一系列问题。由此，污水处理行业已成为能源消耗的大户、次生污染的大户、资源浪费的大户，与"碧水、蓝天、净土"的污染防治攻坚战略极不协调，与低碳绿色、可持续发展和生态文明建设的要求渐行渐远，亟须理念及技术的革新。

2. 我国城市污水处理工艺的能耗、失能与碳排放

（1）能耗

城市污水处理是一种能源密集型过程，其收集、输送、处理和排放环节均需要外部资源和能源的大量投入，尤其是输送、供氧和用药等内需性物耗和电、天然气以及燃料等能耗的投入。目前，城市供水与污水处理所耗电能约占全社会总电耗的 1%—3%，其中城市污水处理约占 1% 左右，且随着我国城镇化建设的快速推进和城市人口的进一步增加以及污水处理率和排放标准的提高，若仍按传统的污水处理运行模式，则其所占的能耗比重将越来越大。此外，我国 90% 以上的城市污水处理厂采用生物处理工艺，为达到稳定达标排放的目的，广泛使用外加碳源、除磷剂、脱水剂和消毒剂等化学品。大量化学品使得化学品消耗的成本超过电耗成本，因而也成为污水处理厂运营的另一个突出问题。

（2）失能

污水中的有机物含量越高，其所蕴含的化学能就越高，且随着污水排放量的不断增加，污水中蕴含的热能总量也更高。传统的污水处理技术通过大量能量的消耗以彻底实现有机物的"矿化"。这种"以能消能"的净水方式，不仅造成资源能源的浪费，也不可避免地导致次生污染物如 GHGs 等的产生，结果事与愿违地造成污染物的转嫁。研究表明，COD 浓度为 500mg/L 的典型生活污水中所蕴含的有机化学能可达其以传统生物氧化法处理所需能耗的近 5 倍。因此，若将 60%—70% 的有机物转化为沼气能源加以利用，则可满足污水处理厂

的能耗需求。此外，城市污水的余温废热约占城市总废热排放量的40%，且其水量和温度的四季变化较小，因而其余温热能完全具有利用的价值。

据估计，城市污水中所蕴含的潜能（化学能 + 热能）值可达污水处理能耗的 9—10 倍，其中化学能约占总潜能的 10% 左右，而 90% 左右的污水潜能由热量产生。污水中所蕴含的能量，若通过工艺优化、能源利用技术的应用，理论上完全可以实现污水处理厂能耗的部分或完全自给，甚至可能产生剩余能量。未来的污水处理技术应由"彻底氧化—矿化"转向"转移捕获—利用"，这也是城市污水处理绿色低碳技术的研究热点和高质量发展的方向。

（3）碳排放

"以能消能"的处理方式无疑使城市污水处理过程成为重要的 GHGs 释放源。传统污水处理过程将含 C、N 的"污染物"彻底氧化降解或转化，从而导致了以 CO_2、N_2O 和 CH_4 为主的 GHGs 的直接排放。与此同时，污水处理过程中所需的基于化石燃料燃烧的能耗（如供氧、提升、搅拌、供热以及化学药品的使用等）构成了 GHGs 的间接排放。根据 IPCC 的碳排放清算范围，污水处理厂的 GHGs 可以分为 3 个范围：范围 1 包括污水在输送和处理过程中直接排放的 GHGs，主要是污染物的生物转化过程中形成的 CO_2、CH_4 和 N_2O；范围 2 包括污水输配、处理和排放等环节的能耗构成的间接 GHGs 排放；范围 3 包括污水处理过程中所消耗的化学品在生产以及相关运输环节等涉及的间接 GHGs 排放。

目前，我国城市污水处理 GHGs 的直接和间接排放占全国 GHGs

排放总量的 1—2%，占比虽不大，总量却很大。2016 年，我国城市污水处理行业碳排放量达到 5414 万吨二氧化碳当量（CO_2 equivalent，CO_2-eq），同期整个污水处理行业的碳排放量约为 1.97 亿吨 CO_2-eq，占全国碳排放总量的 1.71%。目前，我国城市污水处理的碳排放强度总体稳定在 0.92kg CO_2-eq/m^3 左右，若继续采用以活性污泥为主体工艺的处理技术，则城市污水处理行业碳排放量预计将在 2030 年达到 8316 万吨 CO_2-eq，而整个污水处理行业的碳排放量总量将达到 3.65 亿吨 CO_2-eq，其全国碳排放总量的占比将达到 2.95%。因此，为坚决打好碧水、蓝天、净土三大保卫战，确保我国 2030 年碳达峰、2060 年碳中和的目标，城市污水处理的 GHGs 排放控制不容忽视。

（三）我国城市污水处理行业的高质量发展路径

1. 走向低碳绿色的基本策略

20 世纪 90 年代中期，荷兰学者率先提出了以回收资源、能源为主要目标的可持续污水处理新概念，并于 2010 年由荷兰应用水研究基金会（STOWA）发布了《NEWs：通往 2030 污水处理厂的荷兰路线图》，并在资源工厂（N）、能量工厂（E）和水工厂（W）的理念指导下，制定了到 2030 年污水处理厂实现 NEWs 框架目标计划，积极推进相关技术。

而在我国，污水处理厂实现"双碳"目标、"能量自给"以及"资源回收"也已成为明确的发展方向。2020 年 9 月，习近平总书记明确提出"双碳"的目标后，国家各部委迅速响应并积极落实《意见》和《方案》的总体布局，更细化的"双碳"指导意见陆续出台，而"加强再生资源的回收利用""推动能源体系绿色低碳转型"在其促进下更成了全污水处理行业的首要任务。进入到"十四五"的新阶段，国家发改委等十部门于 2021 年 1 月联合印发了《关于推进污水资源化利用的指导意见》，其中明确指出了我国污水资源化的重点领域：城镇生活污水、工业废水和农业农村污水。在城镇污水处理方面，国家发展改革委与住房城乡建设部于 2021 年 6 月联合编制了《"十四五"城镇污水处理及资源化利用发展规划》，在"十三五"的加大污水处理设施建设和运行管理力度、提升处理能力的基础上，重点强调了节能低碳的城镇污水处理及资源化利用的新格局。此外，针对工业污水处理也提出了更为具体的要求，工信部等六部委于 2021 年 12 月联合印发了《工业废水循环利用实施方案》，阐明了重点行业的废水循环利用、开发关键核心装备技术工艺、水效对标达标的具体任务。在此背景下，提高污水循环回用率、强化污水污泥的资源/能量回收，仍是我国污水处理走向低碳绿色的重要任务。

（2）走向低碳绿色的技术路径

鉴于对"污水"的认知已普遍从"废物处理"对象转向"资源及能源回收"的载体，基于资源回收、能源开发与利用及碳平衡理念的技术研究与应用方兴未艾。许多国家制定了应对气候变化的污水厂能耗自给或碳中和技术路线。如美国水环境研究基金（WERF）的"Carbon-free Water"提出，至 2030 年所有污水处理厂均实现碳中和运行的目标，英国泰晤士水务（Thames Water）和澳大利亚墨尔本水务（Melbourne Water）均设定了 2030 年实现碳中和（Net-Zero）的目标，新加坡提出了从棕色水厂（Brownfield）到绿色水厂（Greenfield）

的时间表与路线图，日本发布的"Sewerage Vision 2100"要求到 20 世纪末完全实现污水处理能源自给自足等，并已有一定数量的技术应用实例。我国的双碳目标，对于城市污水处理行业及低碳绿色技术的研发和应用，也是一个方向标和时间表。

城市污水处理走向低碳绿色的技术路径，围绕 NEWs 的理念，应从以下三个维度考虑：第一，从能量利用的维度研究污水处理能源利用的低碳绿色技术，实现污水处理过程的能量自给自足，包括绿色能源的使用以及污水处理厂内工艺的低能耗方案和充分捕获污水中的有机化学能、热能就地转换为电能；第二，从资源回收的维度研究从污水中回收肥效（N、P）等资源，并注重处理水的资源化回用；第三，从碳平衡的维度研究应用与能源利用相结合的碳减排技术，其中剩余污泥是重要的能源化、资源化的载体物质，需要从污水处理全系统碳平衡的角度，以绿色增量方式去获得。客观而言，我国污水处理行业仍然存在建设先天不足、后天发展失调的问题。对此，如何根据不同地区的实际，合理确定上述三个维度的权重和轻重缓急，需要冷静思考和系统协调，尤其在开发和应用先进技术建设新的和改造现有的污水处理厂的过程中，必须考虑能量回收利用与生态效益的最佳化。

（3）走向低碳绿色的前景展望

2030 年至 2050 年间，随着对碳排放控制的日益严格以及公众对循环经济理念和污水处理的生态环境影响及其效益意识的增强，污水处理的 GHGs 排放将备受关注。就目前社会经济整体而言，走向低碳绿色污水处理技术，除需要彻底改变传统的"以能消能"除"污"机制外，处理技术本身也有赖于现代科学技术的发展，如风、光绿色能源技术的发展、精准的资源回收技术等。目前至 2030 年，现有城市污水处理厂作为长寿命基础设施以及短期内资金投入的不足将会对低碳绿色技术的实施产生一定的阻碍。现阶段，传统的一级、二级和三级处理系统仍将占据主导，低碳绿色技术的研发将主要集中在污水中能源资源回收（碳、氮、磷、钾、镁、硫）和净化出水以实现 NZE 和碳中和为目标的工艺强化，包括对污水中碳的快速富集（即碳源捕获及碳源改向）、污泥厌氧消化（热电联产）、厌氧膜生物反应器工艺（AnMBR）、主流和侧流的厌氧氨氧化（ANAMMOX）等技术的研究。

（二）工业废水处理

1. 工业废水的排放及处理现状

工业废水是指工业生产过程中产生的废水、污水和废液，其中含有随水流失的工业生产用料、中间产物和产品以及生产过程中产生的污染物。工业废水如果不经过妥善的处理而随意排放，往往会对周围的环境和生态造成不可逆的破坏。我国工业废水排放主要集中在石化、煤炭、造纸、冶金、纺织、制药、食品等行业。近年来，为了减少工业废水的排放，我国首先从源头减少工业用水量，在政府与企业的共同努力下，采取了包括革新生产技术、淘汰落后产能、注重废水再生利用、降低单位产品水耗等一系列措施，使我国工业废水排放量自 2011 年开始逐年下降，工业用水管理效果显著。然而，我国工业用水量体量仍较大，且依然面临巨大的工业废水处理需求。

我国政府一直非常重视工业废水治理技术的研发与应用，自 20 世纪 70 年代起，国家就集中科研院所、大学等优势力量，投入大量人力、物力和财力，开展工业废水处理技术研究，着力解决一批占国民经济比重较大的工业废水的处理技术难题。然而，随着《中国制造2025》战略的深入推进，我国工业生产技术不断更新，满足人们物质文化需要的工业品不仅门类多、产量巨大，由此产生的工业废水也呈现出污染物种类增多、特性各异和处理难度增大等问题。

为强化工业废水的处理力度，保护生态环境，国家颁布相关政策，将工业企业逐步迁入废水处理设施较为完善的工业园区，以实现工业废水集中收集和统一处理。然而，尽管我国在工业废水处理领域取得了一些成就，研发了系列工业废水处理技术并付诸实践、排放量逐年减少、处理率逐年上升、排放强度逐渐降低，但因工业废水种类多，技术要求高，管理难度大，也暴露出很多问题，如部分二线城市和中小城市的工业废水处理率仍处于较低水平、现有污水处理设施负荷和运行达标率低、工业园区废水处理工艺适应性差和运行效率低、处理设施出水排放标准和考核指标不够科学合理、缺乏技术研发和投入以及再生综合利用率不高等。

2. 工业废水处理过程的碳排放

目前，国内对工业废水处理过程中温室气体排放开展的专项研究较少。相对于城市污水，工业废水中有机物和无机物含量更高，处理难度也更大，在处理过程中往往需要消耗更多的能量及化学品。因此，当考虑污染物减排、电力消耗、运输和剩余污泥处置等诸多方面时，工业废水处理将比城市污水处理排放更多的GHGs。此外，污水处理过程产生的剩余污泥的处理处置过程也是GHGs的重要贡献因子。

3. 工业废水处理碳减排策略

（1）补齐工业废水集中处理的短板

集中处理是目前大多数工业园所推崇的一项污水处理方式，有效地解决了大规模污水处理的问题，同时也对污水排放监管工作起到了一定的促进作用。从政府的角度来说，集中的污水处理方式可降低单位污水量处理的基础建设资金，而站在企业的角度，则能够减少用于环保工作的资金投入，使更多的人力、物力能够投入生产经营中。此外，工业废水的集中处理在对废水进行有效净化的同时，还有利于园区内工业废水的梯级及循环利用。

然而，近年来河南、江苏以及江西等省份相继出现了工业园区的水污染事件，充分暴露出我国的工业园区在污水集中处理过程中仍旧存在着工业污水配套管网陈旧、处理技术水平不高、污水处理设施运行不稳定、污水排放标准不统一和环保监管不到位等问题。因此，对园区内工业废水水质波动较大或者水量较大的企业，应采取"一企一管、一企一池"的办法，提高对不同工业企业污水处理水质的监控，保证园区污水处理厂进水水质在可处理的正常范围内。同时，应对园区工业污水集中处理中的信息监测和监管实施精细化管理，使污水水质监测点涵盖污水处理全流程，从而能针对污水水质出现波动异常等情况及时排查风险源和事故源，尽早采取工程工艺技术措施，确保污水处理水质稳定可控。此外，应通过建设园区污水处理厂前端污水管网调配控制系统，降低因来水水质不稳定而导致污水处理系统崩溃的生产风险，确保园区污水处理厂稳定达标排放。

（2）加快难降解工业废水处理技术的研发

难降解工业废水具有有机物浓度高、污染物种类多、可生化性低且含有大量有毒有害物质等基本特征。常规的水处理技术难以实现其中难降解污染物的稳定高效降解，且处理水中的微量痕量高风险污染物的分布特征和危害效应也较难以准确解析和评估。"十四五"期间，六部委联合印发的《工业废水循环利用实施方案》中提出了明确的要求——94%的工业用水应在2025年实现重复利用，因此高效处理难降解工业废水使其达到循环利用标准是其中急需重点攻克的难题。在处理技术层面，在追求对难降解污染物高效去除的基础上，工业污水处理系统尽量选择能实现"碳源回收""深度脱氮""脱毒净化"的绿色新技术。在处理理论层面，当前的重点工作仍然是利用最先进的分析技术手段和最新的各学科理论，解析废水处理系统中所发生的系列过程及其具体机制；对各类未知污染物及其中间转化产物进行全扫描、全识别；同时关注其生物毒性及生态和健康风险。为优先控制污染物名录的制定及相关工业企业和行业生产工艺、发展战略的调整升级提供全面系统的科学依据。

（3）工业废水处理碳排放量摸底及低碳处理技术的研发

我国工业废水的排放量占比虽呈逐年下降的趋势，但体量较大，且由于其污染物强度高，成分复杂，处理难度高，其处理过程碳排放强度显著高于城市污水。因此，在双碳目标背景下，应首先广泛推进不同行业、工业园区和工业企业污水处理工艺碳排放量摸底，挖掘工业废水处理节能减排潜力，并有针对性地对工业废水处理进行整体规划和布局。在此基础上，鼓励"以废治废"的低碳绿色智慧化集成处理技术的开发，并在工业废水领域实现应用革新。包括上述以厌氧氨氧化（ANAMMOX）等低碳排处理技术为核心的集成工艺，耦合微生物电解碳捕获（MECC）等新技术，在满足工业污水高效处理的同时实现"能源自给"及"负碳排放"。

（4）加大工业废水资源化和循环利用力度

工业用水是全社会用水的重要组成部分，除 2020 年受新冠疫情影响外，我国工业用水量虽呈逐年下降的趋势，但下降幅度较小，在全社会总用水量中的占比一直维持在 20% 以上，且我国万元工业增加值用水量仍显著高于欧美发达国家平均水平。推动工业废水循环利用，减少工业生产环节用水量，提高水重复利用率，减少工业生产过程取水、输水、处理水及配水环节碳足迹，是缓解我国水资源短缺和水环境污染以及推进生态文明建设的有效途径，也是实现经济社会的高质量发展和双碳目标的重要举措。

为推进重点领域污水资源化利用，国家发展改革委、工业和信息化部、财政部等 10 部门 2021 年年初联合印发《关于推进污水资源化利用的指导意见》（以下简称《指导意见》），推动在城镇、工业和农业农村等领域系统开展污水资源化利用，促进解决水资源短缺、水环境污染、水生态损害等问题。就工业废水资源利用方面，《指导意见》要求积极推动工业废水资源化利用和实施工业废水循环利用工程。根据《指导意见》，工业和信息化部、国家发展改革委、科技部、生态环境部、住房城乡建设部、水利部在 2021 年 12 月 24 日联合印发《工业废水循环利用实施方案》（简称《实施方案》），提出到 2025 年力争规模以上工业用水重复利用率达到 94% 左右，钢铁、石化化工、有色等行业规模以上工业用水重复利用率进一步提升，纺织、造纸、食品等行业规模以上工业用水重复利用率较 2020 年提升 5 个百分点以上，工业用市政再生水量大幅提高，万元工业增加值用水量较 2020 年下降 16%，基本形成主要用水行业废水高效循环利用新格局。《实施方案》聚焦废水排放量大、改造条件相对成熟，示范带动作用明显的石化化工、钢铁、有色、造纸、纺织和食品行业，提出分行业编制废水循环利用路线图，并具体从坚持创新驱动，攻关一批关键核心装备技术工艺、实施分类推广，分业分区提升先进适用装备技术工艺应用水平、突出标准引领，推进重点行业水效对标达标、强化示范带动，打造废水循环利用典型标杆、加强服务支撑，培育壮大废水循环利用专业力量、推进综合施策，提升废水循环利用管理水平及具体的保障措施方面提出了有序推进工业废水循环利用工作的具体措施。

二、室内空气综合治理保障经济社会高质量发展

室内环境一般泛指人们的生活居室、劳动与工作场所，以及进行其他活动的公共场所等。城市居民每天有 70%—90% 的时间在各种室内环境中度过，因此室内空气质量的好坏优劣，对人体健康的影响巨大。据我国室内环境监测中心提供的数据，中国每年约有 11.1 万人死于室内空气污染，超额门诊数可达 22 万人次，超额急诊数可达 430 万人次。一方面，人们的健康由于严重的室内环境污染受到了危害；另一方面，我们的经济也因此遭受了巨大的损失。此外，2020 年

以来新冠疫情的全球蔓延及反复更是对室内空气污染防控提出了更高的要求。因此，采取有效措施将室内环境中的污染物限制在一定的范围内，预防、减少和净化室内空气污染，对保障人们的身心健康和社会经济生活的有序进行和高质量发展具有重要意义。

（一）室内空气污染物的种类、来源及危害

1. 室内空气污染物的种类

目前室内空气污染物种类繁多，主要有以下三种：第一，气体污染物，主要包括挥发性有机物（VOCs），还有苯、甲苯、三氯乙烯、三氯甲烷等；第二，微生物污染物，主要包括细菌、病毒和真菌等；第三，可吸入颗粒物（PM_{10} 和 $PM_{2.5}$）。

2. 室内空气污染物的来源及危害

（1）室内装饰材料及家具的污染

有害物质，如甲醛、苯、甲苯、乙醇、氯仿等；有机蒸汽广泛存在于室内装修材料中，如油漆、胶合板、刨花板、泡沫填料、内墙涂料、塑料贴面等。其中各种人造板材（刨花板、纤维板、胶合板等）以及新式家具的制作，墙面、地面的装饰铺设，窗体顶端、窗体底端使用黏合剂均能释放甲醛，此外某些油漆涂料也含有一定量的甲醛。甲醛可通过呼吸系统为人体所吸收，引起鼻腔、口腔、咽喉的异常，严重的可引起肺功能、肝功能和免疫功能的异常。苯系物主要来自合成纤维、塑料、燃料、橡胶等，隐藏在油漆、各种涂料的添加剂及各种胶黏剂、防水材料中，还可来自燃料和烟叶的燃烧，可引起白血病和再生障碍性贫血。

（2）建筑物自身的污染

建筑材料和室内装饰材料在建筑物的使用过程中，也会释放氨气和氡等污染物。其中氨气主要来源于建筑施工中使用的混凝土外加剂，特别是在冬季施工过程中，会在混凝土墙体中加入以尿素和氨水为主要原料的混凝土防冻剂，这些氨类物质会随着温湿度等环境因素的变化而还原成氨气，并从墙体中缓慢释放出来，造成室内空气中氨的浓度大量增加。另外，室内装饰材料如家具涂饰时所用的添加剂和增白剂都采用氨水。氨气对人体的上呼吸道有刺激和腐蚀作用，减弱人体对疾病的抵抗力；还可通过三叉神经末梢的反射作用而引起心脏停搏和呼吸停止；氨被吸入肺后容易通过肺泡进入血液，与血红蛋白结合，破坏运氧功能；短期内吸入大量氨气后可出现流泪、咽痛、声音嘶哑、咳嗽、痰带血丝、胸闷、呼吸困难，可伴有头晕、头痛、恶心、呕吐、乏力等，严重者可发生肺水肿、成人呼吸窘迫综合征，同时可能发生呼吸道刺激症状。室内环境中的氡主要来源于建筑材料和室内装饰材料，特别是一些用矿渣、炉渣等原料制成的建筑材料和含铀高的室内装饰材料。其次，地基土壤里也会产生氡。氡气在衰变过程中带电，容易吸入人体内，使人体产生障碍性贫血。

（3）做饭与吸烟时产生的烟气

做饭与吸烟时产生的成分较复杂的烟气也能造成室内空气污染，厨房中的油烟和香烟的烟雾中含有3800多种物质，它们具有漂浮性，大范围漂浮存在于室内各处，人们长期处在这种油烟环境中会对健康造成很大危害。

（4）室外环境的污染

粉尘、悬浮物、可吸入颗粒物和微生物等可飘入室内，在一定程度上也加剧了室内空气的污染程度。土壤、水体、大气等自然环境中的微生物是室内微生物来源之一。微生物附着在细微颗粒物，如尘埃、水蒸气等载体上悬浮于大气中形成气溶胶，通过室内外空气交换进入室内。室内环境相对湿度大的区域，如卫生间、厨房等区域，以及加湿器、空调等电器设备中湿度大的模块，均容易滋生细菌和真菌等微生物。室内人员及饲养宠物的活动等都可能造成室内微生物污染。地毯、布艺沙发、窗帘等纺织品在使用过程中产生的絮状物则为微生物繁殖提供了场所。此外，如果室内人数过多，人们的新陈代谢活动，如汗腺的排放、CO_2 的呼出，会导致室内温度的上升，适宜的温度为细菌、病毒等微生物的大量繁殖创造了温床。

致病微生物是指能够引起人类、动物和植物感染甚至传染病的微生物。按其结构、化学组成及生活习性等差异可以分为真核细胞型微生物、原核细胞型微生物和非细胞型微生物。真菌中的一部分为典型的真核细胞型微生物，绝大多数不致病，且对人类有益，仅有几百余种能引起人类疾病。细菌是原核细胞型微生物的典型代表，细菌感染性疾病比较常见，其对抗生素敏感，急性期感染较易治愈。病毒是典型的非细胞型微生物，体积微小、结构简单，一般来说，病毒性感染危险性高于细菌性感染。

（二）室内空气中致病微生物控制技术与发展趋势

全球爆发的新型冠状病毒肺炎（COVID-19）对人的生命健康造

成了严重影响，已成为一场全球性的公共卫生危机。当前我国新冠疫情防控成效显著，但境外疫情扩散蔓延势头仍未得到有效遏制，国内个别地区聚集性疫情仍然存在，疫情防控已经进入科学精准的常态化防控阶段。

新冠病毒的传播途径包括呼吸道飞沫传播、气溶胶传播和密切接触传播。飞沫传播和气溶胶传播均是以空气为介质发生传播。飞沫传播距离一般在 1.5m 以内，飞沫直径大于 5μm。世卫组织建议采取保持一定的安全距离、佩戴口罩等措施防止感染风险。《中国—世界卫生组织新型冠状病毒肺炎（COVID-19）联合考察报告》中指出："新冠肺炎在无防护下通过飞沫和密切接触在感染者和被感染者之间发生传播，在医疗机构中或可存在因医疗操作产生气溶胶而发生空气传播的可能"。新冠病毒附着在气溶胶上，可借助空气传播。生物气溶胶（病毒）大小一般在 0.02—0.3μm，在空气中存活的时间长达 3 个小时。在户外的开放空间，新冠病毒气溶胶由于大气稀释作用及自身衰减，不易致病。在疫区的医院、学校、公共场所等，在没有良好的室内通风净化设施的环境下，感染者产生的气溶胶病毒颗粒可能在室内产生聚集，通过空气传播加剧交叉感染风险。因此，要加强室内空气病原微生物净化消毒体系建设，有效降低室内空气病毒传播风险，保障人民群众生命健康安全。

1. 室内空气净化消毒技术现状

空气既是人类赖以生存的必要条件，也是传播疾病的重要媒介，以空气为传播媒介的流行病日益频发。空气微生物包括对人体有害的病毒、细菌、支原体和真菌或其孢子等，一般以气溶胶的形式存在。因微生物气溶胶引起的呼吸道感染率高达 20%，所以诸如 SARS、禽流感、甲型 H1N1 流感、新型冠状病毒等呼吸道病毒传染病，已成为公共卫生的重大威胁，严重影响了人民群众身体健康和生命安全。

室内空气净化技术可以提高室内空气质量、改善居住和办公条件、增进身心健康。室内空气净化技术主要分为被动吸附过滤式、主动释放净化式和双重净化式。自然或机械通风是较为简便、经济、有效的净化空气的方法。这种方法通过控制换气次数、换气效率等指标，来提升空气质量。但在通风换气的过程中，要考虑含病原体空气的流向，防止病原体在空气中的传播。高效过滤技术是将微生物吸附拦截在滤网上，达到去除室内细菌、病毒等污染物的目的。H12、H13 级别的 HEPA 滤网，从理论上来说，对病毒气溶胶颗粒有一定的净化效果。运用紫外线消毒、等离子体消毒、光催化消毒等技术，可实现病毒微生物的杀灭，可根据微生物的种类、数量等选择适宜的消毒方法。

现有空气净化消毒技术装备种类繁多，仅通过过滤或者吸附，无法实现致病微生物的完全消杀，尤其是在污染比较严重的疫区，在人员密集的医院空气中，可能存在种类更复杂、含量更高的病原微生物，这对空气净化系统病毒消杀能力提出了新的挑战。

2. 全流程空气净化消毒整体解决方案

如图 15-1 所示，侯立安院士研究团队针对疫区病房空气中新冠毒防控面临的问题，采用模块化设计，通过灵活组合适用不同应用场景，研发出集成了智能新风系统、空气净化新风系统、空气净化室内消毒系统、纳米净化涂层和智能负压消毒系统的全流程"五位一体"的空气净化技术，系统有机协同效应明显，对气溶胶净化率为**99.9996%**。目前，该技术已在多地示范应用，有效保障了室内空气质量，为抗击疫情提供了科技支撑。全流程"五位一体"的空气净化技术的技术要点如下：

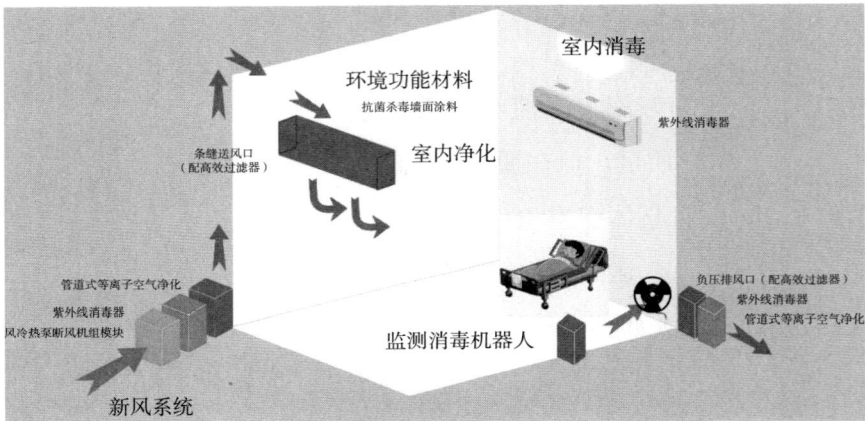

图 15-1　全流程"五位一体"的空气净化技术

（1）民房改负压病房技术

在实际防疫中，可根据防疫需求选择不同技术模块组成相应水平的空气质量保障系统，如可在普通民房中增加部分空气净化单元，将其快速改造成负压病房；对于新建医院，可选择全流程的空气净化系统；而对于已建医院，可根据防疫需求增加相应的空气净化单元。其中改造后的负压病房压差、气流流向、空气质量等参数均可达负压病房的标准，且能有效阻断病毒微生物传播，解决病区容量不足、负压病房建设成本高等问题。

（2）新风及排风系统

研发集高效热回收、温度控制、湿度调节、空气污染物净化为一体的新风净化系统是新风系统的发展方向之一。"洁净空气发生和定向输送技术"采用直流式正压送风及贴附导流板呼吸区送风技术，实现新风"清洁区""过渡区""污染区"依次定向流动，可降低交叉感染风险。此外，可提供大送风量，满足高冷、高热负荷需求；新鲜空气直接送至人员呼吸区，减少送风对室内污染空气的卷吸，确保人员所呼吸空气的新鲜程度，避免交叉感染。"智能新风净化/智能负压净化技术"中的智能负压排风模块依据室内压差的波动，自动减压或增压使室内负压保持稳定状态，消杀系统由紫外杀毒器、臭氧发生器组成，可有效阻止污染物的扩散。与智能新风净化模块组合可使室内形成稳定的负压梯度，形成相对的净化空气闭路循环。智能新风系统气溶胶净化率为99.9994%；智能排风系统气溶胶净化率为99.9996%。

（3）室内净化消毒系统

室内净化消毒系统采用了两项关键技术：一是细气溶胶去除技术，气溶胶颗粒吸湿后粒径增大，重量提升，同时通过三级超重力高效分离有效收集气溶胶颗粒和超细雾化吸收液；二是病原体双重消杀技术，即通过云式超细雾化技术，通过比表面积的增加，提高消毒溶液与病原体的反应效率，同时利用高能量的紫外光打断DNA双螺旋链，从而达到对细菌和病毒的灭活。在关键技术支撑下，研发了云式无菌空气净化器，该净化器会形成超细雾滴，从而会构建水汽过饱和环境，气溶胶在其中作为凝结核长大，后续在超重力场中被收集。此外，超细雾滴含有吸收消毒液，结合紫外线消毒等方式，保证病原体彻底灭活处理，无须滤料、净化精度高，可去除空气中灰尘、PM_1、$PM_{2.5}$、飞沫等细颗粒物，其中颗粒物去除率≥99.9%，$PM_{2.5}$≥98.5%，细菌杀灭率≥99.2%。

多功能空气净化器采用高效过滤膜、光催化等多种创新技术，可有效去除$PM_{2.5}$、病原微生物，分解消除空气中的苯、甲醛、氮氧化物等有害化学气体。该净化器由纳米石墨烯高效过滤膜、蜂窝活性炭吸附、光化杀菌消毒、除VOCs污染物模块组成，可根据污染物类型进行自由组合，集成了HEPA过滤器、TiO2和ACF/MnOn光催化、NOx纳米催化等技术，具有除尘、出有机物、高效杀菌和除NOx等功能。净化器除菌率为99.98%，气溶胶净化率为99.7%。

空气净化（环境监测）机器人可监测空气质量（甲醛和PM/等），搭载不同类型的消毒模块，可有效去除空气中病原微生物等污染物，保障室内空气质量。机器人可实现远程控制，自主规划巡航路线，有效避开人、物等障碍物，实现室内全场景覆盖，解决了传统消毒设备只能定点净化的问题。

（4）环境功能材料

在全流程"五位一体"的空气净化技术中，也应用到了大量的环境功能材料，如采用先进石墨烯量子点纳米材料及其合成技术，对于蛋白质具有较高的机械性吸附与结构破坏作用，有效发挥最好的杀灭病毒效果；用二氧化钛、石墨烯量子点纳米材料制备形成抑菌净化功能涂层，适用于地板、墙面等的连续动态消毒抑菌；此外，研究表明纳米石墨烯涂层对病毒微生物载体具有良好的吸附捕集及被动持久消杀作用，对物体表面微生物消杀率约为60.49%。

3. 室内空气净化技术发展趋势

（1）空气质量检测系统

研发采集和检测空气中及附着在物体表面病毒的方法和仪器，用以实现空气中病毒微生物的快速、准确的检测，如生物气溶胶采样器和病毒在线自动检测装置。将病毒检测模块与其他空气质量检测模块优化集成，构建室内空气质量智能监测管理系统，对空气质量状况进行监控，联动空气净化系统，实现对空气质量的监测与净化。

（2）新风及排风系统

研发集高效热回收、温度控制、湿度调节、空气污染物净化为一体的新风系统，为医护人员提供舒适的工作环境。结合建筑形式与内部空间布局，推进新风系统人性化设计（分体式设计、室外机实现空气净化）、节能降耗，以及管道清洗维护。采用释放洁净空气发生和定向输送技术，定向输送至工作区及病床区域，实现新风"清洁区""过渡区""污染区"依次定向流动，降低交叉感染风险。采用新风系统与负压系统联动，使得病房内既有新鲜空气流入，又形成稳定的负压梯度。病房内的空气经高效过滤器滤菌，再经消杀后，通过负压系统排出，形成病房内安全可控的空气交换流动。

（3）室内空气净化系统

第一，开发具有杀菌消毒功能的空气净化器。空气净化器可采用纳米石墨烯高效过滤膜、紫外光催化、低温等离子体等净化组合技术，可采用超细雾化技术，使之形成雾状，在水汽中加入消毒液，具有更高的病毒细菌杀灭效果。

第二，开发具有多重功能的模块化空气净化器。如何对空气净化器进行高度集成，节约室内空间，是决定空气净化器未来发展的关键性技术因素之一。通过技术集成实现净化器的模块化，使之具备多重净化功能，实现对病毒、VOC 等不同目标污染物的同时去除，是净化器未来发展趋势之一。

第三，研发便携式的空气净化设备。空气净化的环境复杂多样，在某些场所不便于使用大型的空气净化器。基于这类情况，空气净化器向小体积、便携化发展将成为趋势。

第四，研发生态环境功能材料。研发具有空气污染物净化作用、抗菌杀毒的生态环境材料，可有效提升室内空气质量。如纳米纤维空气过滤材料、石墨烯气凝胶等。采用二氧化钛、石墨烯量子点纳米材料，制备抑菌净化功能涂层，提高对病原微生物的消杀率。

（4）智能空气质量保障系统

利用现代传感器技术，在线测量室内外环境质量，控制室内净化、消毒、新风等设施，实现医院等建筑物内的空气质量智能化调节，推动互联网、大数据、人工智能和实体经济深度融合。

三、工业企业减污降碳协同增效
推动经济社会高质量发展

（一）减污降碳协同增效的基本内涵

我国正处于工业化由低端向高端加速发展阶段，尽管工业经济高质量发展会带来碳排放强度的大幅下降，但以煤为主的能源结构、以重化工为主的产业结构和以公路运输为主的货运交通结构，决定了未来很长一段时间我国 CO_2 的排放总量仍将保持高位。从全球范围看，我国 CO_2 排放量高居世界首位，在减少碳排放方面同时面临巨大的挑战和压力。2021 年 4 月 30 日，习近平总书记在主持中共中央政治局第二十九次集体学习时指出，"十四五"时期，我国生态文明建设进入了以降碳为重点战略方向、推动减污降碳协同增效、促进经济社会发展全面绿色转型、实现生态环境质量改善由量变到质变的关键时期。推动实现减污降碳协同增效，是贯彻落实习近平生态文明思想的重要举措，是兑现碳达峰碳中和庄严承诺的重大牵引，是深入打好污染防治攻坚战建设美丽中国的关键路径，是促进经济社会发展全面绿色转型的总抓手，是建设人与自然和谐共生现代化的必然要求。

实现美丽中国目标，面临着大气污染物浓度整体仍处于高位、水污染治理在不同尺度仍有巨大挑战、土壤污染风险管控压力仍较大等问题。实现双碳面临时间紧、任务重、结构性问题突出的形势，同时面临经济社会发展导致刚性需求增长强劲的压力。化石能源消费、工业生产、交通运输、居民生活等均是环境污染物与温室气体排放的主要来源。面对环境质量改善与温室气体减排的双重压力与迫切需求，亟待推进落实减污与降碳工作。考虑到环境污染物与温室气体同根同源，减污与降碳在管控思路、管理手段、任务措施等方面高度一致，可统筹谋划、一体推进、协同实施，实现降本增效。另外，现有减污制度体系可作为实现降碳目标落地的重要载体，降碳措施可作为实现长效源头减污的关键牵引，推动减污与降碳合力，可提高资源调配能力、强化工作落实力度，实现提质增效。

（二）减污降碳协同增效的举措

1. 把减污降碳协同增效作为推进经济社会发展全面绿色转型的总抓手

充分认识减污降碳协同增效在我国工业化和城市化进程中，特别是在新发展阶段的重要地位和重大作用，将降碳作为深入打好污染防治攻坚战和倒逼实现经济社会高质量发展的"牛鼻子"，推动生态环境质量持续改善，助力实现碳达峰碳中和目标，为构建人类命运共同体和建设美丽中国作出新贡献。

2. 做好减污降碳协同增效的顶层设计

按照减污降碳协同增效的总原则制定完善相关法规政策，将应对气候变化逐步融入生态环境保护法规政策体系，实现依法降碳和依法治污协同。完善碳排放相关标准规范和指南，研究制定碳基准及碳排放标准体系，尽快建立碳排放监测、评估、核算方法体系、核查指南等。实施以碳排放强度控制为主、碳排放总量控制为辅的双控制度，将碳减排纳入中央生态环境保护督察。加强污染物与碳减排的监管执法，建立健全与减污降碳相适应的配套规章制度，加强与减污降碳协同相适应的执法能力建设。

3. 抓住减污降碳协同的要害和关键，实现最大程度的增效

减污降碳的要害是减煤，关键是结构调整。煤炭消费量与 CO_2 及污染物排放量之间均呈现显著正相关。2020 年，煤炭在我国一次能源消费中占比仍高达 56.8%。既要降低煤炭消费强度，更要降低煤炭消费总量，煤炭消费总量要尽早达峰，推动非化石能源成为能源消费增量的主体。要坚决遏制"两高"项目盲目上马和未批先建，加快淘汰压减钢铁、有色、建材、石化、化工、火电、造纸等行业的落后和过剩产能。

4.加大减污降碳协同增效的科技支持力度

实现减污降碳的根本途径，无论是发展新能源推动能源革命，还是结构调整推动产业的转型升级；无论是源头减少碳和污染物的排放，还是末端治理，都离不开强有力的科技支撑和科技创新。必须尽快建立有利于减污降碳协同增效的科技创新体制机制，鼓励科研院所、企业以及科研人员开展"卡脖子"或关键技术研发，为早日实现碳达峰、碳中和目标提供有力科技保障，为建设人与自然和谐共生的现代化美丽中国作出应有的贡献。

（三）工业部门减污降碳协同增效路径

工业是对污染物和 CO_2 排放贡献均最大的部门，其 NOx、一次 $PM_{2.5}$、VOCs 和 CO_2 排放量占全国比重分别达 42%、46%、67% 和 42%，因而成为推进减污降碳的重点。因此，应着力构建高效低碳循环工业体系，严控"两高"项目盲目发展，大力推进钢铁、水泥等重点工业行业节能降耗，加强再生资源回收利用率，从源头减少生产过程能源、资源消耗以及相关污染物和 CO_2 排放，实现环境污染物与 CO_2 的协同减排。此外，能源消耗作为工业企业碳排放的主要来源，实现"降碳"的主要途径是通过企业采取清洁能源替代传统化石能源实现能源替代。表 15-1 展示了目前工业企业可以实现的部分清洁能源获取途径。

表 15-1   工业企业清洁能部分获取及应用路径

能源类型	获取方式	替代能源	应用
太阳能	厂区空地等架设光伏发电板	电能	利用空地假设光伏发电板太阳能发电来实现替代废水、废气、固废处理过程中的电能消耗为工业生产过程提供能源
风能	厂区空地架设风能发电机组	电能	利用空地假设光伏发电板太阳能发电来实现替代废水、废气、固废处理过程中的电能消耗为工业生产过程提供能源
生物质能	废水处理污泥或生产有机废渣厌氧消化产生沼气	化石燃料、电能	沼气直接利用代替传统化石能源沼气发电代实现替代废水、废气、固废处理过程中的电能消耗
余热能	生产过程中废蒸汽所含热能	电能、热能	收集后作为热量来源进行热能利用余热发电技术为生产过程及废水、废气、固废处理过程提供电能

1. 工业废气再利用与降碳协同增效

工业废气再利用是将生产设备排放的废气回收用于生产过程，再次利用其余热、余压或者所含可燃组分的热值，而不是直接或者仅经净化处理后排放到环境中。通常工业废气的再利用分为循环利用和阶梯利用 2 种：循环利用是指回用于产生废气的生产过程本身，而阶梯利用是指回用于其他生产设备。如在钢铁行业，可以以烟气显热和化学能转换为中低热值的转炉煤气和中低压蒸汽两种方式回收利用转炉烟气能量；在水泥行业，可以采用水泥窑尾废气提质褐煤，再利用褐煤煅烧水泥，从而能实现褐煤脱水和提质的能耗降低以及 CO_2 总排放量的减少，从而为褐煤资源的就地利用提供一个新的途径；在电解铝的生产过程中，为进一步削减 SO_2 的排放并充分利用电解槽废气余热，可将干法处理后的电解铝烟气直接送入企业自备电厂或周边发电厂作为助燃空气使用，从而实现了废气的梯级利用。

2. 大宗工业固废综合利用与降碳协同增效

党的十八大以来，我国把资源综合利用纳入全面加强生态文明建设"五位一体"总体布局。随着生态文明建设的深入推进和环境保护要求的不断提高，大宗固废综合利用作为我国构建绿色低碳循环经济体系的重要组成部分，既是资源综合利用、全面提高资源利用效率的本质要求，更是助力实现碳达峰碳中和、建设美丽中国的重要支撑。

大宗工业固废是大宗固废的一个大门类，品类繁多，主要包括尾矿、冶金渣、煤矸石、粉煤灰、脱硫石膏、赤泥、磷石膏、石材加工底泥等。我国大宗工业固废每年新增及历史堆存量大，若强化其综合利用，提升资源利用率，不仅能够节约原生资源，降低资源的对外依存度，还可以减少大气、水和土壤污染风险。

（1）推动大宗工业固废规模化利用

对于利用技术较成熟、应用范围较广、利用量较大的粉煤灰、煤矸石、高炉矿渣（水渣）、脱硫石膏等大宗固废，要积极推动与建材等利废产业的融合发展，在产业布局优化、制度配套、激励措施等方面鼓励固废作为原料替代原生资源，推动高效规模化利用。例如深入推动粉煤灰用于建材生产、建筑和道路工程建设、农业应用等；有序引导煤矸石发电及生产建材、复垦绿化等利用。推动工业废弃物高值化利用。因地制宜开展煤矸石多元素、多组分梯级利用，积极开展提取有用矿物元素，重点推广煤矸石生产农业肥料等高附加值产品。大力发展粉煤灰基于有价元素提取的高值化应用，开发多元化综合利用产品体系。推动非金属产业废渣高质化利用，分区域分种类提升工业副产石膏综合利用质量。

（2）创新构建大宗工业固废综合治理模式

建立多产业协同利用模式。建立完善重点领域大宗固废综合利用产业协同发展体制机制，依托固废产生集中区域，健全大宗固废综合利用产业体系，贯通固废资源排放、处置、加工、流通、应用等环节，打破行业保护与壁垒，强化产业责任与分工。鼓励上下游企业采取合资、合作等方式，推进大宗固废综合利用与化工、水泥、煤电、冶炼等传统产业耦合链接，形成多产业协同融合发展模式，促进固废资源供需链与价值链的优化配置。

完善专业化运作模式。针对赤泥等多组分复杂难用大宗固废，依托专业公司，提升分选加工处理水平。强化大宗固废处置的商业运营，以固废资源综合利用为纽带，向固废资源的检验检测、诊断、评估评价、技术装备、产业化项目工程建设、标准规范、信息统计、金融服务、人才培训等产业链各环节延伸，形成具有竞争优势的服务型产业，构建产业链间协同发展的小循环，推动产业联动和耦合共生。

建立互联网＋大宗固废综合利用模式。充分利用大数据、互联网等现代化信息技术手段，推动大宗固废产生量大的行业和地区建设大宗固废监管信息系统，对大宗固废产生、贮存、转运、利用等动态信息进行实时统计，完善基于信息数据系统的产业管理体系。建立完善大宗固废综合利用交易信息平台，为产废和利废企业搭建信息交流平台，分品种及时发布大宗固废产生单位、产生量、品质情况等，推动企业间、产业间、区域间加强信息交流，提高资源配置效率。

打造骨干企业示范引领模式。建立大宗固废综合利用企业领跑者制度，推动大型综合利用企业建设完善大宗固废综合利用设施，加大对关键技术装备绿色化、智能化改造，提高企业资源化利用率和无害化处置水平。定期发布"领跑者"企业名单，并给予政策扶持，加快培育具有成熟大宗固废综合利用处置能力的骨干企业，发挥示范引领作用，带动上下游产业协同发展，全面激活产业链，带动全产业绿色可持续发展。

（3）增强重点区域大宗固废消纳能力

培育跨区域产品联动市场机制。建立"增强共识、建立规则和推进共享"合作机制，推动培育大宗固废综合利用产品联动市场，形成产、供、销、用联动的格局。建立跨区域产品标准共享共用机制，建立从设计到施工全流程的大宗固废综合利用产品优先采用机制。鼓励大宗固废在区域间的流动，充分利用现有铁运、海运、水运能力，开展多式联运，推动重点区域固废综合利用率整体提升。比如，可考虑在京津冀及周边地区等重点区域，充分利用山西、内蒙古等地尾矿、废石、粉煤灰等存量大宗固废资源补齐产能短板，为核心发展区域重大工程建设提供建材原料。

建立跨区域多部门联动政策机制。充分发挥区域中心城市或城市群市场资源丰富性和周边区域固废资源的充足性优势，鼓励将大宗固废综合利用产业融入区域协同治理框架之中。出台跨区域多部门协作联动相关制度和关键瓶颈问题申报处理机制，协力解决制约京津冀、长江经济带、黄河流域、粤港澳大湾区等重点区域产业协同发展的关键瓶颈问题。构建科学合理的大宗固废综合利用区域协同发展机制，制定固废综合利用区域协同发展的财税政策、科技创新激励政策、综合利用产品政策。

开展重大战略区综合利用试点。优先在京津冀、长江经济带、黄河流域等大宗固废产生量大、品种多的典型重大战略区域因地制宜开展应用试点，探索区域内大宗固废综合利用新模式。重点推进京津冀及周边地区产业废弃物大规模协同利用和清洁高效利用；充分发挥长江经济带的内陆低成本水运优势，推进区域产业废弃物协同利用、生态化高效利用；围绕生态保护，以市场化机制推动黄河流域存量废弃物规模化利用；推进西部地区有色金属采选冶固废高效提取有价组分生态化清洁利用；推动东北地区老工业基地产业废弃物协同利用的战略性新兴产业发展。

（4）建立健全长效推进保障体制机制

完善大宗固废综合利用标准体系。建立大宗固废综合利用领域的行业标准化机构，建立健全相关标准体系。完善综合利用产品设计、生产、使用等环节的全生命周期绿色标准。注重标准之间的协调、配合性，促进资源综合利用产品标准和建筑标准、施工规范等上下游产业标准之间的衔接，着力解决大宗固废综合利用产品应用的标准瓶颈问题。鼓励相关细分领域团体标准的制定，通过标准化手段，提高产品的市场竞争力和先进适应技术推广。

完善税收优惠政策。落实资源综合利用增值税、所得税、环境保护税等优惠政策，扩大综合利用产品税收优惠范围，探索将尾矿、煤矸石等大宗固废井下充填或回填列入增值税优惠目录。聚焦大宗固废综合利用重点领域，深入研究制约行业发展的税收制度瓶颈，针对赤泥、尾矿、建筑垃圾等大宗固废，有针对性研究出台符合行业特点的可操作、可落地、可实施的税收优惠政策。

加强科技创新支撑。积极推动建立固废利用科技创新平台、实验室、孵化器等，鼓励科技创新，实施重点研发计划，加快成果转化，突破复杂难用固废综合利用技术瓶颈。鼓励建立多模式的产业创新联盟，形成利益共享、风险共担的创新主体。加快发布大宗固废综合利用先进实用技术目录，分品种征集大宗固废综合利用关键共性技术，同时强化推广应用，遴选发布大宗固废综合利用先进适用技术目录和典型案例。

健全大宗固废综合利用评价制度。根据大宗固废综合利用技术研发的进展、标准制修订等情况，调整修订相关产品目录。坚持以市场化为导向，完善资源综合利用第三方评估评价机制，在财税减免、项目认定、技术评价等工作中积极引入第三方评估评价。在评估评价基础上，适时发布产品展示、市场需求、成果转化、技术推广等服务信息。

3. 工业节水与降碳协同增效

节水之"节"谓之节省、俭约，国内外对节水的界定存在差异，有的强调用水主体的节约用水，有的强调取供用耗排回等全过程、各环节中水的节约与保护。前者可称之为狭义节水，后者可称之为广义节水。针对我国现状以及已采取的措施，"节水"可理解为：在满足经济社会可持续发展的前提下，采取法律、行政、技术、经济、工程等综合措施，减少取水和用水过程中的水量消耗和损失，提高水的利用效率和效益，科学开发、高效利用和有效保护水资源的行为。

（1）我国工业节水政策

工业企业历来是用水大户，工业节水是缓解我国水资源供需矛盾的有效措施。近年来，我国出台了一系列政策，大力支持工业节水。

2021 年 12 月，为提升城市水资源集约节约水平，提高城市节水系统性，深入推进城市节水工作，住房和城乡建设部办公厅、国家发展改革委办公厅、水利部办公厅、工业和信息化部办公厅印发《关于加强城市节水工作的指导意见》（以下简称《指导意见》）。《指导意见》强调，大力推进工业节水。加强工业企业用水定额管理，开展水效对标达标，积极应用先进适用节水技术装备，实施节水改造。加大工业利用废水、再生水、雨水、海水等非常规水资源力度，京津冀、黄河流域的缺水城市要推动市政污水处理及再生利用设施运营单位与重点用水企业、园区合作，将市政污水、再生水作为工业用重要水源，减少企业新水取用量，形成产城融合废水高效循环利用新模式，探索建设可复制推广的试点工程。完善企业用水监测计量体系，提高用水效率。

2021 年 3 月，为深入贯彻习近平生态文明思想，落实《中华人民共和国国民经济和社会发展第十四个五年规划和 2035 年远景目标纲要》，持续实施国家节水行动，加快推进节水型社会建设，国家发展改革委、住房和城乡建设部等 5 部门联合印发《"十四五"节水型社会建设规划》（以下简称《规划》）。《规划》指出，推进工业节水减污，强化高耗水行业用水定额管理，重点企业开展水平衡测试、用水绩效评价及水效对标，推广应用先进适用节水技术装备，实施企业节水改造，推进企业内部用水梯级、循环利用，提高重复利用率，实施工业废水资源化利用工程，重点围绕火电、钢铁、石化化工、有色、造纸、印染、食品等行业，创建一批工业废水资源化利用示范企业。到 2025 年，遴选火电、钢铁、石化化工、有色、造纸、印染、食品等行业水效领跑者 50 家。

2019 年 4 月，为贯彻落实党的十九大精神，大力推动全社会节水，全面提升水资源利用效率，形成节水型生产生活方式，保障国家水安全，促进高质量发展，发展改革委、水利部印发了《国家节水行动方案》（以下简称《方案》）。《方案》指出，大力推进工业节水改造，完善供用水计量体系和在线监测系统，强化生产用水管理，大力推广高效冷却、洗涤、循环用水、废污水再生利用、高耗水生产工艺替代等节水工艺和技术，支持企业开展节水技术改造及再生水回用改造，重点企业要定期开展水平衡测试、用水审计及水效对标，对超过取水定额标准的企业分类分步限期实施节水改造。

（2）工业节水技术发展趋势

第一，节水技术升级改造。为了提高工业用水效率，拉近各地区用水水平，需要对生产技术水平进行提升，同时限制高污染、低产出产业的发展，实现产业升级。对于已经进行了工业结构调整的地区，其用水效率的提升已进入稳定期，面对用水需求增长，需要通过寻找节水新方法满足需求水量，通过引进新技术推进工业污染治理和节水能力，实现技术引领提升用水效率。

第二，用水过程可视化。用水监管需要对工业生产环节进行深入剖析，尽量达到用水过程可视化，详细统计用水量，一方面能够实现控制各个流程的节水效率，同时为管理者了解企业生产过程用水提供详细信息，方便管控具体的用水过程进而优化用水决策。已有相关研究对工业用水过程可视化进行介绍，例如将工业用水过程按独立工艺环节分解，对各独立环节进行耗用排水统计的计量和管理，通过部分入手整合至整体，实现系统的用水管理。

第三，智慧用水管理。我国工业用水量需求巨大，水资源是重要的工业生产资料。同时，工业发展会造成很大的水环境污染。水资源缺乏和水环境保护已经成为限制工业企业进一步发展的重要因素。如何提高水资源利用率、减少水资源使用、控制水环境污染、改善水环境已经成为工业企业生存发展的重要条件。工业智慧水务是通过物联网把工厂内的所有工业水用户、废水排放设施、各种给水设施、排水设施、循环水设施、水处理设施以及各种管网系统整合在一起，经过大数据管理、分析、处理和决策，实现水资源高效利用，按需供水，节能减排，治污环保。工业智慧水务必将成为工业水务领域转型升级的重要发展方向，助力工业企业的绿色低碳发展。

第四，项目节水评价。目前我国工业企业的节水评价工作按照《GB/T 7119—2018 节水型评价导则》进行，遵循以下四条基本原则：评价指标应能体现企业在用水管理和用水效率提升方面的实际水平，定性与定量评价相结合；考虑不同行业、不同产品生产的用水特点，以及地区各种水资源的禀赋差异；对不同类型企业应具有一定的通用性，同行业的企业之间应具有较好的可比性；应具有可操作性，数据来源真实可信，计量和统计口径一致，便于评价。节水评价指标体系包括基本要求、管理指标和技术指标。基本要求即指节水型工业企业必须满足的条件。管理指标主要评价企业的节水管理制度、管理机构、供排水设施和用水设备管理、水计量管理、水平衡测试、节水技术改造及投入、节水宣传等。技术指标包括企业取水、重复利用、用水漏损、计量、排水以及非常规水源利用等方面。

第五，加强节水监管实效。加强监管是保障节水行为实现的重要途径、保证监管工作发挥实效的基础。节水监管的实现有外部和内部两大动力，外部设立第三方监督主体，内部唤醒工业生产者自身监督意识。对前者，需要完善面向"节水监管"的工作体系，发挥法律、制度的刚性约束力，将节水行为严格入法，使监管工作有法可依；建立明确的节水评价标准，使监管工作有据可循；将监管部门的工作纳入考核，督促有监督权的单位切实担起主体责任，坐实监管工作。对后者，应加强政府宣传来提高其忧患意识，工业企业不仅是依法实施节水行为的用水户，也是自身节水行为的监督者，应主动肩负行业节水的任务与使命，认识到节水行为对行业自身及社会、国家发展的重要意义，其自身监督效果会比外部监督更直接有效。

第六，经济杠杆调控用水结构。产业结构调整对于提高水资源利用效率、降低企业用水定额发挥着主要作用。在宏观调控方面，国家进行水权制度和水资源税改等水资源管理新措施的探索，通过发挥经济杠杆的调节和推动作用，对清洁用水实施阶梯税价、降低中水费用，实现了在用水结构上调整使用中水、提高用水效率和污水处理水平、在用水过程中提高节约用水和循环用水意识等效果。在工业节水方面，这些宏观调控的政策探索实现了对企业的成本约束，使其主动调整用水结构，着力使用新技术改造传统老工业模式，重点强化了非常规水源利用。

第七，重视以限排压节水。实行排水总量控制，以限排压节水，可以抑制企业无序用水现象，从而主动寻求节约用水和中水回用方法，通过污水总量排放控制，形成以限排为目标推动企业自主转换用水结构、提升用水效率的倒逼机制。各工业城市需要重视以节水促减排，以限排压节水，实现节水与限排并重发展。

第八，统筹兼顾短板、典型区域先行。对节水工作的认识要融入水资源管理的各环节，节水工作的各项短板是相互联系、相互影响的。用水过程可视化使管理者了解生产中的用水情况，为用水计量工作提供基础，利于用水管理平台建设；用水管理平台的成功搭建为水资源管理工作提供准确详细的数据，使节水规定和节水目的得以实现。在工业节水的各项短板工作中均应投入精力，统筹兼顾、保持全局意识。有效利用典型工业区，形成行业示范与技术创新引领，对其他区域的工业节水创造可行案例，实现"重点区域先完成节水工作"，使"先节水区域"带动"后节水区域"，以便推动工业节水进程。

4. 工业节能与降碳协同增效

（1）我国工业领域能源消费及碳排放现状

近年来，工业领域能源消费占全国的比重在 60% 以上，工业煤炭消耗约占全国的 50% 左右，能源消费结构中煤炭占比最高。尽管近年来随着天然气和可再生能源等清洁能源的快速发展，工业领域能源消费结构持续优化，但是"以煤为主"的能源消费结构基本特征短期内难以改变，高碳特征依然明显。

此外，我国工业结构中重工业和化学工业占比高，2019 年重工业和化学工业能源消费量占工业能源消费总量的比重达 90.89%。当前，我国整体上进入了工业化后期，但部分中西部地区还处于工业化中期阶段，尚需发展重工业和化学工业来支撑地区经济增长。同时，钢铁、冶金、机械、能源、化学、材料等工业的增长，增加了能源需求量。我国工业生产了大量能耗高但附加值较低的产品，如世界56%左右的粗钢产量、57%左右的水泥产量。尽管近年来我国持续严格控制高耗能产业扩张，依法依规淘汰落后产能，化解过剩产能，但工业结构中高耗能的重工业和化学工业占比高的情况仍未改变。

最后，我国单位制造业增加值能耗水平依然偏高，远高于发达国家水平。一方面，我国通用设备不够节能，以电机为例，高效电机市场占有率仅为16%左右，远低于发达国家，电机系统运行效率比国外先进产品落后10%左右；另一方面，部分高耗能的制造业生产了低附加值的产品，高端制造业占比还偏低。

（2）工业领域节能减碳对策

第一，调整优化产业结构，发展绿色低碳产业。工业化带来的产业结构变化与能源消费总量、结构存在很强的正相关关系，制造业生产结构比重高导致能源消费总量居高不下。应持续化解过剩产能，在石油化工、电力、煤炭、钢铁等行业，加快转型升级，大力淘汰高能耗的落后产能。坚决遏制"两高"项目盲目发展，提高新建、扩建"两高"项目节能环保准入标准，落实产能替代、煤炭消费减量替代、能耗替代。新建、扩建"两高"项目应采用先进适用的工艺技术和装备，须达到强制性能源消耗标准先进值。加快产业绿色低碳转型，发展壮大一批有基础、有优势、有竞争力的节能环保、清洁生产、清洁能源产业，积极推动支持地区建立国内领先的节能环保、新能源产业集群，大力支持战略性新兴产业发展。

第二，调整能源消费结构，高效清洁利用化石能源。调整能源消费结构是实现碳达峰、碳中和的关键。应提高可再生能源消费比重，鼓励新能源富集地区企业、工业园区等用能集中工业区域，充分利用太阳能、风能、氢能等清洁能源，因地制宜建设电化学储能、压缩空气储能、抽水蓄能、电制氢及制甲醇等储能设施。支持工业厂房分布式光伏发电，推动智能绿色微电网在企业和工业园区中的应用。支持工业园区开展综合能源管理服务，提升园区新能源消纳水平。推动终端能源消费电气化，大力实施电能替代，支持以电代煤、以电代油，推广电窑炉、电锅炉等装备，推动电制氢技术应用。推进煤炭、石油、天然气等化石能源高效清洁利用，扩大煤炭消费中电煤占比，加大煤炭、石油、天然气清洁高效开发利用关键技术攻关及推广应用。

第三，加强新一代信息技术的工业应用，强化跨领域能源资源耦合发展。智能制造在应对碳排放、防止气候变暖领域存在巨大潜能，新一代信息技术与先进制造技术深度融合是制造业实现智能化的关键；跨领域的能源耦合发展，有助于打破能源、化工和动力等传统行业间的用能壁垒，实现多种能源的综合梯级转换利用。在加强新一代信息技术与制造业融合方面，着力推动数字孪生、物联网等智能技术的工业应用，推进生产过程智能化，全面提升企业研发、生产、管理和服务智能化水平，以提质增效带动节能降耗。利用数字技术开展泵、风机、压缩机等电机驱动终端设备系统能效监测，实施重点用能设备和用能系统改造，推动高效用能设备与生产系统的优化匹配、使用与管理。推动能源管理中心建设，实施动态监测、控制和优化管理，提高企业能源分析、预测和平衡调度能力，实现企业能源资源管理数字化和精细化。在推动跨行业、跨领域能源资源耦合发展方面，推动跨行业协同处置废弃物、多能互补等，实现钢铁、建材、石化等行业间链接协同节约能源资源。例如以钢铁行业副产煤气为原料生产高附加值的化工产品，回收利用工业低品质余热资源为周边用户供热、供气等。

第四，推广应用先进适用节能技术装备，持续推进设备再制造。应用高效节能技术装备是实现工业领域技术节能的关键。针对量大面广的工业锅炉、电机系统、变压器等通用设备，需进一步开展能效提升，加大高效节能通用设备的推广力度，制定低效通用设备退出机制。强化系统优化技术的研发及应用，从单一节能技术的推广应用，转变为先进节能技术的集成优化运用，鼓励先进节能技术、信息控制技术与传统生产工艺的集成优化运用，加强流程工业系统节能。对工程机械及其零部件、电动机及其零部件、内燃机及其零部件、办公设备及其零件、汽车产品及其零部件等持续进行再制造，加大再制造技术的研发力度，努力降低再制造的成本，同时加大再制造产品的宣传推广力度，破除制约再制造产业发展的行业认知。

第五，构建工业绿色低碳标准体系，分行业制定绿色低碳标准。开展工业绿色低碳标准体系研究，分析工业绿色低碳发展标准体系建设需求，构建工业绿色低碳标准体系整体框架，提出标准制修订的重点领域和任务清单。针对钢铁、水泥、电解铝、化工等重点耗能行业，研究制定碳排放限额标准，实现能耗限额、碳排放限额双控。针对汽车、电子等终端设备制造业，制定一批碳足迹核查标准，减少产品全生命周期的碳排放量。

第六，强化绿色低碳技术创新与应用，推动碳捕集、利用与封存（Carbon Capture，Utilization and Storage，CCUS）商业化。低碳技术创新是实现工业应对气候变化发展的关键。要加强专项资金和金融支持力度，加快低碳技术的研究开发、示范与推广。CCUS 是具有大规模碳减排潜力的技术，也是应对全球气候变化、控制温室气体排放的重要技术手段。需要加强顶层设计、战略研究，确定 CCUS 的战略定位，明确 CCUS 技术路线图，营造利于 CCUS 发展的政策环境，从金融、财政、科技等方面合力推动 CCUS 发展。推进 CCUS 技术研发，提升 CCUS 技术水平，并研究 CO_2 资源化利用相关技术，建立针对全流程 CCUS 示范项目的规范制度和标准体系，推动试验示范项目建设，努力降低 CCUS 项目的成本。

第七，持续推进工业节能诊断，打造高水平工业节能诊断队伍。企业节能诊断是对企业的基本情况、主要生产产品、年能源消耗、主要耗能设备、能源节约计划、已采取的节能措施、即将采取的节能措施、需要诊断的设备及工艺、需要测试的工艺等多个方面进行调查，对企业的节能潜力进行分析。节能诊断的正确与否，对节能工作是否有效起着关键作用。节能诊断有助于帮助企业查找用能问题、挖掘节能潜力，为企业提供切实可行的节能改造建议，节能诊断工作任重道远。鼓励地方自主组织开展节能诊断，扩大节能诊断覆盖的行业、领域，关注后期节能改造建议落地情况。提高工业节能诊断服务机构的准入条件，摸清节能诊断机构的服务能力，确定机构能服务哪些行业、哪些领域，有针对性地给机构安排相关行业、领域的节能诊断任务，确保节能改造建议可实施可落地。现场节能诊断人员在能源等相关领域应具有相关从业经验，鼓励服务机构培养节能诊断专业人才队伍。

党的十九大指出，我国经济已由高速增长阶段转向高质量发展阶段，提出了"创新、协调、绿色、开放、共享"的新发展理念，而双碳目标是我国着力解决资源环境约束突出问题、实现中华民族永续发展的必然选择，更是构建人类命运共同体的庄严承诺。我国经济社会的高质量发展和双碳目标的实现在理念上和目标上高度一致，为打赢这场硬仗，政府、企业、民间社会以及普通公民都要为此作出前所未有的努力。以减污降碳协同增效为总抓手，以改善生态环境质量为核心，大力推进生态文明建设，推动绿色循环低碳发展，积极应对气候变化国家战略，打好环境污染防治攻坚战，积极稳妥推进温室气体减排工作，从而全力支撑能源、工业、交通和建筑等各领域的高质量发展并最终推进碳中和目标的实现。

"双碳"目标下的中国能源技术
创新和产业发展

卫昶 *

* 美的集团首席技术官，曾任北京低碳清洁能源研究院院长、GE 研发中心全球水处理技术及高分子材料技术总监，并兼任 GE 水处理集团大中华区产品总经理。

一百多年来，人类的工业化进程和经济活动导致了地球大气层中温室气体比例的大幅提升，以二氧化碳为例，其浓度从工业革命前的 250PPM 左右上升到目前的 400PPM 以上。温室气体的增加导致了地球温度的不断升高，较之工业革命前，地球的平均温度的升幅已超过 1.1℃，而地球温度的升高又导致了极端气候灾害频发，例如 2021 年欧洲和中国的极端暴雨天气、中东国家的极端高温天气和美国加州的大火，给人类的生命财产带来巨大损失，给经济发展带来巨大的伤害。如果任由这种趋势继续下去，人类将面临毁灭性的灾难。

国际社会正在共同努力应对气候变化的挑战。2021 年在英国召开的联合国气候大会，明确提出了要逐渐减少化石能源尤其是煤炭的使用，并倡议世界各国通力合作，将本世纪末地球平均温度升高控制在 1.5℃ 以内。中国也在 2020 年 9 月提出了 2030 年前实现碳达峰、2060 年前实现碳中和的目标，这既是对国际社会应对气候变化所做出的"中国努力"，也是对未来中国经济高质量发展的有力促进。但是，中国要实现双碳目标，面临时间短、总量大的双重挑战。时间跨度上，欧盟在 20 世纪 80 年代就已经碳达峰，计划到 2050 年实现碳中和，中间间隔超过 70 年；美国是在 2000 年以后实现碳达峰的，距离 2050 年碳中和目标也有 40 多年的时间。相比之下，中国的目标是 2030 年碳达峰、2060 年碳中和，时间要短很多。排放总量上，以发电行业为例，到 2030 年，美国和欧盟预计分别约有 4 亿多吨和不到 3 亿吨的二氧化碳排放，而中国在 2030 年碳排放达到峰值前，未来几年内碳的排放量还会继续上升，预计到 2030 年发电行业的排放量较美国、欧盟会多十数倍（近 50 亿吨），挑战之大可想而知。

根据国际能源署的最新报告，2021 年全球二氧化碳的排放量升高 6%，达到 363 亿吨。从图 16-1 可以看出，二氧化碳的排放主要来自化石能源的使用，尤其是与煤炭相关的二氧化碳超过总排放量的 40%。图 16-2 则给出了世界主要经济体在 2021 年的二氧化碳排放，其中中国的二氧化碳排放量占世界首位，是美国的 2 倍多、欧盟的 3 倍多。这从另一个角度说明，中国作为一个以煤为主要能源的国家，在碳减排碳中和方面面临更大的挑战。

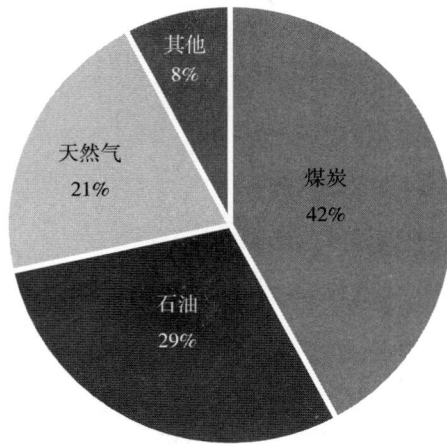

图 16-1　2021 年化石能源的二氧化碳排放占比

（数据来源：国际能源署）

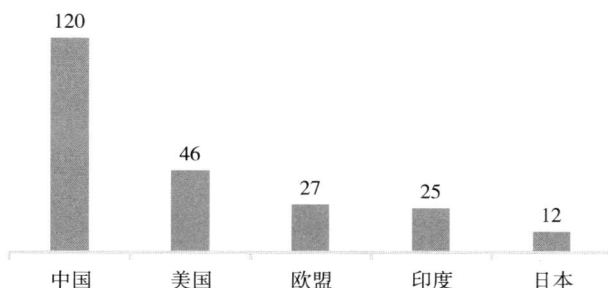

图 16-2 世界主要经济体 2021 年二氧化碳排放量比较

（数据来源：国际能源署）

　　为了应对这些挑战，首要任务是大力发展低碳和零碳能源，尤其是可再生能源，既包括已具规模的光伏、风电和水电，也包括新型可再生能源（比如地热和光热）。随着光伏、风电产业的规模化发展，储能技术将成为解决这些可再生能源间歇性难题的必然选择；氢能作为储能的一种形式，在未来能源结构里，对能源稳定性和碳减排起着重要作用；在发展可再生能源、储能和氢能的同时，要加大力度推动化石能源的低碳转型，发挥对能源系统的"托底"作用，对二氧化碳进行经济可行的规模化捕集利用和封存。推动上述产业发展的关键是技术创新，尤其是核心领域的原始创新，只有通过技术突破才能使传统产业改造升级，才能使新兴产业加速发展，才能真正实现双碳目标。本文将重点讨论可再生能源、储能、氢能和二氧化碳捕集利用与封存（简称 CCUS）相关的产业和技术现状、面临的挑战和发展趋势。

一、可再生能源技术

（一）可再生能源技术现状

可再生能源技术在目前阶段主要是指水电、风电和光伏技术。这些技术在发电过程中不产生二氧化碳，其中水电的发展最早也最为成熟，但水电的应用很大程度上取决于地理位置，新增装机容量相对有限。风电和光伏近年来发展迅速，正在成为可再生能源领域的主流技术。根据国家能源局的最新数据，截至 2021 年年底，中国风电和光伏装机容量双双突破 3 亿千瓦，超过全国发电总装机容量的 25%，其中 2021 年风电和光伏发电新增装机容量超过 1 亿千瓦（风电新增 4757 万千瓦，光伏新增 5488 万千瓦），无论是总装机容量，还是新增装机容量，风电和光伏的规模都居世界首位。需要指出的是，在风电方面，2021 年海上风电异军突起，全年新增装机近 1700 万千瓦，增幅超过 450%。图 16-3 展示了 2017—2021 年中国风电总装机容量、每年新增装机容量和海上风电装机容量的变化。在光伏方面，2021 年分布式光伏发展迅速，年新增装机超过 2900 万千瓦，增幅达 87%，约占新增光伏装机的 55%。图 16-4 是 2017—2021 年光伏装机容量、每年新增容量和分布式光伏新增容量的变化。

尽管可再生能源近年来发展迅速，光伏和风电的度电成本也大幅下降，但可再生能源的装机容量占比依然较小，进一步推动可再生能源的规模化是必然趋势。而大规模可再生能源的发展也面临挑战，一

■ 总装机容量（万千瓦）　　■ 新增装机容量（万千瓦）
■ 海上风电装机容量（万千瓦）

32848

28153

23005

18428

16367

7167

4757

2639

2574

2059

1503

278

453

593

900

2017　　　　　2018　　　　　2019　　　　　2020　　　　　2021　年份

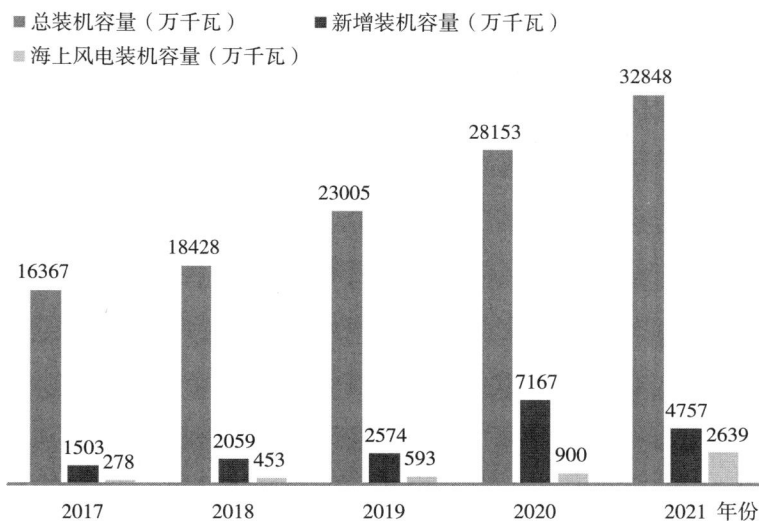

图 16-3　2017—2021 年中国风电装机容量情况

（数据来源：国家能源局）

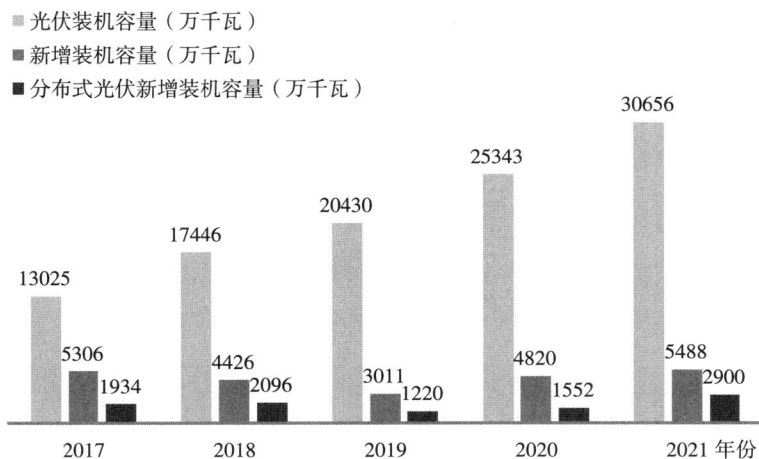

■ 光伏装机容量（万千瓦）
■ 新增装机容量（万千瓦）
■ 分布式光伏新增装机容量（万千瓦）

30656

25343

20430

17446

13025

5306

4426

3011

4820

5488

1934

2096

1220

1552

2900

2017　　　　　2018　　　　　2019　　　　　2020　　　　　2021　年份

图 16-4　2017—2021 年中国光伏装机容量

（数据来源：国家能源局）

个重要的原因是可再生能源自身的不确定性和间歇性，比如光伏因为日照的原因白天可以发电，晚上不能发电，晴天可以发电，但是阴天或雨天就较少发电；风电也是如此，发电量受风力的影响大、随机性强。此外，电网系统的灵活性和对可再生能源的兼容性仍需提高。为应对这些挑战，一方面，要加大技术创新的力度，比如开发低成本、长时间、大规模的储能系统，推动风光储的一体化应用，这样可以通过储能系统将可再生能源发电时多余的能量储存下来，在需要的时候再供应出去，实现能源的连续稳定输出。另一方面，加大政策支持力度，推动电力市场的改革，扶持储能等新兴产业的发展。

（二）可再生能源技术和产业的发展趋势

1. 海上风电

海上风电将会继续成为增长的亮点。尽管从装机容量看，中国目前依然是陆上风电为主，但由于适合风电的土地资源有限，陆上风电新增装机增速放缓；海上风电则不受陆地面积限制。此外，海上风速快、风力稳定，可减少风电间歇性的影响，提升风机利用效率；同时海上风电较少受到大型部件在陆上运输的限制，更适合大容量的风机，可有效增加单机发电量。在近海风电快速发展的同时，海上风电的远海化开发近年来也得到越来越多的重视，较之离岸较近的海上风电，远海风速更高、对环境的污染也小、可使用的面积也更为广阔，但也面临风机架设难、输电损失大、维护成本高等挑战。而漂浮式海上风电则被认为是推进风电向深远海发展的重要措施。该技术是将风机安装在通过锚固和系泊的平台，克服了深海复杂海床安装的困难。

漂浮式海上风电目前还处在试验和示范阶段，但很多国家都在积极部署，推动漂浮式海上风机技术在深海领域的应用。中国的远海风能资源丰富，但发展还在初期，还需要加大力度开发包括浮动风机及相关的配套技术，同时推动本土的产业链扩展和升级。

2. 分布式光伏

2021年分布式光伏发展迅速、引人注目。2021年分布式光伏的新增装机容量首次超过集中式光伏，标志着分布式光伏正在成为光伏发电的主流应用。尽管集中式光伏技术相对成熟、应用规模大、成本也开始具有竞争力，但集中式光伏对土地资源需求大、对环境影响大，其应用场景和进一步的快速发展受到较大的限制，尤其是在经济发达的城市群，土地资源非常宝贵。同时，分布式光伏规模小、应用灵活，有着更大的发展空间。以光伏板取代幕墙的建筑光伏一体化（BIPV）为例，经初步估算，如果将现有建筑中5%用来安装BIPV，装机容量可达400GW；此外，全国每年新增可用于BIPV的建筑面积约为1.5亿平方米，对应于每年超过20GW的装机容量，因此像BIPV这样的分布式光伏有着巨大的应用前景。再从长远来看，用于交通运输的移动光伏（交通光伏一体化）也会得到更多的重视和应用。在技术创新层面，在继续提升光伏效率的同时，需要加速推动光伏向轻量化和柔性化发展，以满足建筑光伏和交通光伏的应用需求。

3. 新兴可再生能源

除了已具规模的光伏发电和风电外，还有一些可再生能源依然在开发阶段，但有着很大的潜力。一是地热技术。就是将地下热源，尤其是像干热岩这样的高温地下热源充分利用起来。对于干热岩，中国拥有相当于十数万亿吨标准煤的可采资源，温度可达 600℃ 以上，是目前唯一稳定持续的可再生能源，但国内的研发尚在起步阶段，需要尽快推动技术开发和系统示范。另一个技术是光热技术，严格地说这不是一个全新的技术。与光伏不一样，光热是通过收集储存太阳能的热能，再将这些高品质的热能通过蒸汽或者二氧化碳等介质转换为电能，也可以通过高温热辐射以热光伏的形式产生电能。与光伏相比，光热发电是将储能和发电有机结合起来，从而可以降低系统成本。目前光热发电的主流技术基于熔融盐，由于相对较低的储热温度，依然存在发电效率低、系统成本高的挑战，需要加大力度开发基于高温储热系统的光热技术。再一个是生物质能源技术，生物质也是一种重要的可再生能源，一般来自农林废弃物、畜禽排泄物和生活垃圾，其规模每年达数十亿吨。目前生物质能源的规模还很小，但潜力巨大，其主要应用为生物质发电和生物质制气，生物质能源与碳捕集技术耦合还可实现淡的碳排放。目前需要加大这个领域的技术创新，推动核心装备和工艺技术的产业化应用，加速生物质分布式能源系统建设。

三、储能技术

为促进双碳目标的实现，中国明确提出到 2030 年光伏和风电总装机容量将达到 12 亿千瓦以上。可再生能源的快速发展必然对储能有更迫切的需求，也对储能技术和储能产业有更高的要求，主要表现在以下两个方面。

　　首先，储能可以减少可再生能源因其不连续性对电网稳定运营的冲击，促进可再生能源的消纳。一方面风电光伏等新能源系统发电过程中，有着明显的波动性和间歇性，而储能系统与可再生能源的耦合可以实现可再生能源的稳定输出，从而提升电网的安全性。另一方面可再生能源的资源分布和电力需求规模在空间上的不匹配，比如中国西北、东北、西南可再生能源资源相对充足，但用电负荷中心则聚焦在长三角、珠三角等经济发达地区，导致了相当一部分风光资源不能被实时消纳。储能系统的利用则能大幅减少弃风弃光，提高可再生能源的系统效率，因此提升中国电力结构中的储能比例，可以最大限度地利用可再生能源。

　　其次，储能可以促进可再生能源与化石能源发电系统的耦合。随着双碳目标的深入推进，可再生能源发电的大规模并网是必然趋势，也将导致化石能源发电（在中国主要是燃煤发电）的角色变化，燃煤发电将从过去提供核心电力为主变为调频调峰为主，这给煤电的灵活性改造带来挑战，主要原因是燃煤发电的调峰和调频能力较差，一方面燃煤发电的响应速度慢，不能符合调频的时间要求，另一方面燃煤发电难以在很低的负荷下有效运行，导致深度调峰不能实现。再者，火电机组功率的频繁切换，也将很大程度地影响机组的高效运行和系统寿命。将燃煤发电和合适的储能系统耦合，既可以大幅提高调频调峰的性能，又能保持机组的平稳运行，增加机组的安全性，更加有效地利用中国庞大的燃煤发电资产。

　　为推进储能产业的快速发展，国家和地方政府先后出台了一系列政策，促进储能技术的示范和应用。比如2021年国家能源局出台了《关于加快推动新型储能发展的指导意见》，为中国储能产业明确发展目标，从技术创新、市场机制、商业模式培育等方面给予配套政策支持，鼓励储能产业健康有序发展。此外，《中华人民共和国国民经济和社会发展第十四个五年规划和2035年远景目标纲要》提出提升清洁能源消纳和存储能力、加快储能技术的规模化应用。目前已有二十余个省份发布了鼓励或强制新能源配套储能的政策文件。因此，研究开发适合中国国情的储能技术以及相应的商业模式，具有重要战略意义。

（一）储能技术的现状

储能技术可以分为电化学储能、物理储能和化学储能。表16-1是相关储能技术的性能总结。

表16-1　储能技术比较

储能类型	储能技术	储能时间	响应时间	循环寿命（小时）	优缺点
电化学储能	锂离子电池	分钟—小时	百毫秒级	1000—5000	比能量高，容量大，规模化生产，但安全性能有待提高
	液流电池	数小时	百毫秒级	≥12000	本质安全，可100%深放，适于组合，环保性好，但未规模化
	钠离子电池	分钟—小时	百毫秒级	1000—3000	成本低，比功率低，但寿命较短
	铅酸电池	分钟—小时	百毫秒级	1000—4500	性价比好，规模化，但能量密度低、环保压力大
	钠硫电池	数小时	百毫秒级	2500—4500	比能量与比功率较高，但生产成本高、未规模化

储能类型	储能技术	储能时间	响应时间	循环寿命（小时）	优缺点
物理储能	抽水蓄能	数小时	分钟级	设备使用期限内无限制	适用于大规模，技术成熟，但受地理位置限制
	储热	分钟—小时	分钟级	取决于具体储热技术	长时储能，应用灵活，但高温储热未规模化
	压缩空气储能	数小时	分钟级	设备使用期限内无限制	寿命长，适用于大规模，维护费用低，但储能效率低
	飞轮储能	秒—分钟	毫秒级	≥20000	比功率较大，但能量密度低
	超级电容器	秒—分钟	秒级	≥50000	响应快，比功率高，但能量密度低
	新型重力储能	分钟—小时	分钟级	设备使用期限内无限制	环境友好，安全度高，寿命长，但还处在研发示范阶段
化学储能	氢能	小时—数月	秒级	长寿命	长时间储能，多元化应用，但绿氢成本高

电化学储能是通过电化学反应实现能量的转换，最典型的技术包括铅酸（炭）电池、锂离子电池和液流电池。铅酸电池／炭电池技术非常成熟，是全球应用最广泛的电化学储能技术，但总体来说能量密度低、寿命短、环保压力大。锂离子电池近年来发展迅速，尤其是作为电动汽车上的动力电池得到规模化应用。中国在锂电池领域技术领先，根据工信部的数据，2021年锂离子电池产量超过320GWh，超过全球市场（560GWh）占有率的一半，同比增长106%，其中动力电池和储能电池更是分别增长165%和146%。2022年依然保持强劲的增长态势，但锂离子电池的成本、循环寿命和安全性等性能还需要进

一步提升。另一种电化学电池是液流电池，尤其是全钒液流电池，也得到越来越多的重视。它的主要特点是本质安全，适用于长时间、大规模的储能应用，但目前还在示范阶段。

物理储能主要包括抽水蓄能、压缩空气储能、飞轮储能、储热等，其中抽水蓄能是重力储能的一种，其技术最为成熟，成本低、规模大、寿命长。尽管从装机容量上看，抽水储能是中国目前应用最多的储能技术，但其更为广泛的推广则受到地理位置的限制；而基于相同原理的新型重力储能技术则将储能介质由水换成固态物质，使得重力储能的应用更为灵活，目前也得到了广泛的关注。热储能是另一种物理储能形式，是将电能或者热能以热能的形式储存起来，再通过热交换的方式将储存的热能直接利用，或将其转变为电能。高温熔融盐储热是目前应用较广的储热技术，但熔融盐的高腐蚀性和较低的储热温度依然是挑战。化学储能则是将能量以化学物质的形式储存，最为重要的化学储能是氢能。氢能可以作为二次能源给燃料电池汽车提供动力或者直接发电，它的最大特点是储能时长特别长，可以大规模应用，但需要实现低成本的绿氢生产和供应。

毫无疑义，储能对低碳能源产业的发展至关重要，也正在得到越来越多的重视，但不管是在电力系统还是在交通领域，储能的占比还很小，需要更多的技术突破、产业发展和政策扶持。

（二）储能技术和产业的发展趋势

目前储能产业还在发展的初期，双碳目标推动了新能源汽车和电

力储能市场需求的快速释放，未来的 5 年到 10 年是储能产业发展的
关键时期，需要在技术创新、产业应用和商业模式上做出努力。

1. 电化学储能

在电化学储能领域，锂离子电池依然是主流技术。随着电动汽
车的高速发展，对锂离子电池的需求也会越来越多。其发展趋势依
然是：一方面更大容量、更高效率；另一方面更低成本、更加安全。
锂资源及相关产业链的成本控制是一个重要环节。最近对钠离子电
池的关注，也将是降低成本的一个途径。另外，在聚焦电动汽车应
用的同时，也要针对电力储能市场应用开发出相关的储能技术。较
之电动汽车，电力储能的应用要求更低的初始成本、更长的循环寿
命和更好的安全性，但在体积能量密度上，要求则相对较为宽松。
未来几年，锂电池在电动汽车上的大规模应用将推动锂离子电池技
术的持续进步和成本的持续下降，从而有助于锂离子电池在储能领
域的应用。另一个电化学储能技术，即长时间、本质安全的液流电
池也会在储能领域有较好的应用前景，相关的工业示范和规模化应
用将会加速。

2. 高温储热

如前所述，储热是储能的一种形式，较之电化学储能，储热系统
有着低成本、易规模化和多场景应用的特点，但目前受到较多关注的
高温熔融盐储热技术依然面临储热温度较低（550℃—600℃）和成本
高的挑战，未能实现规模化的应用。未来几年，高温储热（>1000℃）
将是储热技术发展的方向。美国、欧洲、澳大利亚都正在推动不同类
型的高温储热技术的示范和应用。高温储热系统可以直接提供高品质

的热能，为化工、冶金、水泥等需要高温蒸汽（>300℃）或高温热源（>600℃）的产业服务；也可以与火电耦合，将低谷时电力转化为热能，实现火电的深度调峰，并同时降低度电煤耗；还可以与太阳能耦合通过高温储热系统实现高效率的光电转化，比如基于二氧化碳超临界发电的光热技术和基于高温辐射的热光伏技术。中国需要加大力度推动高温储热领域的技术创新和应用示范。

3. 应用驱动的储能解决方案

储能技术是多元化的，不同的技术路线对应于不同的应用，要尽快针对不同产业的需求，推动相关示范，比如在新能源领域，针对光伏和风电的并网和消纳，需要配备相应容量的储能系统，以实现系统的稳定性和高效率。这种应用既需要高功率，也需要长时储能，单一的储能技术也许无法满足大规模的风光需求，因此采用混合储能技术更有优势（比如高功率的锂离子电池和长时间的液流电池的互相配合）。而对于储能与火电厂的耦合则需要不同的技术路线，为缓冲新能源装机对电网稳定性的影响，燃煤机组需要被用来进行深度调峰，将燃煤机组与大规模长时间储能系统的耦合则可大幅提升火电的灵活性和调峰能力。储热技术在这样的应用场景下更有优势，通过电锅炉或者相对低温的固体储热可以实现热水供应，未来则可通过高温储热系统提供高温蒸汽（350℃—650℃），既能满足工业应用，也可实现高效发电。

四、氢能技术

（一）碳达峰碳中和目标下的氢能产业机遇

顾名思义，氢能就是将氢气作为载体来提供能源，是化学储能的一种形式，最典型的应用是通过氢气给燃料电池汽车提供动力，或者氢气通过燃料电池甚至氢气轮机直接提供电力。氢能的最大特点就是在应用过程中唯一的排放物是水，不排放二氧化碳或其他温室气体，但是氢气是一种二次能源，必须通过其他一次能源产生而来，既可以通过光伏或者风电等低碳能源电解水产生氢气，这种过程也不产生二氧化碳，我们将这样产生的氢气叫绿氢；也可以通过火电或者燃气发电进行电解或者直接通过煤的气化或者天然气裂解制氢等方式获得，通过这样的过程产生的氢气依然有二氧化碳排放，我们称这样的氢气为灰氢。在双碳目标下，基于绿氢的氢能产业发展是减少二氧化碳排放、推动能源工业转型的一个重要途径，机会巨大，具体表现在以下几个方面。

首先，氢能与可再生能源耦合，产生的绿氢可用于燃料电池汽车或氢气发电，大幅降低交通和电力生产领域的二氧化碳的排放。尤其是在交通领域，氢燃料电池汽车加注时间短、续航里程长，在大载重、长续航、高强度的道路交通运输系统中具有优势，相比纯电动汽车，燃料电池汽车中也较少影响终端用户的使用习惯。结合绿氢生产，氢燃料电池汽车和纯电动汽车将是推动道路交通领域碳减排的主要途径。

其次，氢气作为能源载体，可以作为大规模长时间的储能工具，有效解决可再生能源的间歇性问题。当可再生能源有富余时，将电力以氢气的形式储存下来，在电力不足的时候，再通过氢气进行发电，从而促进可再生能源的规模化发展。氢能的储存规模可从千瓦到兆瓦到吉瓦，存储时间从数小时到数月，可与其他储能系统互补（比如电化学储能），从而实现从秒级到季节的电力系统稳定输出。此外，由于氢气的可输运性，氢气可以用来调节优化不同地域的能源分配，例如通过氢气的输运满足偏远地区的能源需求。

再者，绿氢也可以作为原料，用于化工、冶金、钢铁等行业，有效推动"难减排"领域的深度脱碳。例如，以绿氢取代现有的以煤炭为主要燃料的高炉炼铁工艺，是钢铁产业绿色低碳发展的大方向；基于绿氢的合成氨工艺可以产生绿氨，绿氨既可以作为氢气的运输载体，也可以用作燃料或者化工原料达到碳减排的目的；绿氢也可以取代煤化工中广泛应用的灰氢生产绿色甲醇等最基本的化工原料，这将是化工领域实现碳中和目标的重要途径。

（二）氢能产业面临的挑战

氢能产业还处在发展的初期，产业链布局还不完整，基础设施（如加氢站）还不具备规模，关键技术有待突破，国家政策还需要完善，氢气的成本需要大幅度下降，具体表现在以下几个方面。

在制氢领域，目前中国氢气主要来自化石能源，氢源结构落后于发达国家、甚至低于全球平均水平。根据中国氢能联盟研究院数据，中国氢气主要来自煤炭、天然气，以及工业副产氢，占国内制氢产能的98.5%。事实上，中国具有最大规模的煤制氢能力，但这些氢源无助于二氧化碳减排，无助于双碳目标的实现。另一方面，绿氢生产的成本还太高，需要技术的进步和产业规模化使成本大幅下降。

在供氢领域，中国产品氢主要是以压缩氢气的方式进行输运，主流技术为20MPa长管拖车，而国外的同类运输方式压力为50MPa。液氢技术目前还局限在航天领域，管道运输方面规模也远小于美国和日本。在氢气加注领域，截至2021年年底，中国的加氢站共建成218座，远不能满足燃料电池汽车的规模化应用需求。

在核心技术方面，燃料电池加氢站核心装备、绿氢制造装备以及液氢技术还需要突破。用于制氢的质子交换膜电解槽（PEM）技术虽然进步显著，但仍属于跟跑国际先进水平；固体氧化物电解池（SOEC）技术还处于实验验证阶段。车载储氢容器方面，中国四型瓶仅初步具备量产水平。储运方面，液氢、固态储氢、50MPa压缩气体运输技术及装备仍与国际一流水平差距明显。加氢站技术及装备方面，阀门、流量计等关键部件仍依赖进口。

（三）氢能技术和产业的发展趋势

1.绿氢技术

氢能的清洁化发展是大势所趋，而与可再生能源耦合实现绿氢生产是一个重要途径。在生产环节，绿氢的成本主要取决于可再生能源的电价、制氢系统和制氢效率。从大趋势看，光伏和风电的度电成本会持续下降，将有效降低制氢成本。此外，产业的规模化发展也会使制氢系统成本下降，技术的进步则会提升制氢效率，这些都将大幅降低绿氢的成本。此外，绿氢合成的载能燃料也应该得到重视，比如绿氢合成氨或甲醇，合成绿氨是较为成熟的技术，可以使作为能源载体进行大规模的生产、存储和运输。绿氨可以用于化肥、燃烧发电、脱氢后作为燃料带动化工、电力、交通多个领域的脱碳。

2. 液氢技术

现阶段中国的氢气输运和加注基本上都是高压气氢，成本相对较高，要进一步降低氢气的全产业链成本，液氢技术的推广将是大趋势，液态氢的体积、能量密度是 35MPa 氢气的 3 倍，70MPa 氢气的 1.8 倍，在液态运输和液态储存方面的成本优势明显。事实上，目前美国、欧洲、日本已经开始将液态氢作为氢气的主要供应方式。在加注方面，与液氢匹配的储氢加注站的需求也越来越大，液氢的加注速度、加注容量和安全性都远高于高压气体。氢气液化成本目前高于高压气氢成本，但借助低成本的电力和高效液化技术，可以大幅降低氢气的液化成本。综合考虑氢气的液化、液氢运输、储存和加注，全产业链的成本可降低 50% 左右。中国需要加大攻克氢气液化技术和液氢加注技术。

3. 规模化产业集群推动核心技术突破

一方面，伴随氢能产业的快速发展，能源公司、气体公司、核心装备制造商和汽车企业都进入这个赛道，形成了制氢、储氢、用氢上下游产业链的紧密结合，在这个过程中产生的领军企业更是有力推动了产业的发展和进步。另一方面，在国家和地方政策的激励下，京津冀、长三角和珠三角地区氢能产业布局逐渐形成了产业集聚效应和区域性优势，这些地区正在成为氢能产业发展的推力。由于领军企业的形成和区域优势的建立，将会推动氢能产业链的规模化发展，使成本进一步下降，同时推动核心技术的突破，提升氢能产业的竞争力。

五、CCUS 技术

在大力发展可再生能源、储能、氢能技术的同时，也要积极推动化石能源的低碳应用。一方面，短期内化石能源会继续为经济发展提供主要支撑；另一方面，长远来看可再生能源依然需要低碳化石能源的补充，以实现能源的稳定供给。这里最大的挑战是如何实现规模化低成本的二氧化碳捕集、利用与封存，从而大幅降低化石能源应用中二氧化碳的排放。

（一）CCUS 技术对中国实现碳中和目标的重大意义

首先，规模化的 CCUS 技术是中国能源结构下的必由之路。中国能源资源禀赋的特点决定了煤炭在保障能源安全中的压舱石地位。2021 年，尽管可再生能源发电装机快速上升，我国煤电装机依然增长了 2.8%，发电量增长了 8.6%。随着风电、光伏在电力供应中占比的上升，其间歇性和不确定性的局限将进一步凸显。出于能源安全和电网稳定性的考虑，化石能源在逐步下降的同时仍将维持一定比例，这部分化石能源需要依靠 CCUS 来实现零碳应用。此外，水泥、钢铁、化工等工业过程存在的刚性碳排放也可以通过 CCUS 技术实现碳中和。据国际能源署预测，在巴黎协定 2℃ 温升情景下，全球范围内 CCUS 的减排贡献约为 14%。由于中国的能源禀赋与世界平均水平存在巨大差异，CCUS 对中国的减排贡献可能更大。

其次，规模化的 CCUS 技术应用可以避免大量高碳能源资产搁浅。由于历史发展的原因，中国目前拥有大量的高碳能源存量资产，这些资产在碳中和战略推进过程中存在资产搁置风险。以火电为例，中国在运煤电机组平均服役时间为 12 年，50% 的装机容量在过去 10 年内投运，85% 的容量在过去 20 年内投运，而发达国家的存量煤电资产大多已服役超过 40 年，因而进入集中退役期。中国这些优质煤电资产如果不能及时实现低碳改造，就可能在碳中和战略推进过程中被迫退出，造成巨额资产搁浅，涉及资产可达数万亿元。CCUS 技术的发展和规模化应用则有望继续高效利用上述优质资产。

再者，CCUS 技术可以促进全球绿色技术的发展。可再生能源电力的不稳定性需要通过配套储能系统予以补偿。可再生能源电力占比越大，新建储能系统的规模和固定资产投入也越大，储能技术依赖的锂、钴、镍等关键矿物资源的供应压力也越大。从这个意义上讲，通过低成本规模化的 CCUS 部署，可以降低能源系统低碳转型的总体成本，促进绿色能源技术的发展，同时也有利于提升中国在新能源技术领域的竞争力和全球气候合作中的话语权。

（二）中国 CCUS 技术现状与挑战

过去十多年，中国 CCUS 技术研究和示范应用取得了长足进步。2011 年，国家能源集团就依托鄂尔多斯煤制油化工装置建成中国首套 10 万吨 / 年 CCUS 示范项目，该项目累计注入二氧化碳超过 30 万吨，初步证实了二氧化碳咸水层封存的安全性。2021 年年底，国家能源集团依托锦界电厂建成 15 万吨 / 年电厂烟气 CCUS 示范项目，并完成 168 小时运行测试，成为中国规模最大的电厂烟气 CCUS 装置。同时，国家能源集团正在建设泰州电厂 50 万吨 / 年电厂烟气 CCUS 示范项目，预计 2023 年投产。此外，中石化、华能集团等企业也开展了大量 CCUS 相关研究与示范工作。但总体来看，中国 CCUS 技术应用与国际先进水平还存在一定差距。

根据全球碳捕集与封存研究院的统计，截至 2021 年 9 月，中国运行、在建以及规划中的商业化 CCUS 设施有 5 个，总捕集规模约为 250 万吨 / 年。同期，全球运行、在建以及规划中的商业化 CCUS 设施有 135 个，总捕集规模接近 1.5 亿吨 / 年，其中运行规模为 3660 万吨 / 年。从规模上看，中国占比不足 2%，应用示范力度存在较大差距，特别是尚未建成百万吨级全流程集成示范。与此同时，美国在建和运行中的百万吨级以上的商业化全流程集成运营设施有 5 个，加拿大有 3 个，多个国家还在规划建设 CCUS 产业集群，中国尚未见有相关规划出台。

政策方面，2011 年以来，国家陆续出台了一系列政策，重视与支持 CCUS 减排和示范应用，但政策激励力度与效果还有待加强。相比之下，美国 2018 年修订后的 45Q 政策，对采用咸水层封存和提高石油采收率的 CCUS 项目，分别给予 50 美元和 35 美元 / 吨二氧化碳的补贴，极大地刺激了企业开展 CCUS 项目的积极性，美国进入规划阶段的 CCUS 数量接近 50 个。

（三）CCUS 技术和产业的发展趋势

CCUS 要为实现中国碳中和目标发挥应有的作用，需要从技术创新、政策驱动和产业培育三个方面共同发力。

1. 技术创新

在技术层面，要大力推进 CCUS 技术研发与示范。一要加快推进百万吨级 CCUS 项目示范。未来 5—10 年是中国 CCUS 技术发展的黄金时期，要充分发挥大型能源企业的引领作用，对于相对成熟的技术，要有序推进驱油、枯竭油气田封存和咸水层封存等多条技术路线示范，全面掌握大规模 CCUS 核心装备制造、系统集成和运行控制成套技术。二要聚焦推动 CCUS 核心技术升级。联合优势技术团队协同创新，重点攻关低能耗溶剂捕集、吸附捕集、膜法捕集、大宗化工利用、封存选址、安全监测等核心技术，持续降低 CCUS 技术的能耗和投资成本，提高可靠性和安全性。三要积极布局 CCUS 基础前沿研究。鼓励优秀青年科研人才投身 CCUS 研究领域，开展直接空气捕集、人工光合作用、封存矿化、系统智能化等基础研究，推动相关原始创新，拓展 CCUS 远期应用潜力。

2. 政策驱动

在政策层面，要加快出台 CCUS 激励与配套政策。一是研究出台 CCUS 减排项目补贴政策。综合研究直接税收抵扣、发电小时数奖励、碳排放配额奖励等措施，出台力度合理的补贴政策，利用市场机制鼓励高碳能源企业积极实施 CCUS 碳减排项目。二是研究建立减排效益分享机制。综合运用行政和立法手段，明确以火电为代表的碳排放企业和以油气田为代表的碳封存优质资源占有企业，在联合实施碳封存减排项目时的效益分享机制，促进源汇匹配合作。三是研究完善配套政策。完善 CCUS 项目环境影响评价和审批等制度，制定长期风险分担机制，将 CCUS 项目纳入绿色金融支持范围，消除 CCUS 项目实施的非技术壁垒。

3. 产业培育

在产业层面，要着力培育 CCUS 新兴业态。一是研究规划区域性集约型 CCUS 基地。基于源汇科学匹配，在全国范围内规划若干区域性 CCUS 基地，有利于形成稳定预期，引导 CCUS 产业有序发展。二是研究布局二氧化碳运输基础设施。二氧化碳运输管道及其网络是实施大规模 CCUS 应用的关键基础设施，其规划建设对形成 CCUS 产业具有长远意义。三是积极扶持 CCUS 生态链企业。CCUS 有望形成千亿至万亿元的市场规模，这一行业必将诞生许多新兴企业。可以充分运用资本、市场等手段，积极扶持相关企业的发展，使 CCUS 产业在助力实现碳中和目标的同时，形成新的经济增长动能。

最后需要强调的是，CCUS 作为化石能源低碳利用不可或缺的技术和实现碳减排碳中和的重要途径，需要国家层面的总体规划和政策扶持，需要科研的投入和持续的创新推动技术的进步，需要产业链的培育和应用的规模化以进一步降低成本。

碳达峰碳中和是一项宏伟巨大的系统工程，既需要政策引导激励，也需要技术的创新突破；既关系到包括风电、光伏、水电、生物质在内的可再生能源产业的规模化，也关系到储能、氢能等新兴产业的健康发展，还关系到包括煤炭、石油、天然气在内的化石能源的清洁应用。需要特别指出的是：第一，它不是靠单个技术突破就可以解决的问题，需要多领域多产业的联动配合，它甚至也不是一个纯技术问题，而是一个生态圈的构造，需要政策法规和金融手段的推动。第二，碳中和目前没有一个既定的解决方案，事实上不同国家对碳中和实现途径不甚一致，甚至大相径庭，这从另一个层面反映了问题的复杂性。第三，技术创新是实现碳中和的重要途径，技术创新需要战略布局、需要前瞻思维、需要长期投入。只有通过持续的全方位的技术创新，才有可能实现碳中和的目标。第四，实现碳中和一方面是为了应对气候变化，另一方面也是自身发展的需要。通过设定碳中和目标倒逼技术进步、产业升级，解决能源自给、能源安全的问题，从而真正带来可持续的高质量发展。

传播篇

全球变局下的中国传播

张小影 *

* 曾任中央宣传部出版局局长、新闻局局长，经济日报社社长兼总编辑。现为第十三届全国政协委员、经济专门委员会委员，中国公共关系协会副会长。

　　世界处于百年未有之大变局，是党的十八大以来，以习近平同志为核心的党中央洞察时代和世界发展大势作出的重大战略判断。这一重大判断，准确把握了国际形势全局，深刻揭示了世界发展本质，明确指出了我国历史位置和发展方向，对我们正确界定与世界的关系，把握好重要历史机遇期具有重大指导意义。中国处于世界大变局之中，也是促成全球变局的重要因素。随着综合国力、国际地位和国际影响力的提升，中国迫切需要掌握与之相适应的国际话语权和舆论主导权。

一、全球变局与信息传播

　　从 20 世纪初起的最近一百年，是人类历史也是中国历史上最重大的变化期。信息传播领域的革命，既是百年变局的重要体现，也是百年变局的重要推动力量，二者相互交织、相互影响，共同构建当今复杂多变的世界格局。

（一）百年"全球之变"

　　百年大变局既指世界，也指中国。就中国而言，变的是实力、地位、影响力。从辛亥革命到五四运动，从中国共产党成立到建立新中国，到社会主义革命和建设时期，再到改革开放和社会主义现代化建设新时期，再到党的十八大以来的伟大实践，当今中国比历史上任何时期都更接近、更有信心和能力实现中华民族伟大复兴的目标，中国日益走近世界舞台的中央。就世界而言，变的是格局、秩序、体系。当今世界正经历新一轮大发展、大变革、大调整，大国博弈全面加剧，国际体系和国际秩序深度调整，两次世界大战后建立起来的以美国等西方国家主导的国际秩序弊端日益显现，中国打破了对西方发展模式的依赖给世界提供了一条新的道路。新的国际格局和国际治理体系正在形成，人类文明发展面临的新机遇、新挑战层出不穷。具体可以从以下几个维度来看。

第一，世界经济重心东移进程加快。当前，全球经济正经历从单一中心向多中心转变。特别是新冠疫情暴发以来，这种变化更加明显。由于各国对疫情的应对举措不同，政策效果不同，对企业和市场信心产生的影响也截然不同。从中长期看，新冠肺炎世纪疫情加速了世界经济重心向亚洲东移的进程，当前国际力量对比呈现出"东升西降"的历史性趋势。

第二，政治格局多极化趋势不可逆转。经济格局决定政治格局。两极格局解体后，经济实力在新的世界格局形成中越来越具有决定性作用。世界各国都致力于实现长期、稳定和持续的经济发展，力争在世界格局中占据有利地位，大国关系也因此不断调整，多个力量中心正在形成。可以确定，非西方化与多极化已成为世界政治格局不可逆转的发展趋势。

第三，全球化进程面临诸多挑战。全球化是一个长期发展过程，是社会生产力发展的客观要求和科技进步的必然结果。过去数百年，经济全球化进程极大促进了人类社会发展和文明进步，全球化也成为人类历史发展不可阻挡的必然趋势。但值得警惕的是，2008 年金融危机之后，逆全球化的担忧开始显现，特别是一些大国丧失了推动全球化的动力，欧美多国纷纷出台贸易和投资保护主义措施、美国接连"退群"以及各国收紧与难民移民相关的政策等，逆全球化阴影再现，并在新冠疫情暴发后成为全球关注的焦点。从总体来看，逆全球化思潮在中短期内难以彻底反转，可能还会持续发酵。

第四，科技革命是全球变局的核心动力。科学技术是第一生产力。在百年未有之大变局中，科技革命扮演着极为重要的角色，成为大变局的核心动力。以互联网为标志的新一轮科技和产业革命，给人们的生产方式和生活方式带来革命性变化。新兴技术正在加速与经济社会各领域深度融合，日益成为引领经济社会发展的先导力量，也成为各国推动经济社会转型、培育经济新动能、构筑竞争新优势的重要抓手。

（二）百年"中国之变"

近代以来的中国，有着反帝反封建、争取民族独立富强 180 多年的斗争史，有着中国共产党成立 100 多年的奋斗史，有着新中国成立 70 多年的发展史，有着党的十一届三中全会以来 40 多年的改革开放史。特别是近代百年沧桑，在中国共产党的坚强领导下，中国人民不仅创造了世所罕见的经济快速发展和社会长期稳定两大奇迹，而且成功走出中国式现代化道路，创造了人类文明新形态，成为世界格局演变背后的主要推动力。习近平总书记强调，中华民族伟大复兴，是造成世界百年未有之大变局的主要原因；世界面临百年未有之大变局，给中华民族伟大复兴带来重大机遇。

第一，从站起来、富起来到强起来。鸦片战争时期，被帝国主义列强践踏的中国，割地赔款、丧权辱国，处于半封建半殖民地国家的悲惨境地。无数仁人志士探求救中国的道路，经历过洋务运动、戊戌变法、辛亥革命，直到中国共产党诞生才找到了救亡图存的道路。如今的中国已经从站起来、富起来到强起来，实现了从贫穷向全面建成小康社会的伟大变革，开启了全面建设社会主义现代化国家的新征程。

第二，从"东亚病夫"到世界第二大经济体。经过新中国建设发展 70 余年，特别是改革开放 40 多年，中国的经济规模平均每 8 年翻一番，现在已经跃居世界第二位。1986 年中国 GDP 突破 1 万亿元，2000 年突破 10 万亿元，2010 年超过日本上升为世界第二大经济体，2021 年突破 100 万亿元。2010 年中国制造业产值超过美国，成为世界制造业第一大国，连续 11 年成为世界最大制造业国家。中国还是世界第一大贸易体，2021 年外贸总值首次突破 6 万亿美元，是全球 120 多个国家和地区的主要贸易伙伴。中国已经连续多年成为世界经济增长的第一引擎，对世界经济增长的贡献率达到 30%。特别是新冠肺炎疫情暴发后，中国成为全球经济复苏和可持续发展不可或缺的发动机。

第三，从跟跑者、并跑者到领跑者的角色转换。历史上，中国曾经是世界科技众多领域的"领跑者"，后来由于各方面原因逐渐丧失了"领跑者"地位，只能被动挨打。新一轮科技革命与产业变革为后发国家实现"弯道超车"的战略机遇。近年来，我国科技研发投入规模和专利数量、论文发表量等指标，均居世界前列；高铁、核电装备、通信设备等产业，已达到世界先进水平；量子通信等新兴技术领先于世界；巨大的人口规模和产业规模推动中国逐步占绝新产业发展主导……中国已经在能源科技、生态环境科技、空间科技等领域取得了一系列创新成果，正在成为创新大国。正如习近平总书记在2014年两院院士大会上指出的："我国科技整体水平大幅提升，一些重要领域跻身世界先进行列，某些领域正由'跟跑者'向'并行者''领跑者'转变。"

第四，从闭关自守到主动开放的自信展示。中国历史上特别是清代以来的200多年，实行的是闭关自守的国策。新中国成立初期到中美建交之前，中国被西方实行了经济封锁，美西方对中国的经济封锁持续了30年。从1949年到1978年，中国对外贸易几乎为零，香港是内地通向国际市场的唯一通道。改革开放40多年，中国从"引进来"到"走出去"，从渐进式改革到全方位开放，从加入WTO组织到全面融入经济全球化，从4个经济特区到219个国家级经济技术开发区、168个国家级高新技术开发区，还有综合保税区、出口加工区、边境经济合作区、国家级新区、自由贸易试验区等。近年来，中国又迈出了新的对外开放步伐，包括"一带一路"倡议、粤港澳大湾区、海南自由贸易港等，中国已经成为一个主动开放的大国。

（三）百年"传播之变"

信息传播领域的深刻变革是全球变局的重要组成部分。一方面，信息传播环境与国际社会环境的耦合，形成了自"冷战"结束以来最为复杂的国际传播环境；另一方面，日新月异的科学技术降低了传播门槛和成本，丰富了传播内容和形态，拓展了传播平台和渠道。信息革命不仅促进了经济全球化，而且在构建世界新格局中发挥着越来越重要的作用。与传统传播模式相比，当前传播领域的变革可以说是颠覆性的。

第一，传播主体结构复杂："人人都有麦克风"。截至 2021 年 1 月，全球 78.3 亿人口中，手机用户数量为 52.2 亿，互联网用户数量为 46.6 亿，世界人口近 60% 都是网民。信息技术的发展大幅降低了传播的技术门槛和进入成本，传统意义上对传播主体的限制已经失去意义。特别是社交平台、自媒体的蓬勃发展，使得所有机构和个人都可以成为传播主体，每个人每时每刻都可以向所有人发布自己的所见所闻所思所为。全程媒体、全息媒体、全员媒体、全效媒体的出现，重组着信息生产与传播的链条，"人人都有麦克风"的全媒体时代已成为现实。传播主体结构庞杂、数量众多、个性各异，在政治意识和政治判断力、社会地位和生活环境、获取信息的能力和条件、文化水平和媒介素养等方面参差不齐，进行信息传播的意识、动机、操作、影响等也千差万别，传播主体的复杂性，直接导致和加剧了舆论场的复杂性。

第二，传播边界日益模糊："无远弗届"。全球化进程使得全球相互联系、相互依存的程度空前加深，人类生活在历史和现实交汇的同一个时空里，成为你中有我、我中有你的命运共同体。而互联网技术打破了信息传播的地域局限性、物理分隔，传统的国际传播和国内传播边界变得越来越模糊甚至不存在。随着信息技术移动化、社交化、视频化日趋成熟，尤其是社交媒体的迅猛发展，为信息的全球流通提供了无远弗届的便捷平台。同时，借助大数据算法等人工智能技术，信息可以精准抵达世界上任何一个区域乃至个人。信息传播的全球覆盖和无边界，使其在国际关系和国际秩序中占据日益重要的地位，网络传播逐渐成为国际传播的重要新形式。

第三，传播方式深刻变革："万物皆媒。"传播主体规模空前庞大，信息的采集、加工、发布，比以往任何时候都更加便捷，使得传播内容爆炸式骤增。特别是大数据、人工智能、云计算、5G等技术的赋权赋能，使信息传播载体、渠道空前泛化。信息生产者、传播者和接受者的界限越来越模糊，自媒体、UGC等的兴起，更使得信息无须通过权威机构即可传播。这些变革让信息传播"去中心化"的特征日益明显。截至2021年1月，全球社交媒体用户数量为42亿，即世界上有一半以上人口在使用社交媒体，大部分人每天在社交媒体上会花费2个小时25分钟的时间。目前，主流社交媒体平台有脸书、优兔、影格、推特和领英等，其中前三个平台月活用户量均在10亿以上。信息传播已经从原来的"你说我听"单向式、线性化传播向双向交流、网状传播、裂变式扩散转变。

二、"国之大者"：全球变局下的中国国际传播

所谓"国之大者"，就是党和国家最重要的利益和最需要坚定维护的立场，就是最需要我们去身体力行推进的工作。党的十八大以来，习近平总书记就加强国际传播工作多次发表重要讲话，强调要尽快构建具有鲜明中国特色的战略传播体系，不断创新中国话语和中国叙事体系，讲好中国故事，传播好中国声音，展示真实、立体、全面的中国，塑造可信、可爱、可敬的中国形象，为党和国家事业的发展营造良好外部环境。习近平总书记的系列重要讲话，深刻阐释了全球变局下加强和改进国际传播工作、形成同我国综合国力和国际地位相匹配的国际话语权的重要性和必要性。国际话语权不仅是衡量一个国家实力、国际影响力和感召力的重要指标，也是一个国家参与全球治理的重要抓手。处于百年未有之大变局，中国需要更好地向世界介绍自己的发展理念、发展道路、发展成就，进一步促进中国和世界的沟通；面对日益复杂的国际环境和全球问题，世界也对中国日益寄予更多期待。加强和改进中国的国际传播，已成为"国之大者"，成为一项关乎党和国家最重要利益、维护党和国家最重要立场的紧迫工作。

（一）全面、准确地向世界说明中国

即使在互联网高度发达的今天，对不少西方民众来说，仍然对中国缺乏全面、准确的了解，真实、客观反映中国的渠道和信息依然是不充分的。这其中既有东西方文化的不同特质，更是由于"冷战思维"

下西方政客、媒体不间断的攻击、抹黑使然。在中国与世界的关系已经发生了历史性变化的今天，中国的身份、角色、力量、作用正在被重新定义。世界需要进一步了解中国，中国也更需要向世界全面、准确地说明自己。

第一，中华文明的价值追求。让世界真正了解中国，首先要让世界知道中华民族的文化传统和价值理念。中华民族是世界上伟大的民族，有着 5000 多年源远流长的文明历史，为人类文明进步作出了不可磨灭的贡献。中华文明是世界上唯一未曾中断的文明，特别是中华民族在长期的奋斗过程中，逐渐形成了有别于其他民族的独特文化标识，包括"民惟邦本"的民本理念、"其命维新"的变革思想、"选贤任能"的为政传统、"奉法者强"的治理之策、"天人合一"的自然之道、"协和万邦"的交往智慧、"天下大同"的宏伟志向等，都是几千年来中华儿女创造的璀璨文化中的精华。中华民族历来崇尚和为贵、和而不同、中庸谦逊、平等包容、天下一家等崇高理念，历来主张协和万邦、天下大同；主张己所不欲，勿施于人，美人之美、美美与共。和平、和睦、和谐是中华民族 5000 多年来一直追求和传承的理念，中华民族的血液中没有侵略他人、称王称霸的基因。这些价值理念蕴含着中华民族崛起的精神力量，也是中华民族构建和而不同、和平共处国际关系的智慧源泉。只有了解这些价值理念，才能全面、准确地认知中国。

第二，当代中国的巨大进步。今天的中国，经过 40 多年的改革开放特别是党的十八大以来的伟大实践，中国经济社会快速发展，中国人民彻底告别了绝对贫困，中国在中华大地上全面建成了小康社会，中国社会文明不断进步与发展，已经踏上建设社会主义现代化国家的新征程。中国的国际地位实现前所未有的提升，中国成就、中国道路、中国模式得到世界上越来越多人的认可。特别是在国际体系变革的关键时刻，中国顺应时代发展潮流，积极推动"构建新型国际关系""构建人类命运共同体"，推动全球治理体系朝着更加公正合理的方向发展，成为世界乱象中的中流砥柱。这些中国人民为幸福美好生活而奋斗的伟大实践，为人类社会谋福祉的主张和努力，是向世界说明中国、让世界认识中国最生动鲜活的素材，也是驳斥西方政客、媒体攻击、抹黑最有力的武器。

第三，中国发展成功的密码。中国正在快速发展变得强大，这不仅仅是一个结果，也是一个正在持续进行的过程。世界在惊叹中国发展速度的同时，对为什么会出现这样变化背后的原因也更加着迷。中国之所以成功，根本原因在于选择了适合自己国情的中国特色社会主义道路和制度，在于始终坚持"以人民为中心"的发展理念，在于始终坚持以经济建设为中心、坚定不移地推进改革开放，更在于党的十八大以来以习近平同志为核心的党中央的坚强领导，在于全国各族人民齐心协力的艰苦奋斗。2018 年，英国《经济学人》智库对 50 个国家问卷调查，当问到对自己国家未来发展信心时，中国人表示有强烈信心的占 91.4%，高居榜首。2020 年 7 月，美国哈佛大学肯尼迪学院连续 13 年持续跟踪调研数据显示，中国人对政府满意度高达94.1%。中国发展背后的深层次原因，是成功的密码，也是引导世界各国民众更好地认识、理解中国的金钥匙。

第四，崛起的中国与世界。中国是世界大国，也是全球变局中的大变量。当世界目光聚焦中国发展成就的同时，人们更关心中国的发展将给世界带来什么影响，崛起的中国将如何界定与世界的关系。国际格局的变化和国家实力的升降，是影响国家形象的主要因素，而国家形象的变迁，又会极大影响其发展的外部环境和对外交往的战略。当前中国面临的复杂外部环境，很多现象都与如何和一个崛起的中国打交道有关。美国更是视中国为战略性竞争对手，全面发起各种封堵，力图遏制中国的崛起。因此，讲清楚中国发展对世界的影响显得异常重要。中国近百年来的命运特别是改革开放 40 多年的发展有力地证明，中国的发展离不开世界，世界的发展更需要中国。中国是世界和平的建设者、全球发展的贡献者、国际秩序的维护者。事实上，中国的发展不仅对中国有好处，而且给世界各国带来了正面影响、为世界发展作出了巨大贡献：中国始终是全球经济的重要引擎，中国为发展中国家提供范例，中国在全球减贫、气候治理、世纪疫情等重大问题上贡献了"中国智慧""中国方案"；中国共产党始终把为人类作出新的更大的贡献作为自己的使命，站在人类历史发展进程的高度，深入思考"建设一个什么样的世界、如何建设这个世界"等关乎人类前途命运的重大课题，坚持共商共建共享的原则，积极参与全球治理，推动构建人类命运共同体，展现了"国际社会负责任大国"的作为和担当。正如习近平总书记指出的：中国要和平不要霸权，中国是机遇不是威胁，中国是伙伴不是对手。国际社会正在形成普遍共识，"中国已经成为国际秩序中和平与稳定的主要倡导者"，"在正确解决全球问题方面，中国不可或缺"。

（二）全球变局下的中国传播任重道远

软实力是一个国家综合国力的重要组成部分，是一个民族真正有力量、一个国家真正强大的重要因素。强起来的中国需要有自己的声音，中国的崛起需要与之相匹配的传播力和话语权。必须深刻认识到，长期以来我国在全球治理的话语权与自身在世界经济中的体量并不相符，我国在国际舆论场中仍处于一个被描述、被压制的弱势地位。中美大国关系的变化、新冠疫情的肆虐，地缘政治的复杂，更是给我们的国际传播带来了前所未有的挑战。

第一，国际传播"西强我弱"。与西方主流媒体相比，中国媒体在国际上的传播力影响力和话语权主导权相对较弱。尽管近年来我国媒体实力显著增强，我国国际话语权已有大幅提升，但与西方主流媒体的实力差距依然显著，国际传播领域"西强我弱"的格局还没有根本改变。目前，世界各国民众主要依靠西方媒体而不是中国媒体报道来了解中国，虽然多数国家的大部分民众认为中国在世界舞台上的影响力明显增强，但这并不一定能将其对中国的负面看法转化为正面看法。我国国际传播能力的不足，使得国家在世界上的形象很大程度上为"他塑"而非"自塑"。

第二，美西方的舆论打压。由于意识形态差别和"冷战思维"，西方国家对我的舆论抹黑从未停止。特别是近年来，出于对中国迅速崛起的警觉、失落和嫉恨，美西方国家对我发展和崛起的遏制打压、战略围堵全面升级。与此相适应，西方媒体往往以"冷战"思维的立场观点、"政治正确"的意识形态、议程设置的技巧方法、揭丑报道的传播取向，对我国进行攻击抹黑。美西方媒体在对华报道上长期采取双重标准、选择性报道、区别对待、报忧不报喜，一些媒体更是"逢中必反"，赤裸裸地采取虚假失实报道、恶意歪曲误导、无中生有造谣污蔑、恶毒攻击等卑劣手段。特别是中美经贸摩擦、新冠肺炎疫情暴发以来，西方媒体对中国的攻击抹黑显著增多。美西方媒体对华负面报道，本质上是美西方国家对我国实施"西化""分化"战略图谋的重要组成部分，未来很长一段时间都不会停止。

第三，提升中国的国际传播力影响力迫在眉睫。我们必须意识到，做好中国的国际传播，不仅仅是解决"挨骂"的问题，更是要让世界认识、理解、接受中国作为世界和平建设者、全球发展贡献者、国际秩序维护者的形象，进而为中国的发展创造更加有利的外部环境，并为中国在国际事务中发挥更重要作用赢得更多的机遇。面对新形势新情况，中国媒体必须坚持国家站位，树立全球视野，讲好中国故事，传播好中国声音，不断增强国际舆论话语权主导权，更加有力有效地服务党和国家工作大局。

（三）善用新技术赋能国际传播

信息传播技术的快速发展，尤其是大数据、人工智能、云计算、5G网络等新技术，不仅为各国的国际传播带来更趋理想的传播效率，而且使得信息传播主体的地位日趋平等，具有更强的话语权。我们要抓住信息革命技术的创新机遇，加快传播内容的丰富化、传播手段的多样化、传播平台渠道的多元化，用新技术为提升中国的国际传播力赋能。

第一，加快实现媒介形态迭代。互联网塑造了传播者与受众的新型关系，把传播者与受众融为一体，集成了古老的人际传播方式和以传统媒体为代表的大众传播方式，既有一对一的传播、一对多的传播，也有多对一的传播、多对多的传播。目前网络传播已经成为世界各国发布本国外交政策和相关言论的重要平台，网络社区也成为从政府到社会乃至个人发声的重要场所。我们要高度重视国际传播媒介形态的迭代，特别是要充分尊重和利用好新媒体时代社交传播这一最大特点，将媒体传播与人际传播深度结合。

第二，利用数字化手段增强受众体验感。传播技术的高度数字化、信息化，赋予传播实践更多的活性、想象力、自由度，赋予传播者更大的表现空间。同时，数字技术可以帮助受众对现实社会实现更为强烈的沉浸式体验，特别是随着"元宇宙"等概念的兴起，虚拟世界与现实世界呈现高度融合趋势，能极大弥补外国受众因客观因素无法抵达中国现场的遗憾。这为拉近与受众的心理距离，传递可爱、可亲、可敬的中国形象提供了新的手段。

第三，通过智能传播加速形成新的传播生态。以人工智能技术为核心，结合移动互联网、智能终端等，智能传播正在颠覆现有的传播模式。首先是提升了中国内容的制作能力，极大扩充了对国际社会的中国信息供给量。其次是大幅增强了国际受众对中国信息的获取能力，基于人工智能的个性化信息推荐服务，智能传播能实现信息供需的高效匹配。再次是减少了信息不对称现象，智能传播的快速发展将不断消除信息传播壁垒，传播者与受众之间的传播模式更多地转向

"双向选择"，有利于中国媒体"自塑"真实、立体、全面的中国形象，在国际上改变中国形象被美西方舆论歪曲和丑化的状况，把可爱、可亲、可敬的中国形象注入西方大众的心理。

第四，"以用户为中心"实现精准传播。新媒体将用户参与性、体验性、互动性的重要性提高到了前所未有的程度，而人工智能、大数据、算法推荐、UGC 等技术模式的运用，使"以用户为中心"的信息传播理念真正成为现实。个性化传播、私域传播、圈子传播等精准传播模式，为中国内容的国际到达率与落地率提供了新的途径。

近年来，党中央进一步加大了对国际传播媒体的资源投入，建立起"融媒矩阵"。作为中国国际传播领域的旗舰媒体，中国国际电视台 CGTN 汇聚了央视新闻资源以及全球 2.5 万余家网络媒体和 70 家权威媒体资讯，将电视端与新媒体端无缝衔接起来，成为真正实现"多形式采集，同平台共享，多渠道、多终端分发"的全球媒体平台。截至 2021 年年底，中国国际电视台（CGTN）的海外粉丝量已经超过 1.88 亿；《中国日报》《人民日报》和新华社的新媒体也分别拥有 9500 万、8400 万和 8100 万粉丝。在这一轮科技革命和信息化浪潮中，中国加快推动媒体融合发展和国际传播能力建设，中国主流媒体的总体实力和国际传播力、影响力、公信力有了显著提升，新技术为中国媒体扩大国际传播实现"弯道超车"提供了契机和可能。

三、讲述好中国故事、传播好中国声音、塑造好中国形象

当前，百年变局、世纪疫情对中国做好国际传播工作，既是挑战也是机遇。中国经济社会发展取得的历史性成就、发生的历史性变革，使得世界更加迫切要了解马克思主义为什么行、百年大党为什么能、中国特色社会主义为什么好。中国的经济实力和市场潜力，使得各国与中国合作发展的意愿进一步加强；中国对人类文明的包容谦逊和在各种危机面前的责任担当，使得国际社会越来越希望在国际事务中听到中国的方案；而美西方的不断衰落，也使得世界越来越愿意分享中国的成功经验。

讲好中国故事，传播好中国声音，展示真实、立体、全面的中国，塑造可爱、可亲、可敬的中国形象，是加强中国国际传播能力建设的重要任务。我们要跨越不同的历史文化、社会制度和意识形态差异，让世界更好地理解中国文化、中国价值、中国道路；要在当前百年未有之大变局下，让世界更清晰地看到在构筑人类命运共同体过程中的中国主张、中国智慧、中国方案；面对一些习惯于戴有色眼镜的别有用心者，要向世界更好地说明中国之治、中国贡献、中国担当。当前，要中国提高国际传播影响力、中华文化感召力、中国形象亲和力、中国话语说服力、国际舆论引导力，必须加强顶层设计和力量布局，构建具有鲜明中国特色的战略传播体系，推进以下工作。

（一）构建以"价值传播"为核心的传播理念

国际话语权的内涵不能局限于在国际信息流动中表达的权利和能力，更重要的是通过这种表达使受众信服和接受自己的观点，并产生实质性的影响。因此，"信息传播"是基本功能，"价值传播"才是更高要求和最终目的。构建具有鲜明中国特色的战略传播体系，必须以"价值传播"为核心，把好的中国故事讲出人类共同价值，让中国声音在国际社会产生同理共情，才能让世界更好地读懂中国、认同中国。

第一，要讲述中国故事的实践价值。中华民族五千年灿烂文化、中国共产党百年奋斗、新中国 70 多年辉煌成就、改革开放 40 多年波澜壮阔、党的十八大以来的伟大实践，这都是最生动的中国故事，都是中国人民的伟大实践。这些"故事"不仅包含中国人民的奋斗和幸福，也对世界各国特别是发展中国家具有借鉴价值和实践意义。讲述好这些中国故事，就传播了中国人民的价值理念和追求；理解了这些中国故事，就获取了中国快速发展的"密码"。

第二，要讲述中国故事的理论创新价值。伟大实践离不开正确的理论指导。中国的奇迹源于我们始终坚持马克思主义，源于一代代中国共产党人对马克思主义永不停歇的理论创新，源于习近平新时代中国特色社会主义思想深入阐发了在今天如何坚持和发展中国特色社会主义。西方国家的发展困境，根本原因在于其理论和指导思想的混乱与困惑，这也更加辉映出马克思主义中国化理论创新成果的真理光芒。随着中国故事的传播，会吸引世界上更多的人投向马克思主义和中国道路、中国模式、中国理论的研究。

第三，要讲好中国故事的世界价值。中国历来注重合作共赢，主张共商共建共享；同时强调不仅要把自己国家发展好，也愿意同世界各国共同发展。中国的发展从来不是"独善其身"，"天下情怀"是中国传统文化的精髓。2017年1月18日，习近平主席在联合国日内瓦总部发表了题为《共同构建人类命运共同体》的主旨演讲，深刻、全面、系统阐述了人类命运共同体理念，强调建设一个持久和平、普遍安全、共同繁荣、开放包容、清洁美丽的世界。人类命运共同体理念回答了中国的对外战略、国际秩序如何构建以及人类未来如何发展等重大问题，体现了全局变局下中国勇于担当大国责任、参与全球治理的中国方案和中国智慧。讲述中国故事的着力点，要落在使这一理念进一步在国际社会得到广泛认同并共同践行上。

第四，要讲好中国故事的人类共同价值。世界各国价值体系不尽相同，但差异之中有共同点。能打动人感染人的好故事，一定体现了各国价值体系中的共同点，即人类共同价值。中华文明蕴含的价值理念、人文精神和道德规范，是创造中国好故事的精神力量，也对解决人类面临的问题具有重要价值。在全球变局、世纪疫情的背景下，中华文明中蕴含的价值理念，不仅易于获得国际社会理性和情感上的认同，而且有望形成新的、不同于西方的、具有广泛国际基础的话语体系。讲好中国故事，要以中华文明的价值理念为基础，与世界真诚对话，以文化人，以文寻友，增强不同民族、不同国家间的情感认同。只有把中国故事讲出人类共同价值，才能深入人心、打动人心。

（二）坚持推进"多元化"传播阵地渠道建设战略

创新中国话语和叙事体系非一日之功，既需要先进的理念理论指导，更需要中国媒体快速发展的实力支撑。国际舆论话语权主导权，必然体现为拥有一批有实力有影响力的传播阵地和传播渠道。加强主流媒体国际传播阵地和渠道建设，是构建具有鲜明中国特色的战略传播体系的基础性工程。

第一，要着力打造国际一流新型主流媒体。2018 年，在中央电视台建台暨新中国电视事业诞生 60 周年之际，习近平总书记发来贺信，对中央广播电视总台提出了努力打造具有强大引领力、传播力、影响力的国际一流新型主流媒体的明确要求。之后，总书记又分别对新华社、中国外文局、中国日报等提出了要求。"打造国际一流新型主流媒体"这一目标定位，为致力于新时代国际传播工作的主流媒体指明了方向、提供了遵循。近年来，我国加快推进媒体深度融合，国际传播整体格局进一步完善，国际传播能力进一步提升。特别是网络对外传播蓬勃发展，人民日报、新华社、央视、国际电台等中央媒体分别在 Twitter、Facebook、YouTube、Instagram 等国际广泛使用的社交媒体上亮相发声，通过多种渠道不断向海外受众介绍中国的国情、民情，让更多人熟悉中国、了解中国。但必须深刻认识到，打造具有强大引领力、传播力、影响力的国际一流新型主流媒体绝非一日之功，而是一个复杂的系统工程。我们必须抓住信息革命、新媒体迅猛发展的有利机会，积极运用 5G、人工智能、大数据、云计算等新技术，推动传播技术和传播机构的跨越式发展。

第二，要坚持实施传播主体多元化战略。移动互联时代构筑了一个传播主体多元化的世界。多元传播主体意味着可以提供更多全面的、视角独特的信息，受众选择余地也随之进一步扩大。要善于运用多元主体来推动国际传播，构建起多主体、立体化的工作格局，政府、企业、媒体、留学生、旅游者等群体，都要成为对外讲好新时代中国故事的有生力量。要发挥官方主流媒体的引领引导作用，同时用好个体传播讲述亲身经历、切身体会的吸引力感染力，还要利用好境外机构和个人传播中国时的可信度、认同感，努力形成同声大合唱。

（三）坚持守正创新提升传播水平

传播是一门科学，也是一门艺术。它的外壳是技术，内核却是文化、情感。讲好中国故事，既要内容上下功夫，也要在表达方式和制作水平上求突破。

第一，要用"水磨功夫"讲中国故事。中国有五千年的优秀传统文化，有近代一百多年的屈辱抗争，有新中国成立后的艰苦奋斗，有改革开放以来的辉煌成就，有新时代中国人民的幸福生活……这些都是最生动的中国故事。但这博大丰富的内容也决定了讲好中国故事不可能一蹴而就，而是一项需要"水磨功夫"的长期任务。这要求我们既要有系统全面的长期规划，也要有阶段性的重点突破；既要有步调统一的同声合唱，也要有各有重点的分工配合。当前，最精彩的中国故事就是中华民族的伟大复兴，"发展"和"变化"是这个故事的核心关键词。讲好今天的中国故事，就是要讲在中国共产党的领导下，我们取得的历史性成就、发生的历史性变化。要运用各种生动感人的事例，善于从中国的现实国情、老百姓的日常生活、人们的真实感受等，向世界展示真实、立体、全面的中国。

第二，要瞄准目标群体讲中国故事。舆论斗争是国际传播的重要任务，但不是全部。因此，明确目标群体，研究潜在受众，意义重大。有研究表明，当前全球手机用户数量50多亿，2012年之后注册的有25亿。以2012年为界，"前25亿"是"有影响力的人"，即各国的中产阶级和精英人士，主要分布在西方国家；而"后25亿"则主要分布在西方以外的国家和地区，以草根和青年网民为主，是"容易被影响的人"，是舆论场上的"战略性受众群"。年轻化、多元化、多极化是"后25亿"的特征，这"后25亿"加入全球传播秩序当中，对重建国际秩序影响很大。国际传播要加强"顶层设计"和有效引导，既要影响"有影响力的人"，也要重视争取"容易被影响的人"，合理利用"战略性受众群"在舆论场上的群聚效应。

第三，要用"最适合"的方式讲中国故事。国际传播是跨文化传播，合适的传播方式直接关系实际效果。要落实好习近平总书记提出的"全球化表达、区域化表达、分众化表达"，研究不同受众群体的文化背景、接受习惯和心理，针对不同区域、不同国家、不同群体受众，寻找话题兴趣点、利益交汇点、情感共鸣点，逐步做到"一国一策"，实现精准传播。要用好社交媒体等移动传播主流渠道，并加强传播中的交流互动，拓展信息传播的覆盖面和有效触达、有效转化。要用好短视频这一当前最受欢迎的传播形态，抓住年轻受众群体。要加强传播方式的融合创新，充分发挥技术赋能作用，以新的技术手段、呈现方式、传播模式提升传播实际效果。

（四）加强话语体系和人才队伍建设

做好国际传播工作，需要综合发力、多管齐下、多方合作，才能收到成效。其中，学术支撑、人才支撑是关键。

第一，构建中国话语和中国叙事体系。实现从"信息传播"到"价值传播"的跨越和升级，必须加快构建中国话语和中国叙事体系，用中国理论阐释中国实践，用中国实践升华中国理论，打造融通中外的新概念、新范畴、新表述。勇于实践和学理支撑，是做好传播工作的两翼，两翼都强壮才能飞得更加高远，只有具体操作，没有对国际传播规律的探索和深化，是走不远的。当前要围绕中国精神、中国价值、中国力量，从政治、经济、文化、社会、生态文明等多个视角深入研究讲好中国故事的叙事方式、话语体系和传播方式，为有力有效开展国际传播工作提供学理支撑。同时，信息技术革命导致传播领域实践发生深刻变化，也对信息传播学科理论的创新提出要求，要抓住新赛道起跑的机会，加强对信息传播的理论研究，把握在传播领域的理论话语权，改变过去传播实践主要依靠政策指导、经验指导的局面，用理论成果赢得传播效果。

第二，加强国际传播工作队伍建设。习近平总书记在中央人才工作会议上特别强调，社会科学领域要培养和造就一批擅长思考和研究中国问题的人才、擅长传播中华优秀文化的人才。要适应当前国际传播实际需要，持续壮大国际传播工作队伍，满足针对不同区域、不同国家、不同群体受众进行精准传播的需要。要特别注重国际传播队伍的能力提升，包括坚守国家立场的能力，及时传播的能力，传播好中国文化的能力，以及运用不同媒体介质、不同传播渠道的能力，不断提高国际传播工作者的综合素质，增强国际传播的亲和力和实效性。要着力培养一批国际传播高端人才、领军人才，特别是从业者的"高端对话能力"。通过重点媒体与高校深度合作等方式，有计划有规模地加大国际传播专门人才培养力度，力争通过一段时间努力，培养出一批贯通中西、外语水平高、沟通能力强、具备媒体运营能力的复合型国际传播专才。

第三，扩大知华友华国际舆论朋友圈。全球变局和世纪疫情，使得各国更加成为命运共同体。中国已经成为国际体系的参与者、建设者，并正在努力成为引领者。习近平总书记指出："要广交朋友、团结和争取大多数，不断扩大知华友华的国际舆论朋友圈。"当前要进一步团结知华友华机构和人士，利用好在外中国留学生和在华外国留学生群体，充分发挥其作为跨文化交流的友好使者和中外人民相互理解的桥梁。要吸引更多的在外华人和在华外国人，用亲身体验和现身讲述中国故事，让更多国外受众听得懂、听得进、听得明白。

剖析全球变局可以发现，其实质是西方的世界观、价值观和治度体系陷入了空前危机，而持续崛起的中国需要站在全球的高度看待自己的发展和对世界的影响。从这个意义上看，全球变局对加强我们的国际传播，是一个重大的历史机遇。我们要深刻认识全球变局的内涵和历史发展趋势，把握好百年未有之大变局与中华民族伟大复兴历史性交汇带来的重大机遇，用更多的中国好故事，加强对中国共产党初心使命和百年历程的阐释，帮助国外民众认识到中国共产党真正为中国人民谋幸福而奋斗，了解中国共产党为什么能、马克思主义为什么行、中国特色社会主义为什么好；用更响亮的中国好声音，广泛宣介中国主张、中国智慧、中国方案，中国有能力也有责任在全球事务中发挥更大作用，同各国一道为解决全人类问题作出更大贡献；用更生动更有温度的叙述，全面阐释我国立足五千多年中华文明所形成的发展观、文明观、安全观、人权观、生态观、国际秩序观和全球治理观，向世界更好地展示真实、立体、全面的中国，让世界更清晰地看到可爱、可亲、可敬的中国。

构建新时代中国国际传播话语体系

程曼丽 *

*　北京大学国家战略传播研究院院长、教授，北京大学新闻学研究会执行会长。

习近平总书记非常重视中国对外传播中的话语体系建设，多次就此问题发表讲话，强调要加快构建中国话语和中国叙事体系，用中国理论阐释中国实践，用中国实践升华中国理论，打造融通中外的新概念、新范畴、新表述，更加充分、更加鲜明地展现中国故事及其背后的思想力量和精神力量。

一、新时代新目标

党的十九大作出中国特色社会主义进入新时代的政治论断。中国特色社会主义进入新时代意味着什么？从 2017 年 7 月 26 日在省部级主要领导干部专题研讨班开班式的重要讲话到党的十九大报告，习近平总书记从三个方面对此进行了阐释：一是从民族复兴的角度看，意味着近代以来久经磨难的中华民族迎来了从站起来、富起来到强起来的伟大飞跃，迎来了实现中华民族伟大复兴的光明前景；二是从社会主义实践的角度看，意味着科学社会主义在 21 世纪的中国焕发出强大的生机活力，在世界上高高举起了中国特色社会主义伟大旗帜；三是从中国特色社会主义对世界发展中国家的贡献看，意味着中国特色社会主义道路、理论、制度、文化不断发展，给世界上那些既希望加快发展又希望保持自身独立性的国家和民族提供了全新选择，为解决人类问题贡献了中国智慧和中国方案。"三个意味着"有着丰富的理论和实践内涵，既强调了中国特色社会主义的本质特征，强调了中国特色社会主义对于世界发展中国家的贡献，也强调了中华民族正在经历从站起来、富起来到强起来的伟大飞跃和历史转折。这一历史转折是有目共睹的。十年"文化大革命"期间，国内政治局面混乱，经济发展几乎停滞，甚至濒于崩溃。1978年中国国内生产总值只有3645亿元，就人均经济总量而言中国已经成为世界上最贫穷的国家之一。改革开放40多年来，中国经济持续稳定快速增长，在世界各项经济指标中的排位不断攀升；经过近30年的积累与储备，2010年中国GDP总量首次超过日本，成为世界第二大经济体。虽然目前中国国内经济仍然面临着许多问题与挑战，但是其稳中向好的态势是显而易见的。在经济上实现跨越式发展的同时，中国社会开始由封闭走向开放，由背向世界转而面向世界、融入世界。尤其是党的十八大以来，以习近平同志为核心的新一届中央领导集体走上中国政治舞台的前沿，并在国际社会的瞩目下走向世界舞台的中央，立足于地区和全球战略的新思想、新理念相继提出。包括"亚洲新安全观""新型大国关系""人类命运共同体""一带一路"等等。这些新思想、新理念不仅是中国改革开放40多年来的一种自我超越，也超越了长期以来占据国际社会主体地位的西方思想体系和发展模式。这种超越性的发展格局客观上要求中国的对外传播主体进行创新探索，建立一套与之相适应的话语体系和叙事体系，并进行深入阐释和广泛传播。这同时也是习近平总书记强调的"打造融通中外的新概念、新范畴、新表述，更加充分、更加鲜明地展现中国故事及其背后的思想力量和精神力量"的题中之义。

因此可以说，新时代的"三个意味着"，决定着我国国际传播的基本趋势与基本特征。进一步说，"三个意味着"为新时代我国的国际传播话语体系建设指明了方向。

为此，我们首先应当明确话语建构的立足点，即中国是什么性质的国家，和西方国家有什么不同？具有怎样的优越性？这也是话语建构的理论基础。关于"优越性"的问题，列宁曾有过论述，他认为社会主义制度的优越性在于，它是新型民主和新型专政的国家政权。《中国共产党章程》明确规定，中国共产党代表中国最广大人民的根本利益。这就告诉我们，党代表的是广大人民群众的根本利益，而不是统治阶层的利益、某一政治集团的利益。既然如此，中国共产党在话语上就要高度重视广大人民的呼声与要求，尽可能平衡各方面的利益，致力于解决社会主要矛盾，使大家为了一个共同的目标——民族复兴、国家强大、世界和平而努力，这与美西方重点强调个人自由、"美国优先"的言行有着本质上的不同。

其次，话语建构应充分考虑当前国际形势的变化。美国及其西方国家近年发布的一系列涉华"民调结果"显示，2019年以来，西方国家对中国的认知与评价大幅度下降，或者说发生了一个根本性的转变。其中的原因十分复杂，但是说到底，这是美国将中国视为战略"竞争者"，并在此框架下对中国事务进行议题设置和全球传播的必然结果。这也提示我们，美国政府对华传播战略的变化，是美国根据大国格局以及世界力量对比的变化作出的调整，是美国进入新的历史转折期的必然选择，对此我们应当具有准确的认知和充分的研判。

二、我国对外话语面临的挑战与问题

说到"话语"，不能不提及法国哲学家米歇尔·福柯。在"话语"史上，福柯是一个举足轻重的人物，他创造性地使用了"话语"这一术语并赋予它特殊的思想内涵。

福柯认为，话语从根本上是一种聚合、建构的过程，具有系统性、历史性与连续性。如此说来，中国目前面临的国际舆论环境正是这一系统性、历史性、连续性建构的结果。

首先，从历史上看，早期殖民扩张的过程，就是西方国家本着"先到先得"的强人法则在世界范围内攫取各种资源，包括信息传播资源的过程。在这方面，第二次世界大战后才摆脱殖民统治获得独立的广大发展中国家始终处于劣势。长此以往，国际传播领域中的信息流动便呈现出由中心向边缘扩散、由发达国家向发展中国家扩散的特点。先发资本主义国家，尤其是后来居上的美国利用其语言、渠道、技术手段等方面的优势，通过他国媒体对其信息、信号的二次传播、多次传播，将本国的新闻产品连同价值理念传遍全球，影响、制约着世界范围内的广大受众对于某个问题、某一事件甚至某个国家的看法。国际社会对中国的认知、判断与评价，就是在这种历史性的建构中被格式化的。尽管长期以来，广大发展中国家对于国际信息流动的不平衡状态表示强烈不满，提出建立世界新闻新秩序的口号；包括中国在内的一些国家和地区在提高国际传播能力方面加大了建设力度，但是从整体上看，国际传播领域中"西强我弱"的状态没有得到根本性的改变。

其次，从政治建构的角度看，西方国家，尤其是美国眼中的中国形象及中国话语，是福柯所说的"话语权力"的直接体现，进一步说，是东方主义视角下"看"与"被看""凝视"与"被凝视"的不平等关系的产物。

基于宗教信仰和"天赋使命"情结，美国人相信自己是上帝的选民、人类的拯救者，相信自己建立的民主制度是世界上最好的制度，并在建国之初就有把自己的民主制度、宗教信仰、文化与价值观推广到全世界的强烈愿望。19世纪来华的一些基督教新教传教士在讨论是否需要向中国人传播西学知识这一问题时认为："我们受救世主和差会的派遣来到中国，不是为了增进人们的世俗知识，而是为了让人们懂得基督教的真理。我们来到这里是为了拯救人类的灵魂，把人们从苦难中拯救出来，这才是我们所肩负的特殊使命。"字里行间充斥着西方文明的优越感，并表现出欲将其他政治实体组织到自己的政治框架中的明确意图。正因为如此，中华人民共和国成立后，中国即被视为西方世界尤其是美国价值体系和发展模式的对立面而受到扼制；近一二十年来，随着中国经济的快速发展以及国际交往的不断扩大，这种扼制又具有了更多的利益博弈色彩。可以说，作为一个超级大国，美国既不能容忍其他国家，尤其是中国挑战它的制度与模式，更不能容忍中国挑战它的霸权地位。既然扼制中国是美国的必然选择，掌握着国际话语优势的美国自然会将中国话题纳入整个西方的话语框架中予以建构，经广泛传播形成认同。综观近年国际舆论界热议的诸多涉华话题，如人民币汇率问题、外汇储备问题、贸易问题、病毒溯源问题等，都是这种建构的产物。在近期的涉华话语中，一些西方学者还基于过时的国际关系理论，用历史上的只言片语强化"修昔底德陷阱"之说，认为一个新崛起的大国必然挑战现有大国，现有大国也必然回应这种威胁，从而导致战争。基于这种推测，中国自身的发展，中国在非洲以及其他国家、地区的投资与建设均被视为威胁，中美关系的前景也因此蒙上灰暗的色彩。尤其是美国前总统特朗普上台以后，在其任内首份《国家安全战略报告》（2017）中即将中国视为战略"竞争者"（其前任奥巴马在《国家安全战略报告》将中国界定为"合作伙伴或竞争者"），针对中国的贸易战、科技战、外交战、舆论战接踵而至。新任总统拜登虽然在美国的同盟及伙伴关系问题上采取了与前任不同的策略，但是在对华战略上与特朗普如出一辙。他甚至将中国视为"最严峻竞争者"，声称要与中国展开"极端竞争"以及"长期性、战略性竞争"。他上台后的种种表现充分证明了这一点。可以预料的是，经新闻媒体的二次、多次传播，这些带有后冷战色彩的话语势必会对其他西方国家以至更多的国家产生影响。这或许是中国目前以至未来相当长的一段时间里所面临的国际舆论困境。

那么，我国对外话语存在什么问题？

笔者曾经对我国"一带一路"倡议的话语落地情况做过一个考察，结果发现，重点媒体的对外话语大都集中在起点——建构性话语方面，即对党和国家颁布的大政方针宣传、解读和推广方面，而与落地效果直接相关的话语，包括转换性话语、解释性话语、修复性话语等，却普遍缺失。

第一，转换性话语。转换性话语重在强调语言的转换和文化的对接。语言是文化的重要载体。由于文化背景不同，各种语言在语义、词汇、语法、修辞、语体等方面存在很大的差异。为此就要进行对应性的语言转换，以便使传播对象国的受众无障碍地接收所传信息，进而产生亲近感与认同感。说到这方面的经典案例，不能不提及周恩来总理。1954 年周总理率领中国代表团参加日内瓦会议期间，新闻处为外国记者举办电影招待会，放映的影片中就有彩色戏剧片《梁祝哀史》。工作人员将剧情介绍和主要唱词写成十几页的说明书，准备翻译成英文发给外国记者，并将片名译为《梁山伯与祝英台的悲剧》。周恩来总理看后摇着头说："十几页的说明书，谁看？我要是记者就不看。"他随后出了个主意：在请柬上写一句话（英文）："请你欣赏一部彩色歌剧电影——中国的《罗密欧与朱丽叶》。"工作人员照此办理后，效果非常好。放映过程中，全场肃静，放到"哭坟""化蝶"时，还传出啜泣声。影片结束，当灯光亮起时，观众如醉如痴，沉静了一分钟后，突然爆发出雷鸣般的掌声。

周总理的案例是巧借西方人熟悉的典故，使东方故事在西方语境下展开；中国整体性的对外传播，都需要这样的语境（或话语）转换。这应当成为对外传播工作者必备的一门基本功。

第二，解释性话语。解释性话语的提出，是基于问题意识。近些年来，我国政府提出的一些战略构想与倡议得到许多国家的响应，并实际转化为两国之间的合作项目。媒体为此欢欣鼓舞，做了大量的报道，但是对于合作过程中存在或潜在的一些问题、疑虑、误解、偏见，却没有给予充分的回应。"一带一路"旗舰项目——"中巴经济走廊"建设所在国巴基斯坦就是一个典型的例子。2013年5月，中国首次提出共同建设"中巴经济走廊"的倡议，巴基斯坦政府积极响应，其国内主流媒体对于"中巴经济走廊"均给予正面评价，形成舆论一边倒的态势。但是随着时间的推移，《今日巴基斯坦》《论坛报》《巴基斯坦国防论坛》等一些媒体开始出现质疑的声音。比如一些媒体提到，中国宣布"中巴经济走廊"将对巴基斯坦投资460亿美元，然而这些数额巨大的投资并不是免费午餐，大多数贷款最终需要"连本带利"还给中国，按照巴基斯坦的经济发展水平，根本不可能偿还这些贷款；中国的460亿美元的投资将会从巴基斯坦获取高额回报，这些贷款最终将会回到中国，受益的只是中国公司和中国工人，而把沉重的债务负担留给巴基斯坦。

不可否认的是，在质疑"中巴经济走廊"的声音中掺杂着少数族群及在野党的反政府情绪，但同时我们也应反躬自问：在"中巴经济走廊"建设中，我们的政策解读和舆论引导是否到位？2016年年初北京大学国家战略传播研究院成员访问巴基斯坦期间，曾在合作方的协助和支持下组织了两场媒体早餐会，主题即是"一带一路"与"中巴经济走廊"建设。面对巴方媒体及政、商界人士提出的各种问题，研究院成员尽可能答疑解惑，虽然其中的一些问题超出了我们的专业范围，但是我们的诚意和善意被媒体感受到了，结果第二天的报道全部是正面的。这也从一个方面说明释疑解惑的重要性。

第三，修复性话语。修复性话语意在强调，作为传播主体，我们不仅要把今天的故事讲好，还要把过去的故事讲完、讲清楚。否则，因为误解与积怨的存在，今天的故事未必讲得好。在这方面，由国家外文局发布的 2014 年度《中国国家形象全球调查报告》给我们以重要启示。

报告显示，在被调查的 8 个国家中，俄罗斯人对中国文化的熟悉程度最高，对"中国梦"最了解，2014 年俄罗斯受访者对中国形象打分最高。但是调查同时显示，在国际民众是否有意愿与中国人交往的列项中，俄罗斯倒数第二（39%），仅次于印度（36%）。这种情形显然是矛盾的。为什么会这样？调查结果中有一个信息引起了笔者的注意：54% 的海外消费者认为中国产品质量较差。虽然这项调查没有具体的国别分类，但是这个数字却令笔者产生了一段联想。苏联解体后，独立兴邦的俄罗斯处于经济萧条期，物资极度匮乏，于是中国的小商小贩把服装、鞋帽等一些生活用品贩卖到俄罗斯，一定程度上缓解了当地物资匮乏的局面。但是因为其中的一些商品质量不过关，也给俄罗斯人留下中国人不讲诚信、中国商品是劣质货的印象。俄罗斯著名的《鳄鱼》杂志曾经刊登漫画讽刺中国羽绒服质量低劣；俄国家电视台的主播也曾公开呼吁俄罗斯人抵制中国货；在很长一段时间里，莫斯科大马戏团的表演中有一个串场节目：一个小丑厌世了，觉得生无可恋，于是从兜里掏出一把手枪，对准自己的太阳穴扣动扳机，枪却未响。他把枪拿在手里看了看说：原来是"中国制造"，现场观众立即爆发出一阵哄笑。此事曾经引发当地华人的抗议。

近年来，虽然中国的高质量产品已经进入俄罗斯，但苏联解体前后以私有商贩为主力军的中俄贸易毕竟是一个客观存在，作为历史遗留问题，它并没有得到解决（即便是回应、解释），仍然影响着今天的俄罗斯人对于中国的认知与评价。事实上，当时的中国正处于市场经济发展初期，国内的各项政策、法规尚不健全，又何谈正规的国际贸易？对于假冒伪劣商品，中国政府也是高度重视并严厉打击的，自1991年持续至今的3·15国际消费者权益日专题晚会就充分说明了这一点。因此，向俄罗斯民众讲好中国故事，只讲中俄是战略合作伙伴关系，只讲今天的双边贸易是不够的，还要带着问题意识，把以前的事情负责任地讲好，把自身的行为调整好，彻底扭转对方的误解与偏见。当然，这样的情形在中国的其他合作伙伴国也或多或少存在。

话语既是一种权力，也是一种专业化、规范化的运行机制，还要求扎扎实实的落地效果。套用习近平总书记的话说，就是既要"撸起袖子加油干"，又要"下一番绣花的功夫"。而转换性话语、解释性话语、修复性话语等正是与落地效果直接相关的部分，是话语权有效运行的科学步骤和重要保障。其中任何一个方面的不作为，都应被视为责任范围内的失职。总之，对外话语体系建设是一个系统工程，只有将战略与战术相结合，将宏观框架与具体方法、手段相结合，才能有效避免话语体系的抽象化、空泛化和表面化，实现精准传播，达到最佳效果。

三、加强中国对外话语体系建设的思考

对于如何加强我国对外话语体系建设的思考包括两部分：一是实践层面的思考；二是理论层面的思考。

（一）实践层面的思考

今天，中国应当如何向国际社会说明自己，进行国际传播能力建设，特别是其中的话语体系建设？这是我们面对的一个紧迫问题。

第一，掌握话语权。在新的国际舆论环境下，中国要想将自己的信息无障碍地传遍全球并扭转不利的涉华舆论，不是一朝一夕的事，这里存在着一个话语权掌握的问题。所谓话语权就是主导话语的权力，这个权力不是上天的赐予，而是大国博弈的结果，是国家软实力的体现。从历史上看，一个国家是否拥有话语权，除了硬实力方面的因素之外，还取决于它的价值观念和话语体系是否能够有效回答和解决当今世界面临的重大问题，它的文化能否作为独特的存在而受到世人的尊敬。为此需要进行国家议题及话语体系的开掘，进行民间话语的建设，利用中国经验这一丰富的语料库，从人类共性、共情的角度体现中国作为世界大国的责任与担当，在世界发展新态势和多样性的发展格局中求取最大公约数，打造基于共同价值观的话语优势。

第二，变被动为主动。改革开放以来，我们一直立足于以西方国家能够听得懂的话语介绍中国、说明中国，认为对方听懂了自然就会了解、理解、接受我们。当然，这也是改革开放初期中国在十分落后的情况下试图追赶先进国家、急于被世界接纳的唯一选择。而当中国逐渐发展、强大起来之后我们发现，原来世界体系接纳中国是有条件的——希望我们改变原有的制度、体制特性，在西方主导的世界秩序中获得发展。结果却是，西方国家的这一条件不仅没有得到满足，反而出现了令他们不愿意看到的情形。在此情境下，西方世界开始以极大的努力试图将中国驱逐出世界体系，针对中国的遏制与打击也接连发生。由此看来，目前中国面临的挑战已经不仅是用对方听得懂的话语说明中国的问题，新的屏障已经出现。对此我们要有清醒的认识，不能一味跟着美国以及西方国家设定的议题跑，不断重复攻击与反攻击的模式，而要努力突破传统的思维框架，确立自身的主体地位和话语优势。同时，面对新的国际舆论环境，我们应当进一步加强研究、研判，深入了解美中关系的发展趋势，在未来的大国关系或大国博弈中掌握话语权，变被动为主动。

第三，提升国际传播素养。目前中国的对外传播主体已经由一元变为多元，在此情形下，多元主体的国际传播能力共建以及传播素质的提升就成为一个值得关注和亟待解决的问题。从某种意义上说，国际传播素养就是全民素养。

国际传播主体素质的提升，具体体现在"说"与"做"两个方面。

首先是"说"的方面。2013 年以来，习近平总书记在多个国际场合和国际会议上提出应在世界上构建"人类命运共同体"的倡议。从信息传播的角度讲，这要求我们尽可能摆脱思维和视野上的局限性，将立足点与关切点提升到一个更高的层面——全球化层面。就现实情况而言，无论中国政府还是媒体都在进行这方面的努力，也取得了有目共睹的成效，但是问题仍然存在。具体表现在：构建"人类命运共同体"要求我们在平等互利的基础上说话，说共同的话，然而国内一些传播者的思想观念仍然停留在传统时代，表现出与大国气度、大国责任不相符的"小我"意识和自说自话、自娱自乐的叙事特征，比如在抗疫中、外援中的一些自大言论。在信息全球传播的当下，这种话语方式不仅等于招黑送炮弹，甚至有可能对国家的外交政策和外交努力造成负面影响。当然，这也从根本上违背了"人类命运共同体"的原则。

其次是"做"的方面。无论是"走出去"的中国企业，海外孔子学院的院长、教师，还是疫情期间执行外援任务的医疗专家团队，所从事的都是跨国、跨语言、跨文化的工作，需要对当地的宗教信仰、政策法规、社会习俗有所了解，并且建立起个体与国家形象的关联意识。目前这方面还存在许多不足。我们在跨文化交流知识、素养方面的不足和由此导致的行为上的欠缺，需要认真补课。行为、行动是话语权的重要支点，这方面的问题应当引起足够的重视。

（二）理论层面的思考

这方面的思考重点围绕中国对外话语体系的特征展开。由构建"人类命运共同体"的理念所决定，中国对外话语体系应当具有开放性、包容性与创新性的特征。

1. 开放性

话语的构建从来不是闭门造车式的概念抽象和逻辑演绎过程，而是基于特定的物质生产和社会形态，适应现实需要而进行的一种理论或思维生产活动。因此，面对中国自身发展的新态势以及国际舆论的新格局，中国对外传播话语的开放是必然趋势。当下的中国正在以前所未有的姿态融入世界，在政治、经济、科技领域发挥着重要作用，担负着世界和平建设者、全球发展贡献者、国际秩序维护者的责任与使命。正因为如此，中国的国际传播及其话语应当警惕封闭与偏狭倾向，在"人类命运共同体"理念的引导下对话语资源进行重新构建：既要坚持原则，敢于发声，向世界表明自己的态度；又要保持清醒的头脑，讲究战略战术，以大国心态从容应对，以和平、理性赢得尊重。

2. 包容性

世界是复杂多元的，人们对于世界（事物）的认知与评价同样如此。如何将看似互不相关，甚至相互矛盾的思想、观点、理论进行去粗取精、去伪存真的"改造制作"，使其相互兼容，统和为一体，正是包容性思维的要义所在。构建"人类命运共同体"的主张之所以作为世界和平发展的目标与愿景被联合国决议、安理会决议所采纳，就是因为我们在关注民族国家命运的同时关注人类社会的发展，为全球治理提供了中国主张、中国智慧与中国方案。

包容性思维有助于我们在对外传播中兼容并蓄，避免自说自话和自我复制。这不仅应当成为中国话语体系建设的出发点，也应当成为中国国际传播理论建设的突破口与立足点。

3. 创新性

中国特色社会主义理论发展的过程，就是中国共产党人应对挑战、创新发展的过程。中国对外传播话语及理论体系的构建也必然要经历这样的过程。

诚然，目前中国面临着日益复杂的国际舆论环境，各种压力和挑战不断出现。但是从另一个角度来说，这些问题和挑战也为我们的话语构建提供了新的契机。推动新时代中国话语的创新发展，必须同时做好两方面的建设：首先，我们要为西方社会理解中国的发展提供适应性话语——讲好"中国故事"；其次，结合自身经验为求解世界性问题和难题提供"中国方案"——讲明世界道理，这就对新时代中国话语及叙事体系的构建提出了新的要求。

元宇宙：虚实共生的传播新形态

沈阳[*]

* 清华大学新闻学院教授。

一、元宇宙是新技术孵化出的新概念

1990 年，钱学森院士在致汪成为的手稿中，就已提到"Virtual Reality"（虚拟现实），将其翻译为具有中国韵味的"灵境"，使之应用于人机结合和人脑开发的层面上，并强调这一技术将引发一些震撼世界的变革，成为人类历史上的大事。1992 年，Neal Stephenson 的科幻小说《雪崩》（Snow Crash）中提出了"metaverse（元宇宙，汉译本译为超元域）"和"阿凡达 / 化身（Avatar）"这两个概念，并首次将两者关联在一起，奠定了元宇宙的时空延展性和人机融生性。20 世纪 70 年代到 90 年代出现的大量开放性多人游戏形成的开放世界是元宇宙的早期基础，其中以游戏 Second Life 为代表。2020 年是虚拟世界和现实世界的临界点，疫情加速新技术的发展与非接触式文化的形成，该年 2 月人们上网时长大幅增长，平均在线时间接近 8 小时，即在一天 24 小时中除去睡觉，大部分时间都生活在网络世界，这意味着虚拟世界成为人类的主世界，现实世界成为人类的从属世界。

2021 年被称为"元宇宙元年"，上半年见证了"元宇宙"概念从业界走向大众，下半年则随着众多巨头的相继入场，见证了元宇宙产业格局的初步形成。当下，移动互联网已呈现格局固化、垄断盛行的情况，C 端市场初创公司几乎再难突破重围，硬件更新间隔时间延长，如果不发展下一代互联网，人类将被锁死在手机上。此外，以手机为代表移动互联网只是二维表达，人类需要升级至三维虚实共生空间中，大幅度提升生产力。再者，移动互联网 UGC 模式盘剥网友的数字劳动，优质内容生产者难以真正掌控自己的数字资产和收益，这一系列问题在现有互联网体系下都难以解决，一场元宇宙的革新与洗牌呼之欲出。

元宇宙是整合多种新技术而产生的新型虚实相融的互联网应用和社会形态，它基于扩展现实技术提供沉浸式体验，基于数字孪生技术生成现实世界的镜像，基于区块链技术搭建经济体系，将虚拟世界与现实世界在经济系统、社交系统、身份系统上密切融合，并且允许每个用户进行内容生产和世界编辑。元宇宙可以带来人类生存维度的拓展、感官维度的拓展以及思维空间的拓展，它不等于传统的电子游戏，而是包括了工业元宇宙、文旅元宇宙、旅游元宇宙等诸多领域；也不是一个独立于现实的虚拟世界，而是数字世界与物理世界交织而成的新世界。

元宇宙本身不是一种技术，而是一个需要整合不同新技术的概念，包括人工智能、数字孪生、区块链、云计算、拓展现实、机器人、脑机接口、5G 等技术，其核心技术如下：扩展现实技术，可提供沉浸式的体验，解决手机解决不了的问题，比如使记忆中的家乡美景转变为身临其境的在地体验；数字孪生技术，能将现实世界镜像到虚拟世界中，比如通过使人的意识进入和控制某个躯体从而实现分身的实体化；区块链技术，可用以搭建虚拟世界的经济体系。由此，虚拟世界和现实世界在经济系统、社交系统、身份系统等方面密切融合。

元宇宙创造了人类物理世界、心理世界、人工世界相互融合统一的世界，通过虚实空间的融合形成环境、大脑、身体三者的动态组合。约书亚·梅罗维茨在《消失的地域：电子媒介对社会行为的影响》一书中指出，"电子媒介打破了物理场景和社会场景的传统关系，越来越多地介入空间结构划分的场景"。大数据、云计算等技术打破了物理空间的地域感，重构区域传播的格局。人在元宇宙世界可以借助VR、AR 等沉浸式技术，实现数字孪生，弥合传统身心二元对立理论中身体与心灵的界限，重现物理空间中的具身认知模式，促进身体与心灵的渗透与交互。

二、元宇宙如何实现

比较完美的元宇宙形态包括四个建设步骤：（1）数字孪生，即现实世界完全镜像到虚拟世界中，在虚拟空间内建立包括人、物品、环境等要素在内的拟真的动态孪生体；（2）虚拟原生，即虚拟世界里面的人或物能够自动生成并运转起来（例如自己的虚拟分身、物品等），不需要借助真实场景来参与；（3）虚实共生，即现实世界信息与虚拟世界信息融合，且能相互共生，例如在虚拟世界拍的照片能在现实中发朋友圈并打印；（4）虚实联动，即通过人工智能引擎支撑高仿人机器人和虚拟人，并与现实世界中的自然人进行交互。同时，场景和资产也构成广泛的虚实联动，比较完美的元宇宙形态包括四个建设步骤，以清华大学元宇宙建设为例，第一步是将现实世界的清华大学完全镜像到虚拟世界中；第二步是将虚拟世界中的人运转起来，每个人的虚拟分身可以到清华大学图书馆中和 20 岁的钱学森一同看书、合影；第三步即将虚拟世界中的合影发到朋友圈或者打印出来放在家里；第四步是每个人去清华大学图书馆看书时都可以看到 20 岁钱学森的高仿人机器人也在看书，并可以与之交流。

元宇宙可初步划分为三个发展阶段：在手机上面的"伪元宇宙"应用，在 VR 和 AR 平台上的"标准版"元宇宙应用，包括机器人和脑机融合在内的近未来元宇宙。那怎么实现呢？从元宇宙实现路径来看，可以描述为：第一，沉浸和叠加。沉浸式路径的代表是 VR 技术，比如佩戴 VR 设备，可以让人进入一种"万物皆备于我"的沉浸式专属场景，这种场景既是沉浸的也是内卷的。叠加式路径的代表是 AR 技术，它是在现有条件上叠加和外拓，比如给普通机器人加入皮囊皮相、注入灵魂情感，令其成为仿真机器人。第二，激进和渐进。Roblox 是激进路径的代表，其不提供游戏，只提供开发平台和社区，以创作激励机制吸引用户，实现完全由用户打造的去中心化世界，这意味着任何人都可以进入这个空间进行编辑，做剧本或设置游戏关卡等。而"堡垒之夜"则是渐进路径的代表，它以传统游戏的方式吸引用户，在此基础上不断添加社交、经济等元宇宙要素。第三，开放和封闭。这种关系在手机市场体现较为明显，比如苹果系统就是一个封闭的系统，软硬件都是封闭的，可称为"我即宇宙"，谷歌公司的安卓系统则开放生态让大家来使用，形成"宇宙即我"的状态，华为也做自己的鸿蒙系统、智能设备，可称为"我和宇宙"。

从二维到三维的全域视角，从单要素到全要素的智能场景，元宇宙将开启认知的创新与颠覆，推动城市效率的升级，现实问题在镜像世界中经过反复推演、不断验证，最终找到最优解。

三、元宇宙的虚实相融与虚实补偿

元宇宙的研究多谈及虚实相融和虚实补偿，强调虚实相融即为了区别 VR 和 AR，VR 将用户隔离在虚拟空间中，AR 则在现实空间上叠加数字信息层，从而提升对现实世界的洞察力。元宇宙最终是走向虚拟化还是反哺现实社会，就要看 VR 和 AR 这两种技术路线哪个发展更迅速，良好愿望是最终在虚拟世界中虚实互补，而非完全脱实向虚。

虚实相融的元宇宙可以对现实空间和时间进行多重延伸，提供一个逼近现实且超越现实的新世界。在元宇宙世界中，主体的体验、社交、生产、经济等元素可延伸到现实世界。这一发展趋势对人类有四大拓展。首先是生存空间的拓展。人类以前主要生活的空间是现实世界，元宇宙来临后，人类的生存空间拓展至虚拟空间，实现"虚实无界""生死无界"。其次，元宇宙是人的视角拓展。现实世界中，自然人看世界都是第一人称视角。在元宇宙中，虚拟人的离身交互赋予了自然人第三人称视角，重构了个体看待周围环境的方式，超脱了自身的视觉生态，从而体验到不同生态位的感受。再次，元宇宙是人的感官体验拓展。现实世界的各种感官体验是综合且混杂的。在元宇宙中，经由媒介环境的构建，个体的感官拓展为视觉、听觉、触觉、温度等方方面面的感官体验，且可以通过软件编辑、定义，无限丰富和延伸。此外，元宇宙还拓展了人的思想实践。元宇宙之前，探索宇宙是人类的主要目标。元宇宙的出现拓展了人类的思想实践。创建宇宙和探索宇宙变得同等重要，两者是相辅相成的。个体的思想实践也趋向于"两栖化"。

虚实补偿论的研究可以从短视频的补偿性出发，短视频的补偿性包括几层内涵：首先是现实中的缺失会在虚拟世界中寻求补偿，比如人在抖音、快手刷短视频时都有自己的偏好，偏好产生的原因是，这些东西恰恰是人们在日常生活中所缺乏的。其次是虚拟世界对现实世界的反哺作用，即人在虚拟世界中越待越久，如果人在虚拟世界中做的事情对于现实世界没有反哺作用，那么人仍需回归真实世界。因此，虚实需要互补，虚实补偿的重要性也由此显现。然而从人类发展历史看，由于人在虚拟世界中可以得到更大的解放，虚实之间的平衡将会变得越来越困难。元宇宙发展到极致即为某人专属而生，一旦进入其中就会有人陪伴、聊天等，可以打发时间或满足情感需求，甚至有可能将自己的意识上传到云端。虽然以上场景短期内无法实现，但短期内至少能实现一些比较粗糙的、低分辨率的、低交互度的元宇宙，比如完全实时的三维化虚拟形象会议系统。此外，人类或多或少都有一种创世的冲动，投射到虚拟世界中，虚拟人就是人类的 NPC，在现实世界中，机器人也是人类的 NPC。

元宇宙主要有智能化自然人、虚拟数字人、仿真机器人三种人机融合形态。第一类为自然人与智能化设备的融合与互构，人通过机器增强信息汇总、数据处理、体外记忆等能力，机器成为人智能的补偿。第二类是自然人以虚拟数字人的形式在元宇宙社会生存，虚拟数字人使自然人突破身体与物理时空的限制，甚至能够设置虚拟化身保存人的意识与情感。第三类是仿真机器人通过感知、运动、情感等智能技术，协助或替代自然人的劳动，在现实层面延伸人的身体。人机融合的深化使元宇宙充满生命，逐渐走向凯文·凯利所言的"机器，正在生物化；而生物，正在工程化"。由此，自然人、虚拟人和机器人形成了一种类似"三人行"的格局，虚实联动，由虚补实，由实补虚。

个体通过虚拟或实体化身在元宇宙空间进行社会活动，且与化身之间的感知体验、身份认同、情感态度等相互作用、相互塑造、相互影响。波普尔提出"三个世界"理论，即"物理状态世界、精神状态世界、思想客观内容世界"。虽然虚拟数字人与仿真机器人属于人类第三世界智力活动的产物，但是它们同样作用于人类的物理世界与心理世界。我们认为元宇宙人机互动主要有三重属性：（1）互动性，即用户通过虚拟空间、虚拟设备、虚拟化身等要素，产生高逼真度的情境体验；（2）开放性，即所有用户贯彻实施的公开协议，多平台数据能够共存于同一个单元中，任何人能够创建他人希望看到的内容；（3）增值性，用户可以通过开放式生产与协作工具，基于 NFR、NFT、加密货币的经济体系，将虚拟世界中的产品、设备、服务等价值补偿到现实经济，形成虚实转化闭环。

从空间角度看，元宇宙聚合了虚拟空间与物理空间，不仅包含移动设备、社交媒体、大数据、传感器和定位系统的空间"硬要素"，也涵盖了行为、心理等"软要素"。梅罗维茨认为，新媒介的广泛应用会大范围重建场景，并延伸出个体适应新社会场景的行为，在此基础上其构建了"新媒介—新场景—新行为"的关系模型。元宇宙世界将传统与现代、现实与虚拟、公域与私域等诸多场景进行重叠耦合，形成具体可体验的复合场景，体现了"人"作为媒介与社会的连接核心。

从时间角度看，元宇宙中存在两种时间：对于有时序流动的元宇宙，其时间相当于设计者开发内置的系统读秒器；对于时间存在跳转、中断甚至逆序的元宇宙，其时间适用于体验者心理感受的时间。元宇宙的时间具有节律性：元宇宙能够模拟现实世界的春夏秋冬、十二时辰的变化，时间可由平台设定或用户编辑。春风桃李花开日，秋雨梧桐叶落时。元宇宙的时间具有广延性：信息在自然时间上得到自由延展，被保存下来，供不同时间和空间的人使用。如在元宇宙世界中，对家族历史的了解，可以通过构建已故祖辈的虚拟人，配合具体场景，通过祖辈讲述，后辈实时参与，实现时间层面的广延。元宇宙的时间具有重启性：时间属性在元宇宙世界大概率由设计者决定。元宇宙可能会弱化时间概念，体验时长和心理感受也没有规律，呈现重启性、断层性、非线性特征。虚拟人与高仿人机器人可以使人类进行多元宇宙体验，就如"盗梦空间"一般，用户可以在元宇宙世界启动一个子元宇宙。

人在由实向虚的迁移过程中所坍缩的现实活动空间，将由智能物联网和机器人填补。元宇宙社会中，自然人、虚拟人、机器人三者共融共生。虚拟人拓展了自然人在虚拟空间的能力，机器人拓展了自然人在现实空间的能力。自然人进入虚拟空间中，以虚拟人作为形象呈现。一个自然人拥有进入虚拟空间中的一个实时化身，由自然人本体操纵，是真身行为的一对一实时映射。如未来一个自然人可以创造出多个虚拟人，在生活上的虚拟人可以在虚拟空间和虚拟朋友一起聚会；在工作上的虚拟人代表自己前往虚拟学术报告厅参加学术年度报告；在感情方面，虚拟女友可以陪自己在元宇宙商场购物。一个自然人还能拥有 N 个多线程分身。自然人可根据真身已有行为模式和交流方式提前设计，或利用化身形象录制好相应的分身行为，用于有固定应答模式的内容沟通。真身则能够在同一时间休闲或处理其他问题，分身行为数据将反馈给自然人本体。假身的行为数据向自然人本体反馈，扩展和丰富自然人的认知与记忆。多线程分身和假身的存在，能实现相同时间点的多个事项、多个场景同步发生。对于同一主体，其真身、分身与假身采用元宇宙统一的"元"人驱动引擎，三身行为数据与记忆数据均整合至云端，AI 辅助自然人协调全局、发出指令、指导行动。三身合一之下，人的生产效能、感知能力、执行效力都将大幅度提升。

从总体上看，元宇宙的虚实相融可以进一步实现三重满足：（1）存在性满足，即在虚拟世界中实现第二生命的重启，存在的唯一性被打破；（2）物质性满足，即元宇宙能够降低生产成本、提高生产效率，并替换部分物质需求；（3）社会型满足，即虚拟情感补偿现实情感缺失，虚拟共同体补偿现实社交缺失。元宇宙对现实空间和时间进行了多重延伸，提供了一个逼近现实且超越现实的新世界。在元宇宙世界中，主体的体验、社交、生产、经济等元素可延伸到现实世界。自然人在与整个元宇宙（普适计算）的融合与交互中，获得感知力、决策力、行动力的增强。

四、元宇宙重塑各国产业布局

未来一段时间，元宇宙市场将会迎来百花齐放的格局。目前存在四种元宇宙叙事，分别为虚实融合、去中心化交易、自由创造、社交协作。四种叙事是对元宇宙这一未来图景不同面向的想象，各自对应不同的产品类型，彼此也会相互融合、碰撞出新的产品理念。

中国元宇宙行业中，腾讯有两个路径：一是基于游戏的研发路径向元宇宙迈进，二是将现有的社交平台向元宇宙升级。字节跳动得益于收购中国 VR 设备公司 PICO、在推荐算法领域的优势以及抖音的庞大用户群，在元宇宙发展布局中也有优势。米哈游的游戏《原神》火遍全球，其开放地图、可编辑世界、游戏中嵌套游戏的玩法具有一定的元宇宙性质。

美国元宇宙行业中，"元宇宙第一股"Roblox 自身不开发游戏，而是推出游戏开发平台，由用户来设计游戏，以这种用户参与内容生产的"元游戏"模式吸引了大量活跃用户。Facebook 更是直接更名为 Meta，坐拥其 Oculus VR 设备和社交网络的引领地位，高调转型元宇宙，但也面临 TikTok 在社交领域的挑战、全球用户增长放缓，以及公众对其隐私保护和数据安全的质疑。在重重危机下，转型元宇宙也许是它的必走之路。微软凭借其 Windows 操作系统、XBOX 游戏生态和 HoloLens 在 MR 方向的探索，在元宇宙赛道上也打下了扎实基础。

日本元宇宙行业重在探索虚拟世界＋社交网络，同时强调多元参与，发挥日本动漫文化的影响力。但是日本动漫产业近年来发展乏力，未来中国在元宇宙动漫产业上有可能超过日本。韩国元宇宙产业则受到政府的积极引导，其"数字新政"（Korean Digital New-deal）计划给予元宇宙相关产业可观的资金支持，并由政府牵头成立"元宇宙联盟"，成员包括三星、现代、LG、NAVER、乐天等企业。以化身形象定制为主打的游戏 ZEPETO 目前拥有 2 亿全球用户，并有 Gucci、Dior 和 Ralph Lauren 等时尚品牌在游戏中发行数字服饰。

整体而言，中、美、日、韩四国中，美国在硬件与软件领域均处于引领地位。中国在 VR、AR 设备的制造方面有优势。韩国以政府引领为鲜明特色，在政务元宇宙上做出了积极探索。日本拥有动漫产业的深厚积累，大量虚拟人物的 IP 价值待开发。除此以外，2022 年特斯拉机器人一旦上市，机器人产业将面临爆炸性增长，带来新的变数。

五、元宇宙颠覆媒介生态

元宇宙作为一种全新的传播形态，将极大地冲击现有媒介生态。在物理层面，元宇宙一方面逼真地模拟了一部分现实世界中的时空规定性，另一方面又超越、解放了一部分现实世界中的时空规定性。比如，用户可以在元宇宙中通过模拟现实世界的走、跑、跳等动作来移动，又可以进行飞翔或瞬时的地理迁移，还可以自定义各项物理参数。此外，元宇宙是开放的可编辑世界，用户可以购买或租赁土地，在其上修建建筑物，甚至改变地形。在 Decentraland、The Sandbox 等游戏中，已经出现了虚拟世界中的炒房热。在这样的元宇宙世界中，人与人的连接不再是通过孤立的一条条信息、视频，而是发生在高度沉浸的数字场景中，极大地丰富了虚拟互动体验。

元宇宙在极大程度上延伸了用户的媒介体验。虚拟数字人与仿真机器人的应用延伸了人类的器官、思想及情感，成为真实人"谈话与行走再组合的互动终点"。无论是麦克卢汉的"媒介即人体延伸"，莱文森的"媒介在一定程度上是人类各种器官功能的外化"，还是凯文·凯利的"科技是观念的延伸躯体"，这些学者一致认同媒介对人体的延伸功能。虚拟数字人与传统媒介最大的不同，在于其对人的记忆、思维及情感的重现，从而实现交流与交通的趋同性传递，以及人与人之间脱离身体限制的精神重聚。"对媒介的生存而言，媒介精准再现的能力比它对前技术时代环境的再现范围更加重要"，虚拟数字人与仿真机器人通过思维文件或思维软件，超越了人类对时间和空间感知的生物界限，不仅延伸了视觉等外部指向型的自然感知系统，而且延伸了记忆、想象、情感等人类内部心理状态，从而拓展了人的时间意识与超验意识，人的生命在这种时间意义上得到延伸。人类世界本身是由能量和信息构成，是人类历次重大文明进步的核心，也是衡量科技发展水平的尺度，从这个标准来看，人类的文明疆域也由此得到拓展。

元宇宙也将改变现有媒介形态的时空模式。元宇宙的时间与空间是由数据组成的，是算法化的。其中，空间是无限的，主体可以存在于多元宇宙中；时间是可回溯的，过去、现在、未来是可跨越的。元宇宙打破了空间的有限性和时间的线性，货币、属性、环境、事件等信息均可在异度空间和同度异构空间之间相互映射，从而实现信息跳转和虚拟时空的穿梭。今天，移动互联网上的信息刷新永不间断，某一信息的呈现存在特定的时间窗口，具有一定的瞬时性。而在元宇宙中，时空流是无尽的，各个时空的信息同时并置，"万般皆备于我"，个体还能截取特定时空片段切入，查看具体情景细节。时空流中多种感官相互交织，感官的综合和通感将带来更加形象的认知。因此，元宇宙中诞生的本位一代，对虚实、时空等维度的感受将异于其他年龄层。

元宇宙重塑了传播新价值，且为参与者提供了知识传播的新场景。创意方与用户在完成产品所有权转移的同时，还能实现流量、传播力的交易，从而诞生新的细分市场并产生传播附加价值。用户在元宇宙中进行体验、创意和传播，其最终目的是获得变现价值，元宇宙的变现附加值体现在用户行为本身能够基于特定机制产生可变现的实质价值。体验价值是用户参与的基础，与互联网经济不同，用户进入元宇宙中不为获取信息，而是以虚拟人身份主动进入具有真实性及社会临场感的场景之中，用户可以表达自己的情感以及参与到经济活动生产中。元宇宙使信息中的创意创造极其重要，创意价值是从供给角度内生的附加值。不同于现实经济中的科技创新，元宇宙更重视别具一格的想法，并且更具开放性。而且这种创意基于区块链技术可以被赋予唯一产权，构成稀缺性的基础，元宇宙创作者利用区块链技术完善数字内容的上链确权，使得其创作的数字内容具有资产属性，能够产生基于智能合约的累进制收益。

元宇宙还将加深大众思维的表象化、具象化。随着我们在元宇宙里面体验感的增强，在普遍意义上来说，我们对于抽象符号的运用能力，特别是对真实世界真实状况的追寻能力将会下降。元宇宙亦将引发平台赋权与限权的问题，很多公司在设计元宇宙时，都强调自身是去中心化的，但是去中心化机制不等于去中心化结果，我们大部分人是集中在若干个平台里面的，平台形成了更强的数据洞察能力，从而实现了平台垄断和大数据杀熟。总而言之，未来 30 年的传播格局将发生重大转变，形成三大流派。第一大流派包括 Meta、苹果、谷歌、微软等公司的欧美化元宇宙，第二大流派是以中国公司为代表的中式全球化的元宇宙，包括腾讯、字节跳动、阿里巴巴等企业，第三大流派是跨星球的元宇宙，比如特斯拉创始人马斯克可能会做一个在地球上、月球上、火星上面进行联网之后的跨星球元宇宙。

六、元宇宙发展的机遇与挑战

未来元宇宙发展值得探索的方向包括时空的延展性；虚拟人、自然人、机器人的人机性；基于区块链所产生的经济增值性。这三个属性将成为指导行业发展的重要方向，未来所有的行业都需要在空间性、人机性、经济增值性的维度上重新进入元宇宙赛道，如果某一领域与元宇宙的三个属性有密切结合，则可能得到更快的发展，这其中以游戏、展览、教育、设计规划、医疗、工业制造、政府公共服务等领域潜力最大。

目前来看，元宇宙将带动六大新经济：第一，颜值经济，用户可以在元宇宙中定制形象或人设，虚拟人或将实现性别和颜值的平权。第二，适老经济，元宇宙时代，高仿机器人、虚拟数字人在一定程度上将提升老年人生活品质。第三，潮牌经济，潮牌企业加速布局元宇宙，开启虚拟潮牌交易新形态。第四，单身经济，元宇宙提供了更多样化的交友方式和选择，独身群体或成重要消费力量。第五，忙人经济，足不出户即可感知世界，为忙人提供职场与生活便利。第六，焦虑经济，元宇宙的个性智能满足，或将降低用户焦虑。

在工业领域，元宇宙的应用极大地降低了人力与时间成本，在人员培训、巡查维修、监控维护方面产生较大价值。据估计，工业元宇宙将催动全球智能制造市场规模在 2025 年突破 5400 亿美元，2021至 2025 年复合成长率达 15.35%。在人员协作上，基于温度、湿度等 IoT（Internet of Things，物联网）数据、视频等数字信息资料以及个人公开数据，元宇宙远程协作平台将使人与人、人与信息、人与空间的连接更加丰富。

阿尔文·托夫勒在《第三次浪潮》中，提出"工业现实观"，即农业社会的价值观、概念、传说、道德观念相继崩溃，从而上帝、正义、爱、权力、美有了新的定义，以往对时间、空间、质量、因果的假设被推翻。在这个理念基础上，元宇宙建立了新的工业现实观，在复杂环境下，人类工作的难度降低，信息真正服务于人类。

我们还需要正视和警惕元宇宙带来的挑战，元宇宙可能带来一系列的心理问题，一个人在 VR 头盔中待得越久，可能越发习惯一个人的状态，甚至会觉得与孤独对话就是人生的常态，这其实不是大家希望看到的。元宇宙想要健康发展，其用户还需要经历从认知到认同的过程：包括通过体验交互，加深对元宇宙环境的具身性认知；通过对不确定性的规避，建立和维持在元宇宙世界中安全感；通过不断深化对虚拟世界内部的身份认同，明晰虚拟身份与现实身份界限等。元宇宙带来的伦理问题也是我们必须面对的，比如谣言传播、婚姻伦理、声誉问题等。元宇宙还可能引发资本剥削，现实世界中大部分人都在工作，被称为劳工，进入元宇宙时代，大部分人是不工作的，少量的人在做创新创造和指挥机器人的工作，所以大部分人会在元宇宙时代从劳工转变为玩工，以娱乐游玩产生经济价值；元宇宙还存在诸多风险亟须立法监管，比如元宇宙可能引发的隐私泄露、经济诈骗，甚至是极端主义和恐怖主义等。

在治理模式上，通过总结网络平台发展过程中的治理经验，加强元宇宙前瞻性立法研究，关注监管审查、数据安全等问题。元宇宙区块链技术形成一种分布式自治组织，实现了"去中心化组织 + 智能合约"的自治模式，以及分布式账本机制，信息在区块链上的所有节点都会同时记录，而且是对所有节点开放的信息，但元宇宙去中心化自治中存在的各种问题，仍需制度介入并规范。总体上，技术应用、平台垄断与数据隐私风险规制是推动元宇宙健康有序发展的关键。加强对区块链等关键技术的应用风险研究，探索形成法律、市场、代码架构和社会规范相结合的多元规制路径。综合运用法律、市场和监管科技等多种手段，引导平台型企业主动承担社会责任，建立开放包容、互利共生的元宇宙治理生态。

面对重大历史机遇，应以元宇宙建设为牵引，带动新一轮技术革新、产业迭代，占领科技制高点、培育新型领军企业、孕育新型产业集群。应持续推动元宇宙治理模式优化，结合十四五规划总体要求，为引领元宇宙发展方向、技术标准、治理模式，发出中国声音，从而更好地传播中国文化与国际形象。同时，在虚实空间的构建上，完善元宇宙的定义标准、交互方式、技术规范等，强化以"筑基"为核心的大数据平台顶层设计，建设完善统一的元宇宙数据资源开放平台。

全球传播新生态呼唤国际
传播新思想的建构

姜飞 *

* 北京外国语大学国际新闻与传播学院院长、教授，曾任中国社会科学院新闻与传播研究所研究员。

一、用今天的问题回顾"国际传播"诞生的历史

所谓国际传播，基本的理论和实践定位迄今达成共识性的一点，就是传播主体是国家或者政府机构、组织，传播渠道一般借由大众传播媒介，实现信息跨越国家和地区边界的传播行为。从这个角度来看，自中国文化部于 2000 年提出中国文化走出去，2001 年广播电视总局提出中国影视走出去，2004 年中宣部提出中国媒体走出去，同一年，教育部汉办成立，"孔子学院"（中外语言合作交流中心）和后来文化部"中国文化中心"在全球的建立等，走的是"国际传播"（international communication）的路径。

超越这些共识和实践，回顾"国际传播"这个领域诞生历史的时候我们发现，有一个无可否认的事实，就是，"国际传播"的诞生基因是战争，产床是"冷战"，接生婆是美国。传播学本身就是战争遗产，在两次世界大战中，报纸和电视被视为毛瑟枪，或者本身就是一个新兴的战场——信息战；战时宣传战的成功经验启示人们，媒介及其传播过程的战术功用可以在战后，尤其是军人 / 武器不直接接触的"冷战"中继续延伸，发挥战略功用，由此而衍生出学术化的范式"国际传播"——作为战时宣传的延伸。将这样的传播视角继续下去我们

看到，跨越国家和地区边界，收编、整肃本地既有的一般性信息需求和发布流程，策略性地将传播主体所在国和地区的意识流动植入国际传播过程，实现目标国和地区主体意识重构和发展宰制，并以所谓"发展传播学"的相关理论视角沉凝下来，为国际传播实践提供学理合法性支撑，在"冷战""凉战"以及一切不发生肢体和武器直接接触的利益争夺中发挥出超越武器的作用。事实上，一直到苏联解体的1991 年，基于发展传播学理论视角的国际传播实践与理论一直活跃。

价值观国际范围内的博弈，逐步演变成传播工作。谁证明自己制度的合理性，赢得了国际舆论大多数支持，就为存在的合理性加分，进而谁就有条件把自己的价值观在全球范围内进行延伸传播，同时确保利益的全球延伸，由此建构起来了这样一套美国版本的国际传播发展现代性逻辑：美国是强大的；新闻传播体系在美国强大过程中发挥重要作用；你想要美国一样的强大吗？可以从借鉴其新闻传播体系开始。于是，三段论的逻辑下，美国媒体被欢迎着进入他国，第二次世界大战迄今美国全球传媒帝国的建立受益于此；没有这样一套被称为"发展传播学"的理论思想，似乎也就没有今天这样一个现实：美国及其盟友在全球范围内成功的形象建构以及利益在全球范围内的推进。

需要思考的问题是，既然传播学和国际传播理论的战争基因不容忽视，那么，我们又当如何将其借鉴于中国，并用什么样的思想起点来认知和看待这些背景呢？从思想起点来看，似乎有必要将美国版本的国际传播理论回归到拼图的母图，清晰而非模糊表述：当年美国提出和践行的国际传播理论，是"冷战"语境下的问题意识和手法，他们真的是用它在战斗；今天的中国，在批判美西方全球传播霸权，批判用"冷战思维"针对中国的时候，提出建构和谐世界和世界命运共同体的理想目标，但如果采取的传播手法和进程（甚至术语"国际传播"），却几乎复制了当年特殊时期的思路和手法，轻则被批判邯郸学步，冷战思维，重则是消化不良，刻舟求剑，提升国际传播能力的规划隐然踏空的风险。

二、新时代中国国际传播规划的问题意识起点

在中国从事国际传播的人，包括理论和实践工作，过去十年的历程，似乎可以用两句话来概括和反思：第一，还没有想好就出门了；第二，路走远了，不知道从哪里出发的了。

第一句对应的是 21 世纪初，中国面对全球传播格局的不平衡、国际话语权的窘迫状况，意识到中国国际领域内的传播问题，借船出海、借口传声并不能有效传递中国声音，中国媒体和中国内容应该走出去，意识到以后，马上就出门了；没有想好怎么走就出去了，殊不知历史的幕布已经更新，新的舞台布景下，如果继续援用半个世纪以前的理论，没有怎么批判和扬弃，也走不远。

第二句话对应的是，我们借用了西方的传播理论和国际传播思想十年以后，下一步，中国的国际传播该需要什么样的国际传播理论，或者是一种什么样的"初心"和"使命"界定下的国际传播范畴和思维方式来确保下一步国际传播目标稳步实现，实现"行而致远"？路

走远了，还是需要回到成熟主体、愿景规划应有的原点和初心，换句话说，每一个国家的国际传播都是需要明确自己的这个传播是从哪里出发，打算去向哪里。这就好像我们每个人出门，肯定有明确的目的地。那么当中国在政策层面上提出了国际传播，我们要明白自己要从哪里出发，用什么样的东西传播，传播什么东西以及传给谁，想达到什么效果。那么在走出去门之前，就需要我们评估一下我们当前的形势。当回顾这样一个过程的时候，我们似乎无法忽略下面这些现实的变更和以前的研究假设的破产，是规划的前提。

三、濒于破产的传播假设无法为国际传播能力建设新规划建立思想依据

第一，专业记者向"人人记者"转型，传播权力和结构生态转型。在人类的历史长河中，记者以及现代传媒体系诞生之前，"信息"作为人类的一般需求，自有其供给体系和消长规律。彼时，能够进入书籍、公文等传播体系进行传播的，已经通过时间以及社会精英的思考和筛选，将地域性的、偶发性的信息（information）整合和再生产为"知识"（knowledge），或者可以称为"知识性信息"（信息的系统化和科学化、规律化）。在很长的一个历史时期，呈现出某种高度可控的信息流动体系，理论意义上来说，是可以通过制造或者销毁物理意义上的信息载体实现对思想施加影响的时代。

问题的凝结点在于，现代传媒体系随着发展，思路和做法逐步趋

向相对固化，以至于诞生了与之相匹配的"大众传播学"（换句话说，对"大众传播学"的恰切理解是，它是传统媒体特殊时期传播思路和做法的经验总结）。大众传播时代作为早期的传播方式，其信息解放的红利体现在以专业化的人群和设备，突破信息传播的地域性阈限，将信息的价值通过物理边界的突破予以最大限度的释放。一言以蔽之，广播诞生后，第一次不管其传递出去的是皇帝的咳嗽还是皇宫的政变，其价值的说服力在于信息实现无远弗届的传播这个现象本身。但是，随着信息传播新技术的更新迭代和全球传播现实的发展，大众传播的负面效应也不知不觉地滋生和繁衍：传媒体系革命性地降低了传播物质成本，打破了信息流动的边界的同时，带来了崭新的图景：信息的处置主体由以前的传统知识分子群体转为"记者"这一"新知识分子群体"——释放了信息"潘多拉的盒子"，启动了信息低价格运行模式，以信息的数字化大规模提供混淆甚至取代了传统精英式知识的生产；精英知识分子也逐渐被信息体系所裹挟，愈加难以把持知识生产逻辑，为新的信息生产和传播逻辑改装提供越来越多碎片性的"信息性知识"（infor-knowledge）。

于是，信息的提供和知识的生产进入了一个"布朗运动"轨道：专业记者在 4G、5G 时代 UGC/PGC/PUGC 的冲击下，人手一个麦克风，"人人记者"充斥世界角落背景下，从"第四等级"和"无冕之王"跌落为"专业化"的信息劳工；被建构为社会良知的传统知识分子被信息洪流裹挟着沦为媒体和信息环境的帮办——遗憾的是，他们只有两种选择，要么无力面对本领域的海洋——信息和知识的海洋，在信息传播的混沌状态下让渡出各自的部分话语权力；要么借助新兴资本的权力，深入海洋，研究和借助季节性传播"洋流"（重大策划和机构控制性传播）通过造势以生权，重构权力在信息海洋的结构和生态。

结果，在 2009 年以来的十年中，中国的媒体走出去的时候，饱含着的还是 2G 时代的大众传播理论和经验；走出去了，5G 时代呈现出了与以往传播格局和国际传播形势风格迥异的传播生态。

第二，信息（information）裂变为讯息（message），信息传播机制绝对性失衡，已经无法援用以往的传播理论和国际传播思想来定义中国国际传播的规划。

香侬（Shannon）对信息的定义，只是定义了信息的功能，即对不确定性的消除，但是从定义的一般范式（属＋种差的定义模式）来看，他没有给"信息"一个定义必备的属性；但是，信息的定义可以沿着香侬的思路往前走，应该是，信息是能够消除人不确定性的讯息（message）。也就是说，信息是讯息的一种，其特点（种差）是能够消除不确定性，比如新闻机构生产的信息就是通过专业、持续的传播来消除不确定性的讯息生产。这意味着，信息并没有被天然地赋予消除不确定性的效能，比如一个缺乏时间、地点、主体的讯息有时候不仅不能消除不确定性，还可能增加更大的不确定性。尤其是在自然灾害时期，任何掐头去尾、有头无尾的传言都可能带来恐慌就是这个道理。

由此来看，传统媒体还在忙于提升专业化的手段去提供系统化、专业化的完备信息，试图帮助受众消除不确定性的时候，现实中，信息传播技术（ICTs）衍生出来的社交媒体和各种资讯平台已经用 5 个

W 要素不全的讯息抢占信息的第一发布时间和第一落点，进而抢走了受众第一阐释权。国内来看，社交媒体和平台抢走广告资源和受众，迫使国内传统主流媒体走与新兴媒介和平台融合发展的思路，试图借由新兴媒介留住一部分受众和市场；即便是新兴国内社交媒体，也有一个传播思维转型的问题，传统主流媒体曾经的辉煌和经验，让试探着进入传播领域的新平台初期还在努力模仿传统媒体的信息提供方式，然而，Facebook 和 twitter 等新兴主流媒介平台已经通过 UGC\PGC 等方式发起了讯息生产的"人民海洋"；这样一番操作的结果是：传统的媒体与弱势的传播生产出失语的内容导致失效的传播——日益增多的信息传播平台和相对落后的信息生产和传播能力的矛盾加剧，现实呈现的景观是，受众关注海外信息，也在海外平台上生产信息；这是信息传播领域的政治经济学：在上述传播结构和传播生态下，一方面信息的"国内生产总值"绝对贬值，另一方面是海外信息生产体系和内容绝对升值（或者是抬高了价值）。一升一降的结果是：我们既有的、美称为"传统"的信息传递平台和逻辑、政策，那些基于大众媒体、大众传播时代的信息传播规律，在当今 5 个 W 要素不全的讯息、语音和视频等非结构化讯息，各种碎片化的讯息传播面前，既有的内容、传播形式和效果大打折扣。

如此，没有平台，只能借用平台；但是外部媒体平台政策逐步收紧，2016 年欧盟和美国相继出台反宣传法案之后，直接导致外派记者规模压缩，中国走出去的自设平台也开始收紧；亦步亦趋的大众传播逻辑在海外社交媒体新兴手法前捉襟见肘。国内传播和国际传播感同身受，均同此势，势同此理，亟须深研的是传播环境和传播要素的深刻转型。自 2001 年"9·11"事件之后美国全球传播重新布局的背景下，2009 年中国国际传播规划开始实施，迄今已走过十年，筚路蓝缕，需要好好想一想再出发。

第三，受众变成用户，大规模移民到新媒体，大众传媒原本可以为我们提供充足信息的假设落空了。

在看待传统意义上知识和信息生产的逻辑／视角上，用这样的逻辑建构起来的人群，与当今碎片化、随机性的讯息传播建构的新兴人群的传播观已趋失衡，个体接受讯息的方式和接受能力之间的张力不断地拉大，世界观和价值观逻辑张力不断拉大，这样的一种拉大的结果，使得原先借由"知识"的掌握和传播本来还可以跨越时空，通过时空弥补知识或信息类的传播空隙——即使一个月以后读到一个月前的报纸，还可以让思想跟上时代。但是现在信息裂变为讯息，讯息有不断指数级裂变的状态，阶段性的结果就是出现了一种讯息传播的贫困化现象：人民不断增长的讯息需求与相对落后的信息传播渠道和信息管理思想的矛盾在加大，这是我们不得不面对的一个现实。

而知识的储备、认知方式还有信息来源渠道的差异决定性地引导着我们对讯息接受效果的差异。举例来说，如下逐层递进的逻辑：在同一语言和均质文化语境下，在同一个房间内，听众们对同样的话可能接受／感受不同，尤其是有着类似的知识储备、类似的信息收集的渠道，接收信息的差异会更小一些；但是我们把这样一个"房间"扩大到一个更大的"空间"，还是同样的信息／讯息，听众来自世界各个地方，文化背景多元化加大了文化之间彼此理解的张力矛盾，因为"空间"的绝对化处理，即大家的某一时间共处于特定空间，即便是主体彼此之间存在信息认知能力、认知水平上绝对化的差异，但是，特定空间、时间和信息的绝对化，还是能够通过收获耳朵和眼球的方式收获效果；进一步说，当这样的信息还是那个信息，"空间"进一步扩大到世界，面向来自世界多元化的主体，时间和空间都相对化，变成主体可以自己掌握的时间和空间，请问，特定的信息还有多大的可能性收获多大程度范围的耳朵和眼球？这种传播效果因为时间、空间的相对化带来的效果绝对性差异，其源头之一就是信息/讯息传递渠道的多元化。更直白点说，特定的时间（联播固定的时间）、特定的空间进行的特定传播尚且无法收获的传播效果，在诸多的置换大挪移下（中国的现实）：空间置换——居住模式决定人际交流模式（家属院变成商业小区，乡土社会演变成商业社会）；储备置换——知识被信息置换、信息被讯息置换、带来知识储备被置换；认知置换——进而认知方式被置换，某种均质文化成为一种历史和想象，文化的异质化不断裂变的语境下，传播演变成一种绝对的高难动作，带来的直接结果就是，原先在我们的信息传播领域以为通过大众传播的媒体就可以实现信息传播某种平衡状态的假设已经落空，替代机构已经出现，其职责已经被质疑。如果大众媒体信息传播绝对性失衡将信息提供平衡责任做空了，那么，"独立、自由、即时、客观、真实、专业"这几大属性，似乎只剩下"专业"这一个属性还被我们的传统媒体牢牢抱着，也就是说，我们用专业的设备、通过专业训练的人员、专业的素养来采集、传递和分发信息，而其他的"客观、即时、真实、独立、自由"属性已经出让给社交媒体和信息平台的讯息传递者，在信息传播的信息链条中，根据来自平台的暗示（指示）去采访和提供内容，那么，产业和社会位置以及社会责任设定都值得认真思考和定位。

第四，冷战时期奠定的国际传播理论与实践在今天中国的延续，已经不符合中国现代化发展逻辑下传播治理现代化的发展趋势。在原先的国际传播"冷战"底色下，跨越国家和地区传播的兴起自我解放了媒体角色和传播的假设。我们提出"讲好中国故事"的时候，可能真的是我们刚刚懂得传播的时候。因为此前我们一直在聆听世界的故事，聆听西方媒体给我们讲故事，却一直信以为真，包括新闻和传播学的教材也一直传授着真实和客观性的信条。"冷战"以及冷战时期催生的国际传播，是无比生动的活的课堂：国与国之间，传播貌似突破边界让我们看到和听到了另外一种现实，但是，传播似乎也"制造"了某种现实；当大量的基于跨越文化边界口号或者宣传下所推行的国际传播事实证明恰恰是新的边界/障碍制造者的时候，的确让人质疑这样的国际传播是否是有责任的、是否是有社会责任担当的、是否是有未来使命感，或者给我们希望和盼望的媒体。"冷战"的事实以及回顾大量的文献已经足以证明（或者，随便找一条 CNN 的消息也可以分析出话语特征），大量西方媒体的传播，类似"汉堡包"——一层蔬菜（软讯息）、一层肉（硬讯息）、一层酸黄瓜或者辣椒（观点），再一层奶酪（观点/讯息），让消费者混合着"讯息"就把"观点"（辣椒和酸黄瓜）吃下去了，受众获得了一定的讯息，这不重要，重要的是如何看待这个讯息的视角（观点）也吃下去了。由此来看，"冷战"以及基于"冷战"建构的国际传播体制和实践不仅没有消除文化边界，还构建了国与国之间的认知差异以及信息鸿沟，甚至新的信息理解边界／障碍，这成为国际传播认知上的一个非常严肃的问题。

而这样的一个"冷战"的标签尚未褪色。我们看到的，从两次世界大战中，西方建构起了绝对化的、基于大众传媒的全球传播现实，跨国传媒产业构筑一个绝对化的话语空间和话语权。然后，其他国家，尤其是苏联，以另外的一种声音抵抗或者是反驳基于美国西方的话语权，提供另外一种信息和看待信息的视角的时候，却无法自新国际传播的另外一种可能的底色。结果就是，其实大家的底片都是一样的，只不过大家选取的东西不一样，拍的角度不一样，谁也没有，也不想摆脱，事实上也摆脱不了历史上既有的基于经济、军事等所构筑的这种话语权争夺底色。

当中国崛起的时候，世界的绝大部分看待我们的"冷战"底色并没有置换的情形下，我们要用什么样的底片和提供什么样的世界给世界呢？2001 年"9·11 事件"发生以后，美国在撤销美国新闻署（1953—1999）两年后，又重新建起了 Office of Global Communication，即"全球传播办公室"，2008 年建起"战略传播及机构间政策委员会"，全面实施战略传播。从学术的眼光来看，毋庸置疑的一个现实是，"全球传播办公室"以一个整合营销传播，或者是策略传播，或者有人说是战略传播的一个名目，实现的是宣传思路和模式的全面回归。也就是说，自 2001 年至今，新一轮的信息战已经借由"战略传播"实现"宣传"——这个半个世纪前已经被妖魔化的概念——的全面回归。那么，当中国的国际传播理论和实践走向国际舞台的时候，不断摒弃宣传思路，用传播策略替代宣传做法，并努力学习国际经验，讲好中国故事，学习西方"去宣传"思路的时候，他们又回归了宣传；悲哀的是，原先我们所接纳的包括在课堂所讲授的大众传播以及传播的理论和逻辑的假设都破产了，在新兴媒介提供的飞速发展的现实面前，既有的大众传播理论和国际传播思想亟待理论的创新。而对于国际传播理论建设，只剩下一个期待——能不能在中国这个土地上研发出符合国际问题现实、中国特色的国际传播的理论。

中国传播学界要做的，是超越实力和权力的想象，做一个思想的迁移——研发出与实力和空间抱负相匹配的思想，向东方迁移，就像当年德国崛起将原本特指农作物培养的 cultura 概念研发出"文化"（culture）的概念，赋予德国人的思想于智慧，用"文化—文明"的逻辑与英法原本"文明—野蛮"二元对立的话语相抗衡，并奠定了200 多年融入强势话语权群体的思想努力。

未来传播学和国际传播理论与实践的发展，毫无疑问，需要新的传播思想。中国媒体和中国 Z 世代，应当成为新传播思想构建的重要参与者。

责任编辑：武丛伟

装帧设计：王欢欢

图书在版编目（CIP）数据

全球变局下的中国机遇与发展／方力 主编 . —北京：人民出版社，
 2022.9

ISBN 978－7－01－024966－7

I.①全… II.①方… III.①中国经济－经济发展－研究 IV.① F124

中国版本图书馆 CIP 数据核字（2022）第 141600 号

全球变局下的中国机遇与发展
QUANQIU BIANJU XIA DE ZHONGGUO JIYU YU FAZHAN

方 力 主编

李军凯 执行主编

人民出版社 出版发行
（100706 北京市东城区隆福寺街 99 号）

北京中科印刷有限公司印刷 新华书店经销

2022 年 9 月第 1 版 2022 年 9 月北京第 1 次印刷
开本：710 毫米 ×1000 毫米 1/16 印张：26.25
字数：277 千字

ISBN 978－7－01－024966－7 定价：88.00 元

邮购地址 100706 北京市东城区隆福寺街 99 号
人民东方图书销售中心 电话（010）65250042 65289539